Englischer Wortschatz
Geschichte

Englischer Wortschatz
Geschichte

von Christel Beck-Zangenberg

Ernst Klett Sprachen
Stuttgart

1. Auflage 1 9 8 7 6 5 | 2018 17 16 15 14

Nachfolger von 978-3-12-580100-4
Alle Drucke dieser Auflage sind unverändert und können im Unterricht nebeneinander verwendet werden.
Die letzte Zahl bezeichnet das Jahr des Druckes.
Internetadresse: www.klett.de

Autorin: Christel Beck-Zangenberg

Redaktion: Dr. Hartmut K. Selke
Layoutkonzeption: Elmar Feuerbach
Illustrationen: Sven Palmowski, Barcelona
Gestaltung und Satz: Satzkasten, Stuttgart
Umschlaggestaltung: Elmar Feuerbach
Titelbild: Shutterstock Images / © Baloncici, New York
Druck und Bindung: AZ Druck und Datentechnik GmbH, Heisinger Str. 16, 87437 Kempten/Allgäu

Printed in Germany

ISBN 978-3-12-580103-5

9 783125 801035

Einführung

HINWEIS FÜR UNTERRICHTENDE

Das vorliegende Wörterbuch ist aus der Unterrichtspraxis heraus entstanden und für den englischsprachigen Geschichtsunterricht an weiterführenden Schulen konzipiert. Entsprechend orientiert sich seine konzeptionelle Grundlage an Lehrplänen für das Fach Geschichte. Eine Fokussierung auf die deutsche Geschichte lässt sich daher nicht völlig vermeiden. Sie sollte aber die Einsetzbarkeit in anderen Themenbereichen und anderen Regionen nicht über Gebühr einschränken.
Zugrunde liegen dem Wörterbuch eine Vielzahl von englischsprachigen Primär- und Sekundärquellen, ein- und zweisprachige Wörterbücher und Material aus dem Internet. Darüberhinaus wurden auch speziell für den erweiterten Englischunterricht sowie für den bilingualen Geschichtsunterricht erstellte Werke verwendet.
Ausdrücklich erwähnen möchte ich das vom Staatsinstitut für Schulpädagogik und Bildungsforschung München herausgegebene Werk *Erweiterter Englischunterricht in den Jahrgangsstufen 5 und 6 zur Vorbereitung des zweisprachigen Geschichtsunterrichts ab Jahrgangsstufe 7*, die im Cambridge History Programme erschienenen Titel sowie besonders das vom Pädagogischen Zentrum des Landes Rheinland-Pfalz erstellte Werk *Geschichte / Englisch. Unterrichtsmaterialien für die Sekundarstufe 7* (PZ-Information Heft 4/1992 Bilingualer Unterricht. Bad Kreuznach 1992).
Ziel des Wörterbuchs ist, Lehrenden und Lernenden zu ermöglichen, sich zügig sowohl die notwendige Lexik als auch wichtige, für die Kommunikation im Sachfach relevante Redemittel aneignen zu können, um die eigentliche, nämlich inhaltsorientierte Arbeit im bilingualen Sachfachunterricht Geschichte, bei dem – anders als im Fremdsprachenunterricht – die Spracharbeit nicht im Mittelpunkt stehen kann, zu befördern.
Da gerade die Themen und Lehrpläne des englischsprachigen Geschichtsunterrichts steter Wandlung unterworfen sind, kann kein neu auf den Markt kommendes Lernmittel wie dieser Lernwortschatz Anspruch auf Vollständigkeit erheben. Es lebt und wächst durch die, die damit als Lehrende und Lernende in der praktischen Arbeit Erfahrungen sammeln. Autorin und Verlag bitten daher alle, die dieses Wörterbuch in Unterricht und Selbststudium einsetzen, um Hinweise, wo es eventuell erweitert oder verbessert werden könnte.

C. B-Z

TIPPS ZUM GEBRAUCH DES BUCHES FÜR LERNENDE

Das Wörterbuch gliedert sich in fünf Teile:
I. Talking about History
II. Thematic Vocabulary
III. Epochs
IV. Selected Countries
V. Deutsch-englisches Wörterverzeichnis
VI. Abbildungen

I. Talking about History stellt die wichtigsten Redemittel zur Verfügung, um über historische Inhalte diskutieren zu können und den Umgang und das Arbeiten mit unterschiedlichen Quellen, Grafiken, Diagrammen oder Karten in der Fremdsprache zu ermöglichen. So enthält dieser Abschnitt Stichwörter zu bestimmten Wortfeldern, wie z.B. Texten, Bildquellen oder Karten. Der Haupteintrag ist jeweils fett gedruckt, gefolgt von der Wortartangabe (*kursiv* gedruckte Abkürzung), wenn nötig einer Angabe zur Aussprache [Lautschrift in eckigen Klammern] und der deutschen Bedeutungsentsprechung. Thematisch verwandte Begriffe stehen unter dem fett gedruckten Hauptstichwort:

graph / chart / diagram *n* [grɑ:f / ˈdaɪəgræm]	Diagramm
line graph	Kurvendiagramm
climate graph	Klimadiagramm
bar graph	Säulendiagramm
pie chart / circular chart *n*	Kreisdiagramm

In tabellarischer Form werden zusätzlich Redewendungen und Ausdrücke dargeboten, die vor allem der Sprachproduktion dienen.

Fill in the table ...
Vervollständige / Vervollständigt die Tabelle ...
Put your findings / the results in a table ...
Trage / Tragt eure Ergebnisse in eine Tabelle ein ...
Colour the pie chart ... (red / green / etc.).
Male / Malt das Kreisdiagramm ... (rot / grün / etc.) aus.

In / On the chart / graph you can see / find	**that ... / how ...**
In diesem Diagramm kannst du / könnt ihr sehen / herausfinden,	dass ... / wie ...

In Teil **II. Thematic Vocabulary** stehen geschichtlich relevante Wortfelder wie *Absolutism, Church* oder *Knights* im Vordergrund. Manche dieser Wortfelder sind weiter untergliedert, *Knights* z.B. in *Knighthood, A Suit of Armour, Chivalry* und *Orders of Knights*. Auch hier gilt, dass Haupteinträge fett gedruckt sind, gefolgt von einer kursiv gedruckten Abkürzung zur Wortartangabe und der deutschen Bedeutungsentsprechung. Sofern vom englischen Bezugswort nicht gefordert, wurde im Deutschen auf die separate Wiedergabe der weiblichen Substantivform verzichtet. Unter dem Hauptstichwort stehen wie schon in Teil I thematisch verwandte Begriffe.

Knighthood

knight *n* ['naɪt]	Ritter
armoured knight *n*	Panzerritter, gepanzerter Ritter
errant knight / knight errant *n*	fahrender Ritter
imperial knight *n*	Reichsritter
robber knight *n*	Raubritter

Redewendungen sind wiederum tabellarisch zusammengefasst:

to wear a helmet / a suit of armour / a coat of mail einen Helm / eine Rüstung / einen Kettenpanzer tragen
to be protected by one's armour durch seine Rüstung geschützt werden
to withstand lances / arrows / swords Lanzen / Pfeilen / Schwertern standhalten

Teil **III. Epochs** ist nach chronologischen und geographischen Gesichtspunkten unterteilt und deckt die gesamte Zeitspanne von der Ur- und Frühgeschichte bis zur unmittelbaren Zeitgeschichte ab. Innerhalb der einzelnen Epochen findet eine weiterführende Untergliederung nach geschichtlich bedeutsamen Ereignissen statt. So gehören zum Kapitel **Contemporary History** (= Zeitgeschichte) beispielsweise die Geschichte Deutschlands nach dem 2. Weltkrieg bis hin zur deutschen Wiedervereinigung, der europäische Einigungsprozess, die Entkolonialisierung und auch die Entwicklung im Nahen Osten.
Wo im Englischen besonders bei der neueren Geschichte (Naziregime) die deutschen Bezeichnungen neben einer Vielzahl von mehr oder weniger genauen Übersetzungsversuchen benutzt werden, sind diese im Wortschatz angegeben. Worteinträge und Redemittel werden wie in den vorangegangenen Abschnitten behandelt.

Teil **IV. Selected Countries** schließlich stellt die Geschichte ausgewählter Nationen wie z.B. China, England, Frankreich, Russland und der Vereinigten Staaten in chronologischer Ordnung dar.

Teil **V. Das deutsch-englische Wörterverzeichnis** am Ende des Bandes schließlich dient der leichteren Erschließung des im Wörterbuchteil aufgenommenen Vokabulars. Aus Platzgründen musste allerdings eine Auswahl getroffen werden.

Teil **VI. Abbildungen** enthält Illustrationen zu Teilbereichen des Wortschatzes.

I. Talking about History

GENERAL CLASSROOM PHRASES

Let's have a look at . . . Lass / Lasst uns betrachten ... **Have a look at . . .** Betrachte / Betrachtet ...	**the text / the picture / the map . . .** den Text, das Bild, die Karte ...
Study . . . Untersuche/Untersucht **Think about . . .** Denke / Denkt an	**the following . . .** Folgendes ... **the good (bad) sides of . . .** die guten (schlechten) Seiten von ...
Let's examine . . . Lass / Lasst uns untersuchen ...	**the document, . . .** das Dokument, die Urkunde ... **what . . . means.** was ... bedeutet.
Describe . . . Beschreibe / Beschreibt ...	**the scene . . .** die Szene, den Schauplatz
List . . . Führe / Führt auf ... **Make a list of . . .** Mache / Macht eine Liste von ...	**reasons for (against) . . .** Gründe für (gegen) ... **arguments for (against) . . .** Gründe(n), Argumente(n) für (gegen) ...
Explain . . . Erkläre / Erklärt	**why / how / when . . .** warum / wie / wann ...
Use evidence from (the text) . . . Verwende / Verwendet Hinweise von ... (aus dem Text)	**to explain . . .** um zu erklären ...
Say (in your own words) . . . Sage / Sagt (in eigenen Worten) ...	**what . . . means.** was ... bedeutet.

Find … out …
Finde / Findet … (heraus) …
Show …
Zeige / Zeigt …
Investigate …
Untersuche / Untersucht …
Examine …
Untersuche / Untersucht …

when / where / why … happened.
wann / wo / warum … passierte (geschah).

Give examples of / for …
Gib / Gebt Beispiele von / für …
List examples of / for …
Führe / Führt Beispiele auf von / für …
Find evidence for …
Finde / Findet Anhaltspunkte für …

What evidence can you / we find to show that …
Welche Anhaltspunkte kannst du / könnt ihr / können wir finden, um zu zeigen, dass …
What evidence is there that …
Welche Anhaltspunkte gibt es dafür, dass …
What indicates that …
Was deutet darauf hin, dass … ?
What proves that …
Was beweist, dass … ?

Give reasons …
Gib / Gebt Gründe …

for your answer.
für deine / eure Antwort.
for your view.
für deine / eure Ansicht.

Interpret …
Interpretiere / Interpretiert …
Discuss …
Diskutiere / Diskutiert …

the text.
den Text.
the sources.
die Quellen.
the material.
das Material.

What conclusion do you draw (reach) from ...
Welchen Schluss / Welche Schlussfolgerung ziehst du / zieht ihr aus ... ?

What do / does ... tell you / us about ... ?
Was zeigt ... dir / euch / uns über ... ?

What is your opinion on ... ?
Was ist deine / eure Meinung über ... ?
What do you think of ... / about ... ?
Was denkst du / denkt ihr über ... ?
What is your impression of ... ?
Was ist dein / euer Eindruck von ... ?
What impression do you get from ... ?
Welchen Eindruck bekommst du / bekommt ihr von ... ?

What were (could / might have been) (the) reasons for ... ?
Was waren (könnten gewesen sein) die Gründe für ... ?

What were (could / might have been) the results of ... ?
Was waren (könnten gewesen sein) die Ergebnisse von ... ?

Why do you think this happened?
Warum glaubst du / glaubt ihr ist dies passiert?
What were the reasons for this to happen?
Welche Gründe lagen vor, dass dies passierte?

Where (When, Why, How) did it take place?
Wo (Wann, Warum, Wie) fand es statt?
When (Where, Why, How) did it happen?
Wann (Wo, Warum, Wie) geschah es?

Let's compare ... **X and Y.**
Lasst uns X und Y vergleichen.
Let's examine the development of ...
Lasst uns die Entwicklung von X und Y untersuchen.
Let's draw a parallel between ...
Lasst uns eine Parallele zwischen X und Y ziehen.

Let's contrast ... Lasst uns einen Vergleich anstellen	**X with Y.** zwischen X und Y.
The major (central) differences (similarities) Die wichtigsten (zentralen) Unterschiede (Ähnlichkeiten) **The parallels ...** Die Parallelen	**between X and Y are ...** zwischen X und Y sind ...
What differences (similarities) can you find Welche Unterschiede (Ähnlichkeiten) kannst du (könnt ihr) finden **What are the main differences (similarities)** Was sind die Hauptunterschiede (Hauptähnlichkeiten)	**between X and Y?** zwischen X und Y?

HISTORICAL RESEARCH: KEY WORDS AND PHRASES

History

history *n*	Geschichte
ancient history ['eɪnʃənt]	Alte Geschichte
medieval history [ˌmedɪ'i:vl]	Mittelalterliche Geschichte
modern history	Neuere Geschichte
contemporary history	Zeitgeschichte
natural history	Naturgeschichte
science of history	Geschichtswissenschaft
historian *n* [hɪ'stɔ:riən]	Historiker
historic *adj*	historisch, geschichtlich bedeutsam
historical *adj*	historisch, geschichtlich, Geschichts-
historical interpretation	Geschichtsinterpretation
historical research	Geschichtsforschung
evidence *n*	Beweis
historiographer *n*	Historiograph; amtlicher Geschichtsschreiber
historiographic(al) *adj*	historiographisch
historiography *n*	Historiographie, Geschichtsschreibung
antiquity *n* [æn'tɪkwəti]	Altertum, Antike
study of antiquity	Altertumswissenschaft, Altertumskunde
the Middle Ages *n*	das Mittelalter

modern times *n pl* / **modern era** / **modern age** *n*	Neuzeit
ancient *adj* ['eɪnʃənt]	antik, alt
Ancient Rome	das antike Rom
ancient relics ['relɪks]	Altertümer
medieval *adj* [ˌmedɪ'i:vl]	mittelalterlich
modern *n*	modern, neuzeitlich
anachronistic(al) *adj* [ə'nækrənɪstɪk]	anachronistisch, zeitwidrig
anachronism *n* [ə'nækrənɪzm]	Anachronismus
epoch *n* ['i:pɒk / 'epək]	Epoche, Zeitraum
era *n* ['ɪərə]	Ära, Zeitrechnung, Zeitalter

the course of history der Lauf der Geschichte
a historic moment ein historischer Augenblick
historical / oral tradition historische / mündliche Überlieferung
historical evidence historischer Beweis, historischer Beleg
before Christ / B.C. vor Christus / v. Chr.
Anno Domini / A.D. im Jahre des Herrn / nach Christus / n. Chr.
Christian Era / C.E. christliche Zeitrechnung / n. Chr.
before the common era / B.C.E. vor unserer Zeitrechnung / v.u.Z.
Common Era / C.E. unsere Zeitrechnung / u.Z.

Historical Research: General Phrases

historical historische	**research (into, on)** Forschung (über)
scientific [ˌsaɪən'tɪfɪk] wissenschaftliche	**investigation** Forschung, Erforschung
diachronic / synchronic diachronische / synchronische	**examination** Untersuchung

to do research [rɪ'sɜ:tʃ / 'ri:sɜ:tʃ]
forschen, Forschung betreiben

The findings / the facts die Ergebnisse / die Fakten **The (material) remains** die (materiellen) Überreste	**will be investigated, examined / interpreted / analysed** werden untersucht / interpretiert / analysiert **will give evidence (clues) / will prove that ...** werden Anhaltspunkte (Hinweise) liefern / werden beweisen, dass ... **indicate that ...** zeigen, dass ...
It is important to consider Zu bedenken gilt es	**cause and effect.** Ursache und Wirkung. **the origin / reason / motive of ...** den Ursprung / Grund / das Motiv von ... **the development of ...** die Entwicklung von ... **the change / the progress / the result** die Veränderung, den Wechsel, den Wandel / den Fortschritt / das Ergebnis, die Folge **the consequence / the influence of ...** die Folge / den Einfluss von ... **the impact of ... on ...** die Auswirkung (Wirkung) von ... auf ... **the long-term (short-term) effects of ...** die langfristigen (kurzfristigen) Auswirkungen von ...

Historical Research: Sources

Primary sources can be, for example, Primärquellen können z.B. sein	**documents / images / objects / manuscripts / maps** Dokumente, Urkunden / Bilder, Bildnisse / Gegenstände, Objekte / Manuskripte / Karten, Landkarten **(historical) photographs / journals / letters / memos** (historische) Photographien / Tagebücher / Briefe / Mitteilungen, Notizen **records of births (deaths, marriages) / birth certificates / death certificates** Aufzeichnungen von Geburten (Todesfällen, Eheschließungen) / Geburtsurkunden / Ster--beurkunden **permits, licenses / census data** Genehmigungen / Daten der Volkszählung **published material (books, magazines, journal articles, newspaper articles)** veröffentlichtes Material (Bücher, Zeitschriften, Zeitschriftenartikel, Zeitungsartikel) **audio recordings / video recordings / moving pictures** Tonaufnahmen / Videoaufnahmen / Filme **artefacts of all kinds: physical objects, furniture, buildings, tools, household items, toys, clothing ...** jegliche Artefakte: materielle Gegenstände, Möbel, Gebäude, Werkzeuge, Haushaltsgegenstände, Spielzeug, Kleidung ... **research data** Forschungsdaten

Secondary sources can be, for example, Sekundärquellen können z.B. sein	**pieces of evidence that come from an original or primary source.** Belege, die von einer Original- oder Primärquelle stammen. **textbooks.** Lehrbücher. **accounts (records) of ...** Aufzeichnungen von ...
What / Which sources Welche Quellen	**suggest that ... ?** legen nahe, dass ... ? **prove that ... ?** belegen, beweisen, dass ... ? **support (contradict, oppose) the idea that ... ?** untermauern die (widersprechen der) Ansicht, dass ... ?

WORKING WITH TEXTS

book *n*	Buch
newspaper *n*	Zeitung
text *n*	Text
chapter *n*	Kapitel
paragraph *n* [ˈpærəgrɑːf]	Absatz, Abschnitt
passage *n*	Textpassage, Textabschnitt

The text Der Text	**is complete / incomplete.** ist vollständig / nicht vollständig. **is divided into ... paragraphs.** ist in ... Abschnitte unterteilt. **is / was written by one / several authors.** wurde von einem / mehreren Autoren verfasst. **has been reconstructed.** wurde rekonstruiert. **was written in ... / was found in ... / was translated by ...** wurde in ... geschrieben / wurde in ... gefunden / wurde übersetzt von ...

The text Der Text	**gives evidence / does not give enough evidence for …** gibt Anhaltspunkte / gibt nicht genug Anhaltspunkte für … **gives / does not give a true picture of …** gibt ein / kein wahres Bild von … **gives / does not give reasons for …** gibt / gibt keine Gründe für … **was written for … / because …** wurde geschrieben für … / weil …

Parts of the text Einzelne Abschnitte des Textes	**are / were lost.** sind verloren gegangen. **were added later / were reconstructed.** wurden später hinzugefügt / wurden rekonstruiert. **have been changed over the years.** wurden über die Jahre verändert.

What sort of text is it?
Um was für eine Textgattung handelt es sich?
Point out where in the text it says that …
Zeige / Zeigt, wo im Text steht, dass …

What do you think about … ? Was denkst du / denkt ihr über … ? **What is your opinion on … ?** Was ist deine / eure Meinung über … ?	**I think …** Ich denke … **In my opinion …** Meiner Meinung nach … **I believe …** Ich glaube … **I suppose …** Ich nehme an (denke) … **I guess …** Ich schätze …

What is the text about? Wovon handelt der Text? **What is the topic / theme / subject of the text?** Was ist das Thema des Textes? **What is the text aimed (directed) at?** Worauf zielt der Text?	**It is about ...** Es geht um ... **It informs us on ...** Er informiert uns über ... **It deals with ...** Er handelt von ... **It concentrates on ...** Er konzentriert sich auf ... **Its focus is on ... / It focuses on ...** Sein Hauptaugenmerk liegt auf ... / Er konzentriert sich auf ... **The (main / central) topic of the text is ...** Das Hauptthema / Das zentrale Thema des Textes ist ... **The text is a good / an excellent example of ...** Der Text is ein gutes / ein hervorragendes Beispiel für ... **The text is aimed (directed) at ... / It targets ...** Der Text zielt auf ...
Where in the text does it say that ... ? Wo im Text steht, dass ... **Can you find examples of ... in the text?** Kannst du / Könnt ihr im Text Beispiele finden für ... ?	**In line ... it says ...** In Zeile ... steht ... **I found ...** Ich habe gefunden ...
What does ... mean (in German)? Was heißt (bedeutet) ... (auf Deutsch)? **What is the meaning of ... (in German)?** Was heißt ... (auf Deutsch)?	**It means ...** Es heißt (bedeutet) ... **The meaning of ... is ...** ... heißt ...
What are the main / central ideas of the text? Was sind die Hauptgedanken / zentralen Gedanken des Textes?	**The main / central topic(s) of the text are ...** Das Hauptthema / zentrale Thema (die Hauptthemen / zentralen Themen) des Textes ist (sind) ... **The main / central ideas of the text are ...** Die Hauptgedanken / zentralen Gedanken des Textes sind ...

What is the author's opinion on … ? Was ist die Ansicht des Autors (der Autorin) über … ? **What does the author think about … ?** Was denkt der Autor (die Autorin) über … ?	**The author's opinion on … is …** Die Meinung des Autors (der Autorin) über … ist … **He / She is of the opinion that …** Er / Sie meint, dass … **He / She thinks / believes that …** Er / Sie denkt / glaubt, dass …
What does / did the author of the text want to tell us? Was will / wollte uns der Autor (die Autorin) des Textes sagen?	**He / She wants / wanted to tell us that …** Er (Sie) will / wollte uns sagen, dass … **He / She illustrates … / presents …** Er / Sie erläutert … / zeigt …
What is / was the author's intention? Was ist / war die Absicht des Autors / der Autorin?	**The author's intention is / was …** Die Absicht des Autors ist / war es … **to explain …** zu erklären … **to convince … the reader that …** den Leser (die Leserin) davon zu überzeugen, dass … **to inform …** zu informieren … **to criticize …** zu kritisieren … **to argue that …** zu behaupten, dass … **to express (anger, sorrow, joy …) …** (Wut, Trauer, Freude …) auszudrücken …
	The author describes / depicts … Der Autor (die Autorin) beschreibt … **He / She portrays / illustrates …** Er / Sie stellt dar / erläutert … **The author suggests that …** Der Autor (die Autorin) legt nahe, dass … **He / She recalls / compares …** Er / Sie erinnert sich / vergleicht …

What is the author's point of view / standpoint? Was ist der Standpunkt des Autors / der Autorin?	**The author is in favour of … / agrees with …** Der Autor (die Autorin) ist für … / stimmt überein mit … **He / She disagrees with … / rejects …** Er / Sie stimmt nicht überein mit … / weist zurück … **The author hints at …** Der Autor (die Autorin) deutet an …
Do you agree with the author? Stimmst du / Stimmt ihr mit dem Autor (der Autorin) überein?	**I agree / disagree with the author.** Ich stimme mit dem Autor (der Autorin) überein / nicht überein. **I am / I am not of the same opinion as the author.** Ich habe / habe nicht dieselbe Meinung wie der Autor (die Autorin) **He / She might be right on …** Er / Sie könnte Recht haben mit …
What reasons / examples does the author give for … ? Welche Gründe / Beispiele führt der Autor (die Autorin) an für … ?	**The reasons / examples the author gives are …** Der Autor (die Autorin) führt folgende Gründe / Beispiele an …
How could the author know something about this event / person / development? Wie konnte der Autor (die Autorin) etwas über dieses Ereignis / diese Person / diese Entwicklung wissen?	**The author knew something about … , because he (she) was there / present / an eyewitness.** Der Autor (die Autorin) wusste etwas über … , weil er (sie) dort war / anwesend war / Augenzeuge (Augenzeugin) war. **The author must have been / was an eyewitness.** Der Autor (die Autorin) muss Augenzeuge (Augenzeugin) gewesen sein. **He / She was a contemporary.** Er / Sie war ein Zeitgenosse (eine Zeitgenossin).
Can we believe the author of the text? Können wir dem Autor / der Autorin des Textes glauben?	**It is easy / difficult to believe the author because …** Es ist leicht / schwierig dem Autor (der Autorin) zu glauben, weil …

WORKING WITH PICTURES AND FILMS ▸ Abb. 1

picture *n*	Bild
film *n*	Film
slide *n*	Dia
transparency *n*	Folie
painting *n*	Gemälde

On the left / right there is / are ...
Auf der linken / rechten Seite ist / sind ... .
In the foreground you can see a / an ...
Im Vordergrund kannst du (könnt ihr) ein ... sehen ...
In the middle of the picture there is / are ...
In der Mitte des Bildes ist / sind ...
In the top right / right-hand corner ...
In der oberen rechten Ecke ...
In the bottom left / left-hand corner ...
In der unteren linken Ecke ...
In the background ...
Im Hintergrund ...

Look at the picture / painting and find out ... Schau dir / Schaut euch das Bild / das Gemälde an und findet heraus ...	**what the people look like / wear.** wie die Menschen aussehen / was sie anhaben. **what they are doing.** was sie machen. **what their life is / was like.** wie ihr Leben ist / war.
Give (one, two ...) examples of ... Gib / Gebt (ein, zwei ...) Beispiel(e) für ...	
What evidence is there ... Welche Anhaltspunkte gibt es ...	**for that ... ?** dafür ... ? **for this belief ... ?** für diese Annahme ... ?

What can you see in the picture? Was kannst du / könnt ihr auf dem Bild sehen? **What information can you get from the picture?** Welche Informationen kannst du / könnt ihr dem Bild entnehmen? **What does the picture tell you about ... ?** Was sagt dir / euch das Bild über ...	**The picture shows that ...** Das Bild zeigt, dass ...
Which picture shows ... ? Welches Bild zeigt ... ?	**The picture on the left / on the right ...** Das Bild auf der rechten / linken Seite ... **The picture at the top / bottom of the page ...** Das Bild auf der Seite oben / unten ...
What does a ... look like? Wie sieht ein ... aus?	**It looks like ...** Es sieht aus wie ...
What are / were the main / central / most important aspects / topics of the film? Welches sind / waren die Hauptaspekte / die zentralen Aspekte / die wichtigsten Aspekte / Themen des Films?	**The main / central / most important aspects / topics of the film are / were ...** Die Hauptaspekte / die zentralen Aspekte / die wichtigsten Aspekte / Themen des Films sind / waren ...
What does the picture tell us / the viewer? Was will das Bild uns / dem Betrachter (der Betrachterin) sagen?	**The picture expresses / presents ...** Das Bild drückt aus / stellt dar ...
What does / did the painter / artist want to show? Was will / wollte der Maler (die Malerin) / der Künstler (die Künstlerin) zeigen? **What was / is his / her intention?** Was war / ist seine / ihre Absicht?	**He / She wants to show that ...** Er / Sie will zeigen, dass ... **His / Her intention was / is ...** Seine / Ihre Absicht war / ist ...
Why was it made / painted? For whom? Warum wurde es gemacht / gemalt? Für wen?	

WORKING WITH GRAPHS, CHARTS, DIAGRAMS AND FIGURES ▸ Abb. 2

graph / chart / diagram *n* [grɑ:f / 'daɪəgræm]	Diagramm
line graph	Kurvendiagramm
climate graph	Klimadiagramm
bar graph	Säulendiagramm
pie chart / circular chart *n*	Kreisdiagramm
figure *n* ['figə]	Zahl, Ziffer
table *n*	Tabelle
axis *n* ['æksɪs]	Achse
vertical axis	senkrechte Achse
horizontal axis	waagrechte Achse

Fill in the table . . .
Vervollständige / Vervollständigt die Tabelle ...
Put your findings / the results in a table . . .
Trage / Tragt eure Ergebnisse in eine Tabelle ein ...
Colour the pie chart . . . (red / green / etc.).
Male / Malt das Kreisdiagramm ... (rot / grün / etc.) aus.

In / On the chart / graph you can see / find In diesem Diagramm kannst du / könnt ihr sehen / herausfinden,	**that . . .** dass ... **how . . .** wie ...

The chart / graph Das Diagramm **The table** Die Tabelle	**shows** zeigt **explains** erläutert **describes** beschreibt	**the number of . . .** die Anzahl von ... **the rate of . . .** die Rate von ... **the amount of . . .** die Menge von ... **the increase . . .** den Anstieg ...	**since . . .** seit ... **from . . .** von ... **between . . .** zwischen ...
		that dass	**the number of . . . has risen / fallen since . . .** die Anzahl von ... seit ... gestiegen / gesunken ist. **the amount of . . . has increased / decreased since . . .** die Menge von ... seit ... zugenommen / abgenommen hat.

In / On this chart / graph you can see that … In diesem Diagramm kannst du / könnt ihr sehen, dass …	**since …** seit … **between … and …** zwischen … und … **from … to …** von … bis … **for … days / years / months …** seit … Tagen / Jahren / Monaten …	**the number of …** die Anzahl an …	**has risen** angestiegen ist **increased** nahm zu **decreased** nahm ab **fell / dropped to …** fiel (auf) …	**slightly.** geringfügig **sharply.** stark **steadily.** stetig

WORKING WITH MAPS ▸ Abb. 3

map / chart *n*	Karte
town map / city map	Stadtplan
road map	Straßenkarte
world map	Weltkarte
nautical map [ˈnɔːtɪkl]	Seekarte
geographical map	geographische Karte
topographic map	topographische Karte
atlas *n*	Atlas
legend / key *n* [ˈledʒənd]	Legende
scale *n*	Maßstab
distance *n*	Entfernung
direction *n*	Richtung
globe *n*	Globus
degree of latitude *n* [ˈlætɪtjuːd]	Breitengrad
line of latitude / parallel / circle of latitude *n*	Breitenkreis
degree of longitude *n* [ˈlɒndʒɪtjuːd]	Längengrad
line of longitude / meridian *n* [məˈrɪdiən]	Längenkreis
tropic of Capricorn *n*	südlicher Wendekreis, Wendekreis des Steinbocks
tropic of Cancer *n*	nördlicher Wendekreis, Wendekreis des Krebses
southern hemisphere *n* [ˈhemɪsfɪə]	Südhalbkugel, südliche Hemisphäre
northern hemisphere *n*	Nordhalbkugel, nördliche Hemisphäre
western hemisphere	westliche Hemisphäre
eastern hemisphere	östliche Hemisphäre
antarctic circle *n*	südlicher Polarkreis
arctic circle *n*	nördlicher Polarkreis

Look for ... Suche / Sucht ... **Find ...** Finde / Findet ... **Study ...** Untersuche / Untersucht ...	**on the map.** auf der Karte. **in the atlas.** im Atlas.

The map Die Karte	**shows ...** zeigt **tells us sth about ...** sagt uns etwas über **informs us about ...** informiert uns über ...	**cities, villages, borders, distances ...** Städte, Dörfer, Grenzen, Entfernungen ...

Rivers Flüsse	**are shown** werden dargestellt	**by thick / thin blue lines.** durch dicke / dünne blaue Linien.
Borders Grenzen	**are shown** werden dargestellt	**by red / black lines.** durch rote / schwarze Linien.
Cities Städte	**are shown** werden dargestellt **are underlined.** sind unterstrichen.	**by red circles.** durch rote Kreise.
Forest areas Waldgebiete	**are shown as** werden präsentiert als	**a green area.** eine grüne Fläche.
Mountain areas / Mountain regions Bergregionen	**are shown as** werden gezeigt als	**a brown area.** eine braune Fläche.

In what direction is X from Y? In welcher Richtung liegt X von Y?	**X is north (south, west, east) of ...** X liegt nördlich (südlich, westlich, östlich) von ... **X is in the northern (southern, western, eastern) part of ...** X liegt im nördlichen (südlichen, westlichen, östlichen) Teil von ...
Which is closer? Was liegt näher?	**X or Y?** X oder Y?

What is X called today? Wie heißt X heute?	**X is called Y today.** X wird heute Y genannt / heißt heute Y.
In which country is X? In welchem Land liegt X?	**X is in …** X liegt in … **X is situated in … / is located in … / lies in …** X liegt in … / befindet sich in …

II. Thematic Vocabulary

ABSOLUTISM

absolutism *n* ['æbsəlu:tɪzm]	Absolutismus
absolutist *adj; n* ['æbsəlu:tɪst]	absolutistisch, despotisch; Anhänger des Absolutismus
absolutistic *adj*	absolutistisch
divine right (of kings) *n*	Gottesgnadentum
cabinet war *n*	Kabinettskrieg

the monarch as God's representative on earth der Herrscher als Stellvertreter Gottes auf Erden
the Age of Absolutism das Zeitalter des Absolutismus
a ruler with absolute claim to power ein Herrscher mit absolutem / absolutistischem Machtanspruch
a monarch / a monarchy by divine right ein Monarch / eine Monarchie von Gottes Gnaden
a centralized form of government ein Zentralstaat
enlightened absolutism / monarch aufgeklärter Absolutismus / Herrscher
absolute monarchy / absolute monarch absolute Monarchie / absoluter Herrscher
highest legislator / judge oberster Gesetzgeber / Richter
to rule the kingdom with absolute power das Königreich mit absoluter Macht regieren
to equip a standing army ein stehendes Heer ausrüsten
to keep an army in constant standby ein Heer in ständiger Bereitschaft halten
to seek political hegemony (over Europe) [hɪ'geməni] die politische Hegemonie (über Europa) anstreben

AGRICULTURE

agriculture *n* ['ægrɪkʌltʃə]	Landwirtschaft, Ackerbau
river valley agriculture	Flusstalkultur
intensive agriculture	Intensivlandwirtschaft
three-field system	Dreifelderwirtschaft
two-field system	Zweifeldersystem, Zweifelderwirtschaft
crop rotation *n*	Fruchtwechsel, Fruchtfolge
agricultural *adj* [ˌægrɪ'kʌltʃərəl]	landwirtschaftlich
agricultural labourer	Landarbeiter
agricultural labour	Landarbeit
agricultural settlement	bäuerliche Siedlung

agrarian *adj* [ə'greəriən]	agrarisch, landwirtschaftlich, Agrar-
agrarian reform / land reform	Bodenreform, Agrarreform
farming *n*	Landwirtschaft, Ackerbau
farming method / growing method	Anbaumethode, Anbautechnik
mixed farming	Ackerbau und Viehzucht
husbandry *n*	Landwirtschaft
farmer / peasant *n*	Bauer, Landwirt
farmer's wife	Bäuerin
tenant *n* ['tenənt]	Pächter
farm labourer *n*	Knecht
farmgirl / maidservant *n*	Magd

Farm and Farmland

farm *n*	Bauernhof
farmland *n*	Ackerland
woodland *n*	Waldland
arable land *n* ['ærəbl]	Ackerboden
wasteland *n*	Ödland
fen *n*	Sumpfland
marsh *n*	sumpfige Wiese, Marsch
field *n*	Acker, Feld
plot *n*	Stück Land, Grundstück
meadow *n* ['medəʊ]	Wiese, Weide
pasture *n* ['pɑ:stʃə]	Weide(land)
orchard *n* ['ɔ:tʃəd]	Obstgarten
soil *n*	Boden
seed *n*	Samen, Saat
sower *n* ['səʊə]	Säer
furrow *n*	Furche
fallow *n* ['fæləʊ]	Brache, Brachfeld
fallow pasture	Brachwiese
manure *n* [mə'njʊə]	(natürlicher) Dünger
fertilizer *n* ['fɜ:tɪlaɪzə]	Dünger, Düngemittel; Kunstdünger

soil exhaustion Erschöpfung des Bodens
to cultivate land Land bearbeiten, urbar machen
to grow / sow sth [səʊ] etw anbauen / säen
to spread manure Dung verteilen
to supply the soil with nutrients ['nju:triənts] den Boden mit Nährstoffen anreichern
to lie fallow / to be fallow brachliegen
to leave a field fallow ein Feld brachliegen lassen

Equipment ▸ Abb. 4

digging stick *n*	Grabstock
hoe *n* [həʊ]	Hacke
spade *n*	Spaten
horseshoe *n*	Hufeisen
horse collar *n*	Kummet
harness *n*	Geschirr
front-truss *n*	Stirnjoch
plough (BE) / **plow** (AE) *n; v* [plaʊ]	Pflug; pflügen
scratch plough *n*	Hakenpflug
tractor *n*	Traktor

Animals

animal *n*	Tier
animal husbandry	Viehhaltung
ox, *pl* **oxen**	Ochse
a team of oxen	ein Ochsengespann
horse *n*	Pferd
donkey *n* ['dɒŋki]	Esel
cow *n*	Kuh
cattle *n*	(Rind)Vieh
cattle breeding	Viehzucht, Rinderzucht
chicken *n*	Huhn
hen *n*	Henne
poultry *n* ['pəʊltri]	Geflügel
goose, *pl* **geese** *n*	Gans
duck *n*	Ente
sheep, *pl* **sheep** *n*	Schaf
goat *n*	Ziege

Agricultural Products ▸ Abb. 5

produce *n* ['prɒdju:s]	Erzeugnis, Produkt
seed *n*	Samen(korn); Saat(gut)
vegetable *n*	Gemüse
crop *n*	Feldfrucht, Getreide
summer grain / summer corn *n*	Sommergetreide
winter grain / winter corn *n*	Wintergetreide
grain *n*	Getreide
ears of grain	Ähren
barley *n*	Gerste
wheat *n*	Weizen

oats *n pl*	Hafer
rye *n*	Roggen
pea *n*	Erbse
bean *n*	Bohne
turnip *n*	Rübe, Steckrübe
flax *n*	Flachs
cabbage *n*	Kohl, Kraut
swede *n*	Kohlrübe
potato, *pl* **potatoes** *n*	Kartoffel
clover *n* ['kləʊvə]	Klee

produce / agricultural product landwirtschaftliches Erzeugnis
to alternate crops Feldfrüchte alternieren / abwechseln
to cultivate (vegetables / plants) (Gemüse / Pflanzen) ziehen, züchten

Harvest ▸ Abb. 6

harvest *n; v*	Ernte; ernten, die Ernte einbringen
harvest time	Erntezeit
poor harvest	Missernte
harvest festival	Erntedankfest
yield *n*	Ertrag
bumper crop *n*	Rekordernte
harvester *n*	Schnitter, Erntearbeiter
combine harvester ['kɒmbaɪn]	Mähdrescher
reaper *n*	Schnitter
sickle *n*	Sichel
scythe *n; v* [saɪð]	Sense; (mit der Sense) mähen
flail *n*	Dreschflegel
to thresh	dreschen
threshing floor *n*	Tenne

to bring in the harvest / to harvest the crops die Ernte einbringen
to thresh sth etw. dreschen
to store grain in granaries Getreide in Getreidespeichern einlagern

Epidemics and Weather Conditions

blight *n*	Trockenfäule
potato blight	Kartoffelfäule
drought *n* [draʊt]	Trockenzeit, Dürre
flood *n*	Überschwemmung
hail *n*	Hagel

ARCHAEOLOGY ▸ Abb. 16

archaeology *n* [ˌɑ:ki'ɒlədʒi]	Archäologie
experimental archaeology	experimentelle Archäologie
aerial archaeology ['eəriəl]	Luftbildarchäologie
underwater archaeology	Unterwasserarchäologie
archaeologist *n* [ˌɑ:ki'ɒlədʒɪst]	Archäologe
archaeological *adj* [ˌɑ:kiə'lɒdʒɪk(əl)]	archäologisch
(archaeological) survey	Geländebegehung
palaeontologist *n* [ˌpæliɒn'tɒlədʒɪst]	Paläontologe
palaeobotanist *n* [ˌpæliəʊ'bɒtənɪst]	Paläobotaniker
geologist *n* [dʒi'ɒlədʒɪst]	Geologe
excavator *n* ['ekskəveɪtə]	Ausgräber
area supervisor *n*	Arealleiter
volunteer *n* [ˌvɒlən'tɪə]	Volontär, Freiwilliger
archaeological evidence	archäologischer Beweis, archäologisches Zeugnis

The Excavation Site

excavation site *n* [ˌekskə'veɪʃn]	Ausgrabungsstätte
excavation / dig *n*	Ausgrabung
salvage excavation *n* ['sælvɪdʒ]	Rettungsgrabung
site *n*	Lage, Stelle, Stätte, Ortslage
locus, *pl* **loci** *lat n* ['ləʊkəs, 'ləʊsaɪ]	Locus
tell *n*	Ruinenhügel
mound *n*	Erdhügel
area *n*	Areal, Bereich
in situ *lat n* [ˌɪn'sitju:]	in Originallage
rubbish pit *n*	Abfallgrube
spoil *n*	Abraum

Working on an Excavation Site

stratigraphy *n* [ˌstræ'tɪgrəfi]	Stratigraphie, Schichtenfolge
feature *n*	Befund, Merkmal, Besonderheit
soil sample *n*	Bodenprobe
sexing *n*	Geschlechtsbestimmung
mapping *n*	Kartierung
field school *n*	Lehrkurs
field book *n*	Grabungstagebuch
square *n*	Quadrat, Viereck
balk / baulk *n* [bɔ:k]	Balken, Steg

surface *n*	Oberfläche
grid *n*	Gitternetz
grid system	Gittersystem

to dig sth up / to excavate sth etw ausgraben
to recover sth / to salvage sth etw bergen
to sex eine Geschlechtsbestimmung durchführen
to level in einnivellieren
to map sth etw kartieren

Finds

find *n*	Fund; Entdeckung
small find	Kleinfund
context *n*	Fundzusammenhang
ceramic *n* [sə'ræmɪk]	Keramik
artefact (BE) / **artifact** (AE) *n*	Objekt, Artefakt
shard (BE) / **sherd** (AE) *n*	Scherbe, Tonscherbe
fresco *n*	Fresko
mosaic *n* [məʊ'zeɪɪk]	Mosaik
tessera, *pl* **tesserae** *lat n* ['tesərə, 'tesəriː]	(Mosaik)Steinchen
material culture	materielle Kultur

Dating

dating / age determination *n*	Datierung
cross dating	Kreuzdatierung
absolute / relative dating	absolute / relative Datierung
radiocarbon dating technique / radiocarbon dating method *n*	Radiokarbonmethode, Radiokarbondatierung
chronology *n*	Chronologie, (Lehre von der) Zeitrechnung
absolute / relative chronology	absolute / relative Chronologie
datum point *n*	Referenzpunkt, Bezugspunkt
dendrochronology [ˌdendrəʊkrɒ'nɒlədʒi]/ **tree-ring dating** *n*	Dendrochronologie, Jahresringforschung
dendrochronological *adj* [ˌdendrəʊkrɒnɒ'lɒdʒɪkəl]	dendrochronologisch

ARISTOCRACY

aristocracy [ˌærɪsˈtɒkrəsi] / **nobility** *n*	Aristokratie, Adel
aristocrat *n* [ˈærɪstəkræt]	Adeliger
aristocratic *adj*	aristokratisch, adelig
nobleman *n*	Adeliger, Edelmann
emperor *n*	Kaiser
empress *n*	Kaiserin
king *n*	König
queen *n*	Königin
prince *n*	Prinz; Fürst
crown prince	Kronprinz
prince consort	Prinzgemahl
princess *n*	Prinzessin; Fürstin
princess royal	älteste Tochter eines Königs / Herrschers
archduke *n* [ˌɑːtʃˈdjuːk]	Erzherzog
archduchess *n* [ˌɑːtʃˈdʌtʃəs]	Erzherzogin
duke *n*	Herzog
grand duke	Großherzog; Großfürst
duchess *n*	Herzogin
grand duchess	Großherzogin
count *n*	Graf
count palatine	Pfalzgraf
countess *n*	Gräfin
countess palatine	Pfalzgräfin
landgrave *n* [ˈlændgreɪv]	Landgraf
landgravine *n* [ˈlændgrəviːn]	Landgräfin
palsgrave *n* [ˈpɔːlzgreɪv]	Pfalzgraf
palsgravine *n* [ˈpɔːlzgrəviːn]	Pfalzgräfin
margrave *n* [ˈmɑːgreɪv]	Markgraf
margravine *n* [ˈmɑːgrəviːn]	Markgräfin
regent *n* [ˈriːdʒənt]	Regent
prince regent	Prinzregent, regierender Fürst
baron *n* [ˈbærən]	Baron, Freiherr
baroness *n* [ˈbærənes]	Baronin
consort *n* [ˈkɒnsɔːt]	Gemahl(in) einer Königin (eines Königs)
prince abbot *n*	Fürstabt
prince bishop *n*	Fürstbischof, geistlicher Fürst
prince-primate *n* [ˈpraɪmeɪt]	Fürstprimas
prince of the Church / **dignitary of the Church** *n*	Kirchenfürst

Estates of the Aristocracy

kingdom *n*	Königreich
princedom *n*	Fürstentum; Fürstenwürde
principality *n* [ˌprɪnsɪˈpælɪti]	Fürstentum
duchy / dukedom *n* [ˈdʌtʃi]	Herzogtum
archduchy *n*	Erzherzogtum
landgraviate *n* [ˌlændˈgreɪviət]	Landgrafschaft
palsgraviate *n* [ˌpɔːlzˈgreɪviət]	Pfalzgrafschaft
margraviate *n* [ˌmɑ.ˈgreɪviət]	Markgrafschaft
ecclesiastical principality *n* [ɪˌkliːziˈæstɪkəl]	Fürstbistum

CASTLE ▸ Abb. 7

castle *n*	(Ritter)Burg
moated castle [ˈməʊtɪd]	Wasserburg
knight's castle [naɪts]	Ritterburg
earthwork-and-timber castle	Holz-Erde-Burg
castle ruin	Burgruine
lord of the castle	Burgherr
lady of the castle	Burgherrin
castellan *n* [kæˈstelən]	Kastellan, Burgvogt, Schlossvogt

to erect a castle on strategically well-suited ground eine Burg auf strategisch günstigem Gelände errichten

Fortifications of a Castle

rampart *n* [ˈræmpɑːt]	Ringwall
moat *n* [məʊt]	(Ring)Graben
ring wall / circular wall *n*	Ringmauer
parapet *n* [ˈpærəpɪt]	Brüstung
battlement / crenel(l)ation *n*	Zinne
wall walk / sentry walk *n*	Wehrgang
watchtower *n*	Wachtturm
keep *n*	Burgfried, Bergfried, Zwinger
tower / turret *n* [ˈtʌrət]	Turm
postern gate *n*	Ausfallpforte; Seitenausgang
portcullis *n* [ˌpɔːtˈkʌlɪs]	Fallgatter, (Fall)Gitter
drawbridge *n*	Zugbrücke
barbican *n* [ˈbɑːbɪkən]	Außenwerk, Verteidigungsanlage

Inside a Castle

great hall *n*	Rittersaal
fireplace *n*	Kamin
private chapel *n*	Privatkapelle
bower *n* ['baʊə]	Kemenate, Frauengemach
spiral staircase *n* ['spaɪərəl]	Wendeltreppe
larder *n*	Speisekammer
storeroom *n*	Vorratskammer
kitchen *n*	Küche
dungeon *n* ['dʌndʒən]	Verlies, Zwinger

The Castle Grounds

well *n*	(Zieh)Brunnen
cesspit *n* ['sespɪt]	Senkgrube, Jauchegrube, Latrine
stable *n*	Stall
bailey / castle yard *n*	Burghof
gate *n*	(Burg)Tor
gatehouse *n*	Pförtnerhaus, Torhaus
guardroom *n*	Wachstube

A Castle under Attack

scaling ladder *n*	Sturmleiter
siege tower *n* [si:dʒ]	Belagerungsturm
(battering) ram *n*	Rammbock
embrasure [ɪm'breɪʒə] / **loophole /arrow slit** *n*	Schießscharte
machicolation *n* [məˌtʃɪkə'leɪʃn]	Pechnase

to besiege a castle / to lay siege to a castle eine Burg belagern
to bombard a castle with catapults eine Burg mit Katapulten beschießen
to starve the defenders die Verteidiger aushungern
to undermine the castle walls die Burgmauern unterhöhlen
to drop stones / to throw rocks Steine werfen
to pour down pitch and hot tar / boiling oil Pech und heißen Teer / siedendes Öl hinunterschütten
to use battering rams to break down walls Rammböcke zum Niederreißen der Mauern verwenden

THE CHURCH

church *n*	Kirche, Gottesdienst
the Church *n*	die Kirche
Christendom *n* ['krɪsəndəm]	Christenheit

Christian Denominations

denomination *n*	Konfession, Glaubensgemeinschaft
Catholic *adj; n*	katholisch; Katholik
Protestant *adj; n*	protestantisch, evangelisch; Protestant
Anglican *adj; n*	anglikanisch; Anglikaner
Russian Orthodox *adj* ['ɔ:θədɒks]	russisch-orthodox
Greek Orthodox *adj*	griechisch-orthodox
Presbyterian *adj; n* [ˌprezbɪ'tɪərɪən]	presbyterianisch; Presbyterianer
Methodist *adj; n* ['meθədɪst]	methodistisch; Methodist
Pentecostal *adj; n* [ˌpentɪ'kɒstəl]	pfingstlerisch; Anhänger der Pfingstbewegung
Baptist *adj; n* ['bæptɪst]	baptistisch; Baptist

the Catholic / Protestant Church die katholische / evangelische Kirche
the Anglican Church / the Church of England die anglikanische Kirche
the Russian Orthodox Church die russisch-orthodoxe Kirche
the Greek Orthodox Church die griechisch-orthodoxe Kirche

Church Offices and Titles

pope *n*	Papst
cardinal *n*	Kardinal
archbishop *n*	Erzbischof
archdeacon *n* [ˌɑ:tʃ'di:kən]	Erzdiakon
bishop *n*	Bischof
priest *n* [pri:st]	Priester, Geistlicher
minister *n*	Pfarrer
diacon *n* ['daɪəkən]	Diakon
clergyman *n*	Geistlicher
cleric *n*	Geistlicher, Kleriker
acolyte *n* ['ækəlaɪt]	Akolyth, Messgehilfe, Altardiener
server *n*	Messdiener, Ministrant
patriarch *n* ['peɪtriɑ:k]	Patriarch
canon *n* ['kænən]	Domkapitular

Church Organization

the Papacy *n* ['peɪpəsi]	das Papsttum, (System der) Papstherrschaft; das Pontifikat
papacy *n* ['peɪpəsi]	päpstliches Amt, päpstliche Würde; Papsttum; Pontifikat
the Holy See	der Heilige Stuhl
papal *adj* ['peɪpl]	päpstlich, Papst-
papal crown	Papstkrone, Tiara

papal court	päpstlicher Hof
patriarchy *n* ['peɪtriɑ:ki]	Patriarchat
archbishopric *n*	Erzbistum; Erzbischofsamt, Erzbischofswürde
archiepiscopacy *n* [ˌɑ:kiɪ'pɪskəpəsi]	Kirchenregierung durch Erzbischöfe
archiepiscopal *adj* [ˌɑ:kiɪ'pɪskəpəl]	erzbischöflich
archiepiscopality *n* [ˌɑ:kiɪˌpɪskə'pælɪti]	erzbischöfliche Würde
archiepiscopate *n* [ˌɑ:kiɪ'pɪskəpət]	erzbischöfliches Amt, erzbischöfliche Würde; Erzbistum
arch see *n*	Erzbischofssitz, Erzdiözese
archdiocesan *n*	eine Erzdiözese betreffend, zu einer Erzdiözese gehörend
archdiocese *n* [ˌɑ:tʃ'daɪəsɪs]	Erzdiözese
bishopric *n*	Bistum
diocese *n* ['daɪəsɪs]	Diözese, Bistum
episcopate *n* [ɪ'pɪskəpət]	Episkopat
parish *n* ['pærɪʃ]	Pfarrei, Gemeinde
priesthood *n*	Priesteramt, Priesterwürde; Priesterschaft
the clergy *n*	die Geistlichkeit, die Geistlichen, der Klerus
benefit of clergy	Vorrecht des Klerus *(die Gerichtsbarkeit betreffend)*
clerical *adj*	klerikal, geistlich
chapter house *n*	Domkapitel, Stiftshaus

during the papacy of … unter Papst …
to join the clergy Geistlicher werden

Christian Belief

Son of God *n*	Gottessohn
Messiah *n* [mə'saɪə]	Messias
immaculate *adj* [ɪ'mækjələt]	unbefleckt, makellos
incarnate *adj* [ɪn'kɑ:nət]	Fleisch geworden, inkarniert
God incarnate	Gott in Menschengestalt
incarnation *n*	Inkarnation, Fleischwerdung, Menschwerdung
crucifixion *n* [ˌkru:sə'fɪkʃn]	Kreuzigung, Kreuzestod
resurrection *n* [ˌrezə'rekʃn]	Auferstehung
the Bible *n*	die Bibel
Old / New Testament *n*	Altes / Neues Testament
Gospel *n*	Evangelium
revelation *n*	Offenbarung
trinity *n*	Trinität, Dreifaltigkeit
baptism *n* ['bæptɪzm]	Taufe

certificate of baptism	Taufschein
baptism of blood	Bluttaufe, Märtyrertod
mass baptism	Massentaufe
confirmation *n*	Konfirmation, Firmung
sin *n*	Sünde
redemption *n* [rɪ'dempʃn]	Erlösung
atonement *n*	Buße, Sühne
absolution *n*	Absolution, Lossprechung
beatification *n* [biˌætɪfɪ'keɪʃn]	Seligsprechung
canonization *n* [ˌkænənaɪ'zeɪʃn]	Heiligsprechung

the Immaculate Conception die Unbefleckte Empfängnis
the incarnation of God in Christ die Menschwerdung Gottes in Christus
the Resurrection of Christ die Auferstehung Christi
the Second Coming of Christ die Wiederkehr Christi
the Book of Revelations die Offenbarung des Johannes
final rites / last rites Letzte Ölung, Sterbesakramente
eternal life / everlasting life das ewige Leben
afterlife / life after death Leben nach dem Tod
the Last Day der Jüngste Tag
Last Judgement Jüngstes / Letztes Gericht
to be incarnated Fleisch / Mensch werden

Worship

worship *n; v* ['wɜːʃɪp]	Anbetung, Verehrung, Gottesdienst; anbeten, verehren, huldigen
freedom of worship	Glaubensfreiheit
worshipper *n*	Kirchgänger, Gläubiger
congregation *n*	Gemeinde
churchgoer *n*	Kirchgänger
hymn *n* [hɪm]	Kirchenlied
hymnal *n*	Gesangbuch
prayer *n*	Gebet
prayer book *n*	Gebetbuch
rite *n*	Ritus, Zeremonie
ritual act	Kulthandlung
church service *n*	Gottesdienst
mass *n*	Messe, Messfeier
mass for the dead	Totenmesse, Seelenmesse
altar *n* ['ɔːltə]	Altar
altar chime / bell	Altarglöckchen / -glocke
liturgy *n* ['lɪtədʒi]	Liturgie

host *n* [həʊst]	Hostie
wafer *n*	Oblate
communion *n*	Kommunion
sacrament *n* ['sækrəmənt]	Sakrament
offertory *n* ['ɒfətri]	kirchliches Opfer, Geldsammlung
sermon *n* ['sɜ:mən]	Predigt
absolution *n*	Freisprechung, Lossprechung; Absolution, Sündennachlass
Eucharist *n* ['ju:kərɪst]	Eucharistie, (das) heilige Abendmahl; Hostie
alb *n* [ælb]	Albe, Chorhemd, Messhemd
incense *n* ['ɪnsens]	Weihrauch, Räucherwerk

bread and wine Brot und Wein
Holy Communion heiliges Abendmahl, heilige Kommunion
the Apostles' Creed das Apostolische Glaubensbekenntnis
the Lord's Prayer das Vaterunser
the Last Supper das letzte Abendmahl Christi
a reading from the Bible eine Lesung aus der Bibel
to say / hear mass die Messe lesen / hören
to deliver a sermon eine Predigt halten
to attend (the) mass / to go to mass zur Messe gehen
to sing hymns Kirchenlieder singen
to pray together zusammen beten
to burn incense Weihrauch opfern / verbrennen

Objects of Worship

relic *n* ['relɪk]	Reliquie *(Überrest eines Heiligen)*
saints' relics	Heiligenreliquien
veneration of the saints *n*	Heiligenverehrung
Holy Shroud *n* [ʃraʊd]	Grabtuch
Holy Sepulchre ['sepəlkə]	Heiliges Grab

Missionary Work

missionary *n*	Missionar
mission *n*	Mission
heathen / pagan *adj; n* ['hi:ðn / 'peɪgən]	heidnisch; Heide

to spread the Christian faith	das Christentum verbreiten
to introduce Christianity	das Christentum einführen
to convert the natives	die Eingeborenen bekehren
to convert to Christianity	sich zum Christentum bekehren
to be baptized	sich taufen lassen
to baptize sb	jdn taufen

Church Buildings

basilica *n*	Basilika
cathedral *n* [kə'θi:drəl]	Kathedrale
minster *n*	Klosterkirche; Münster, Kathedrale
church *n*	Kirche
fortified church	Wehrkirche, Kirchenburg
pilgrimage church ['pɪlgrɪmɪdʒ]	Wallfahrtskirche, Pilgerkirche
chapel *n* ['tʃæpl]	Kapelle

Inside a Church Building ▸ Abb. 8

aisle *n* [aɪl]	(Seiten)Schiff; Gang
altar *n* ['ɔ:ltə]	Altar
chancel *n*	Chor, Altarraum
choir / choir stalls *n* ['kwaɪə]	Chor / Chorgestühl
misericord *n* [mɪ'zerɪkɔ:d]	Miserikordie *(Vorsprung an der Unterseite des Chorgestühls als Stütze während des Stehens)*
rood loft *n*	Chorempore
nave / transept *n*	Kirchenschiff
pulpit *n* ['pʊlpɪt]	Kanzel
apse *n* [æps]	Apsis
belfry *n* ['belfri]	Glockenturm, Glockenstube
tower / spire *n*	Turm
ambulatory / cloister *n*	Kreuzgang
crypt / undercroft *n*	Krypta, unterirdisches Gewölbe, Gruft
vault *n* [vɔ:lt]	Gewölbe
baptismal font *n* [bæp'tɪzməl]	Taufstein, Taufbecken
stained glass *n*	Glasmalerei
stained-glass window *n*	Buntglasfenster, Bleiglasfenster, Glasgemälde
gargoyle *n* ['gɑ:gɔɪl]	Wasserspeier
lichgate *n* ['lɪtʃgeɪt]	überdachtes Friedhofstor

Medieval Church Architecture ▸ Abb. 8

building *n*	Gebäude, Bau, Haus; Bauen
method of building /construction	Bauweise
building material	Baustoff, Baumaterial
building style	Baustil
Romanesque *adj; n*	romanisch; Romanik
Gothic *adj; n* [ˈgɒθɪk]	gotisch; Gotik
(masonic) lodge *n* [məˈsɒnɪk ˈlɒdʒ]	Bauhütte

Romanesque architecture / Romanesque style Romanik, romanischer (Bau)Stil
Gothic architecture / Gothic style Gotik, gotischer Stil
Gothic arch / pointed arch gotischer Spitzbogen
to lay a church / cathedral out in the shape of a cross eine Kirche / Kathedrale in Form eines Kreuzes anlegen

Church Year and Church Festivals

church festival *n*	(kirchlicher) Feiertag
church year / ecclesiastical year *n* [ɪˌkliːziˈæstɪkəl]	Kirchenjahr, liturgisches Jahr
Advent (season) *n* [ˈædvent]	Advent
St. Nicholas' Day *n*	Nikolaustag *(6. Dezember)*
Christmas Eve *n*	Weihnachtsabend *(24. Dezember)*
Christmas *n*	Weihnachten *(25. Dezember)*
New Year's Eve *n*	Silvester *(31. Dezember)*
New Year's Day *n*	Neujahrstag *(1. Januar)*
Epiphany [ɪˌpɪfəni] **/ Twelfth Day** *n*	Epiphanias, Dreikönigsfest *(6. Januar)*
Candlemas (Day) *n*	Lichtmesstag, Mariä Lichtmess *(2. Februar)*
Shrove Tuesday *n* [ʃrəʊv]	Fastnacht, Fastnachtsdienstag
Ash Wednesday *n*	Aschermittwoch *(Beginn der Fastenzeit)*
Lent *n*	Fastenzeit, Passionszeit
Lenten *adj*	Fasten-
the Lenten Season	die Fastenzeit
Annunciation Day *n*	Mariä Verkündigung *(25. März)*
Passiontide *n*	Passionszeit
Holy Week *n*	Karwoche
Maundy Thursday *n* [ˈmɔːndi]	Gründonnerstag *(Donnerstag vor Ostern)*
Good Friday *n*	Karfreitag *(Freitag vor Ostern)*
Easter Saturday *n*	Karsamstag, Ostersonnabend
Easter *n*	Ostern, Osterfest *(Fest der Auferstehung Christi)*
Easter Monday *n*	Ostermontag
Ascension Day *n* [əˈsenʃn]	Christi Himmelfahrt

Whitsun / Pentecost *n*	Pfingsten
Whit Sunday *n*	Pfingstsonntag *(Fest der Ausgießung des Heiligen Geistes)*
Whitsuntide *n*	Pfingsten, Pfingstfest, Pfingstzeit
Trinity Sunday *n*	Dreifaltigkeitsfest, Trinitatis *(Sonntag nach Pfingsten)*
Corpus Christi *n* [ˌkɔ:pəs'krɪsti]	Fronleichnam(sfest) *(Donnerstag nach dem Dreifaltigkeitsfest)*
Transfiguration *n*	Fest der Verklärung Christi *(6. August)*
Assumption (Day) *n* [ə'sʌmpʃən]	Mariä Himmelfahrt *(15. August)*
Bartholomew's Day *n* [bɑ:'θɒləmju:z]	Bartholomäustag *(24. August)*
Michaelmas Day *n* ['mɪkəlməs]	Michaelis(tag) *(29. September)*
Thanksgiving *n*	Erntedankfest
Halloween *n*	Abend vor Allerheiligen *(31. Oktober)*
All Hallows / All Saints	Allerheiligen *(1. November)*
All Souls' Day *n*	Allerseelen *(2. November)*
Day of Prayer and Repentance *n*	Buß- und Bettag
Alb Sunday *n* [ælb]	Weißer Sonntag *(erster Sonntag nach Ostern)*

Heresy and Punishment

heresy *n* ['herəsi]	Ketzerei
heretic *n* ['herətɪk]	Ketzer
apostasy *n* [ə'pɒstəsi]	Apostasie, Abfall, Lossagung
apostate *n* [ə'pɒsteɪt]	Apostat, Abtrünniger
ban *n*	Bann, Acht, Verbannung, Kirchenbann
excommunication *n*	Exkommunikation *(Ausschluss aus der kath. Kirche)*
trial by battle *n*	Ordal, Gottesurteil durch Zweikampf
the Inquisition *n*	die Inquisition, Ketzergericht
Court of Inquisition / Holy Office	Inquisitionsgericht
trial by inquisition	Inquisitionsprozess
Inquisitor *n* [ɪn'kwɪzɪtə]	Inquisitionsrichter, Inquisitor
Grand Inquisitor	Großinquisitor
witch *n*	Hexe
witchcraft	Hexerei
witch hunt	Hexenjagd
midwife, *pl* **midwives** *n*	Hebamme

wise woman weise (in der Pflanzenheilkunde bewanderte) Frau
to anathematize sb [ə'næθəmətaɪz] jdn anathematisieren, in den Bann tun, verfluchen
to excommunicate sb jdn aus der Kirche ausschließen / jdn mit dem Kirchenbann belegen
to burn sb at the stake jdn auf dem Scheiterhaufen verbrennen
to be accused of witchcraft der Hexerei beschuldigt werden
to be burnt as a witch als Hexe verbrannt werden

CRAFTSMEN AND MERCHANTS

baker *n* – Bäcker
bakery *n* – Bäckerei
barber *n* – Barbier
barber's shop *n* – Friseur
blacksmith *n* – Schmied
forge / smithy *n* – Schmiede
brewer *n* ['bru:ə] – Brauer
brewery *n* ['bru:əri] – Brauerei
butcher *n* ['bʊtʃə] – Metzger
butcher's shop *n* – Metzgerei
carpenter *n* – Zimmermann
carpentry *n* – Zimmerhandwerk
cobbler *n* – Flickschuster
cobbler's *n* – Flickschusterei
cooper *n* – Fassbinder, Böttcher
cooperage *n* – Küfnerei, Böttcherei
cutler *n* – Messerschmied
cutler's workshop *n* – Messerschmiede
fishmonger *n* ['fɪʃmʌŋgə] – Fischhändler
fishmonger's *n* – Fischgeschäft
fletcher *n* – Pfeilmacher
fletcher's shop *n* – Laden eines Pfeilmachers
furrier *n* ['fʌrɪə] – Kürschner
furriery *n* ['fʌrɪəri] – Kürschnerei
glover *n* ['glʌvə] – Handschuhmacher
glover's shop *n* – Laden eines Handschuhmachers
goldsmith *n* – Goldschmied
goldsmith's *n* – Goldschmiede
haberdasher *n* ['hæbədæʃə] – Kurzwarenhändler
haberdashery *n* – Kurzwarenhandlung
hatter *n* – Hutmacher
hatter's shop *n* – Laden eines Hutmachers
mason *n* ['meɪsn] – Maurer
masonry *n* – Maurerarbeit, Maurerei
potter *n* – Töpfer
pottery *n* – Töpferei
saddler *n* – Sattler
saddler's *n* – Sattlerei
shoemaker *n* – Schuhmacher
shoemaker's *n* – Schusterei
tailor *n* – Schneider
tailor's *n* – Schneiderei
tanner *n* – Gerber
tannery *n* – Gerberei
vintner *n* – Weinhändler
vintner's shop *n* – Weinhandlung
weaver *n* – Weber
weaving mill *n* – Weberei
wigmaker / wigger *n* – Perückenmacher
wigmaker's shop *n* – Laden eines Perückenmachers

DISEASE AND DEATH

Disease

disease *n*	Krankheit
smallpox *n*	Pocken, Blattern
chickenpox *n*	Windpocken
cholera *n* ['kɒlərə]	Cholera
consumption *n*	Schwindsucht
the plague *n* [pleɪg]	die Pest
bubonic plague	Beulenpest
diarrhoea *n* [ˌdaɪəˌrɪə]	Diarrhöe, Durchfall
syphilis *n* ['sɪfɪlɪs]	Syphilis
tuberculosis *n* [tjuːˌbɜːkjə'leʊsɪs]	Tuberkulose, Schwindsucht
typhus *n* ['taɪfəs]	Typhus
diphtheria *n* [dɪf'θɪəriə]	Diphtherie
leprosy *n* ['leprəsi]	Lepra, Aussatz
leper *n* ['lepə]	Leprakranker, Aussätziger
malaria *n*	Malaria
rash *n*	Ausschlag
boil *n*	Furunkel
epidemic typhus *n* [ˌepɪ'demɪk 'taɪfəs]	Fleckfieber
dysentery *n* ['dɪsəntəri]	Dysenterie, Ruhr
measles *n* ['miːzəlz]	Masern

the outbreak of an epidemic (disease) der Ausbruch einer Epidemie
an infectious / contagious [kən'teɪdʒəs] **/ catching disease** eine ansteckende Krankheit
to become consumptive die Schwindsucht bekommen
to quarantine a city ['kwɒrəntiːn] eine Stadt unter Quarantäne stellen
to lift the quarantine ['kwɒrəntiːn] die Quarantäne aufheben

Dying and Death

death *n*	Tod
corpse *n*	Leiche, Leichnam
hearse *n* [hɜːs]	Leichenwagen; Grabgerüst, Katafalk
inhumation *n*	Beisetzung, Bestattung
cremation *n*	Einäscherung, Leichenverbrennung
grave *n*	Grab, Gruft
grave goods	Grabbeigaben
grave robber	Grabräuber

gravestone *n*	Grabstein
graveyard / churchyard / cemetery *n* ['semətri]	Friedhof
mortuary practice *n* ['mɔ:tʃuəri]	Begräbnissitte

to die of hunger / to starve to death verhungern
to die of thirst verdursten
to die of old age an Altersschwäche sterben

ECONOMY

economy *n* [ɪ'kɒnəmi]	Ökonomie, Wirtschaft
subsistence economy	Subsistenzwirtschaft
money economy	Geldwirtschaft
economic *adj* [ˌi:kə'nɒmɪk]	Wirtschafts-
economic aid	Wirtschaftshilfe
economic crisis / slump	Wirtschaftskrise
economic sanctions	Wirtschaftssanktionen
economic system	Wirtschaftssystem
competition *n*	Wettbewerb
boom *n; v*	Hochkonjunktur; einen Aufschwung nehmen
depression *n*	Wirtschaftskrise
barter *n; v*	Tauschhandel; tauschen, Tauschhandel treiben
barter economy	Naturalwirtschaft
goods *n pl*	(Handels)Güter
consumer goods	Konsumgüter
product *n*	Produkt, Erzeugnis
raw material *n*	Rohstoff
market *n*	Markt
trade / commerce *n* ['kɒmɜ:s]	Handel, Gewerbe
bargain *n; v* ['bɑ:gn]	Handel, Geschäft; handeln, verhandeln
import *n; v*	Einfuhr; einführen
export *n; v*	Ausfuhr; ausführen
tax *n; v*	Steuer; besteuern
tariff ['tærɪf] **/ duty / excise** *n*	Zoll
growth *n*	Wachstum
profit *n*	Gewinn
loss *n*	Verlust
bankruptcy *n* ['bæŋkrəptsi]	Bankrott, Konkurs
mint *n*	Münzanstalt, Prägeanstalt

to trade in sth mit etw handeln
to trade with sb mit jdm Handel treiben
to land goods Güter ausladen, löschen
to impose (economic) sanctions (Wirtschafts)Sanktionen verhängen

FAMILY RELATIONS

The Immediate Family

(grand)mother *n*	(Groß)Mutter
(grand)father *n*	(Groß)Vater
sister *n*	Schwester
brother *n*	Bruder
niece *n*	Nichte
nephew *n* ['nefju:]	Neffe
aunt *n*	Tante
uncle *n*	Onkel
cousin *n*	Cousin(e)

The Extended Family

clan *n*	Klan, Sippe, Geschlecht
clansman *n*	Stammesmitglied, Mitglied eines Clans
clanswoman *n*	weibliches Stammesmitglied
kin *n*	Geschlecht, Stamm, Sippe
kindred *adj; n* ['kɪndrəd]	verwandt; Bluts(Verwandtschaft), Ähnlichkeit
kinship *n*	(Bluts)Verwandtschaft
kinsman / relative *n*	Verwandter
kinswoman / relative *n*	Verwandte

kindred tribes verwandte Volksstämme
his next of kin seine nächsten Verwandten
near of kin nahe verwandt

Ancestry

ancestor ['ænsestə] **/ forebear / forefather** *n*	Vorfahr, Ahn(e)
ancestress *n* ['ænsestres]	Ahnfrau, Vorfahrin, Ahne
ancestry *n* ['ænsestri]	Geschlecht, Abstammung, (hohe) Geburt; Vorfahren, Ahnen

genealogic(al) *adj* [ˌdʒiːniəˈlɒdʒɪk(əl)]	genealogisch, Abstammungs-
genealogical tree / family tree *n*	Stammbaum
genealogy *n* [ˌdʒiːniˈælədʒi]	Genealogie, Geschlechterforschung
matriarch *n* [ˈmeɪtrɪɑːk]	Familienmutter, Stammesmutter
matriarchal *adj* [ˌmeɪtrɪˈɑːkəl]	matriarchalisch, mutterrechtlich
matriarchy *n* [ˈmeɪtrɪɑːki]	Matriarchat, Mutterherrschaft, matriarchalisches System
patriarch *n* [ˈpeɪtrɪɑːk]	Patriarch, Stammvater, Familienoberhaupt
patriarchal *adj* [ˌpeɪtrɪˈɑːkəl]	patriarchalisch, vaterrechtlich
patriarchy *n* [ˈpeɪtrɪɑːki]	Patriarchat, patriarchalisches System
lineage *n* [ˈlɪniɪdʒ]	Abstammung; Geschlecht

to trace one's ancestry seine Abstammung zurückverfolgen

Marriage and Divorce

marriage *n*	Ehe; Hochzeit, Heirat
arranged marriage	arrangierte Ehe
civil marriage	Zivilehe, standesamtliche Trauung
marriage of convenience	Vernunftehe
marriage politics	Heiratspolitik
divorce *n*	Scheidung

to marry sb jdn heiraten
to get married heiraten
to divorce sb sich von jdm scheiden lassen
to file for divorce die Scheidung einreichen
to get a divorce sich scheiden lassen

HERITAGE

hereditary *adj* [hɪˈredɪtri]	erblich, Erbe-
heritage *n* [ˈherɪtɪdʒ]	Erbe, Erbschaft
heir *n* [eə]	Erbe
heiress *n* [ˈeəres]	Erbin
agnatic succession	männliche Erbfolge

to inherit sth etw erben
to be sb's heir jdn beerben
to make sb one's heir jdn zum Erben machen

GOVERNMENT AND POLITICS

Government

government *n*	Regierung, Herrschaft, Kontrolle
provisional government	Interimsregierung, provisorische Regierung
centralized government	Zentralregierung
parliamentary government	Parlamentsregierung
cabinet *n*	Kabinett, Ministerrat
cabinet government	Kabinettsregierung
cabinet meeting	Kabinettssitzung
cabinet head	Kabinettsvorsitzender
administration *n*	Administration, Verwaltung, Regierung
assembly *n*	(gesetzgebende) Versammlung
people's assembly	Volksversammlung

the British Government die britische Regierung
the Clinton administration die Regierung Clinton

Constitution

constitution *n*	Verfassung
legislature ['ledʒɪsleɪtʃə] / **legislative power** *n* ['ledʒɪslətɪv]	Legislative
executive (power) *n* [ɪg'zekjətɪv]	Exekutive
judicial power *n* [dʒuː'dɪʃl]	Judikative
judiciary *n* [dʒuː'dɪʃəri]	Gerichtswesen; Judikative
legislative initiative *n*	Gesetzesinitiative
act of parliament	Gesetz
constitutional state *n*	Rechtsstaat
lawmaker / lawgiver *n*	Gesetzgeber

separation of powers Gewaltenteilung
to legislate Gesetze erlassen
to pass a law /to repeal a law ein Gesetz verabschieden / ein Gesetz aufheben

Systems of Government

system of government *n*	Regierungsform, Regierungssystem
polity *n*	Regierungsform, politische Ordnung; Gemeinwesen, Staat
monarchy *n* ['mɒnəki]	Monarchie
democracy *n* [dɪ'mɒkrəsi]	Demokratie, Volksherrschaft

republic *n* [rɪ'pʌblɪk]	Republik
tyranny *n* ['tɪrəni]	Tyrannei, Gewaltherrschaft
dictatorship *n*	Diktatur
military government *n*	Militärregierung

system of representative government parlamentarische Regierung(sform), parlamentarisches Regierungssystem
direct / indirect democracy direkte / indirekte Demokratie
parliamentary / presidential republic parlamentarische / präsidiale Republik
plebiscitarian dictatorship [ˌplebɪsɪ'teəriən] plebiszitäre Diktatur
to declare a republic eine Republik ausrufen
to establish a dictatorship eine Diktatur errichten

Elections

election *n*	Wahl
election day / polling day	Wahltag
general election (BE)	allgemeine Wahlen, Parlamentswahlen
election campaign	Wahlkampf
constituency *n* [kən'stɪtjuənsi], **Congresssional District** *(USA)*	Wahlkreis
candidate *n* ['kændɪdət]	Kandidat
the incumbent	der Amtsinhaber (bei einer Wahl)
proportional representation *n*	Verhältniswahl(recht), Verhältniswahlsystem
majority vote / first-past-the-post (system) *n*	Mehrheitswahlrecht
suffrage / right to vote *n*	Wahlrecht
referendum *n*	Referendum, Volksabstimmung
poll *n* [pəʊl]	Abstimmung, Wahl(en)
majority *n* [mə'dʒɒrəti]	Mehrheit
minority *n* [maɪ'nɒrəti]	Minderheit
voter *n*	Wähler
registered voter	Wahlberechtigter
ballot box *n* ['bælət]	Wahlurne
run-off election / final ballot *n*	Stichwahl

property qualification (in elections) Zensuswahlrecht *(Wahlrecht abhängig vom Vermögen)*
rigged elections ['rɪgd] gefälschte Wahlen
universal / limited suffrage ['sʌfrɪdʒ] allgemeines / eingeschränktes Wahlrecht
by a large / small majority mit großer / knapper Mehrheit
a two-thirds majority eine Zweidrittelmehrheit

secret ballot geheime Abstimmung
to be in the majority in der Mehrzahl sein
to nominate a candidate einen Kandidaten aufstellen
to run / stand in an election bei einer Wahl kandidieren
to elect sb / to re-elect sb jdn wählen / jdn wiederwählen
to vote for sb / to cast votes für jdn stimmen / Stimmen abgeben

Government Officials and Ministries

(Vice) President *n*	(Vize)Präsident
chancellor *n* [ˈtʃɑːnsələ]	Kanzler
minister *n*	Minister
prime minister	Premierminister
ministry *n*	Ministerium
civil servant *n*	Beamter

representative (of the people) Volksvertreter
foreign minister / foreign secretary (BE) / **Secretary of State** (AE) Außenminister
foreign ministry / Foreign Office (BE) / **State Department** (AE) Außenministerium
minister of the interior / Home Secretary (BE) / **Secretary of the Interior** (AE) Innenminister
ministry of the interior / Home Office (BE) / **Department of the Interior** (AE) Innenministerium
finance minister / Chancellor of the Exchequer (BE) [ɪksˈtʃekə] / **Secretary of the Treasury** (AE) [ˈtreʒəri] Finanzminister
Treasury (BE) / **Department of the Treasury** (AE) Finanzministerium

Politics

politics *n*	Politik
policy *n*	Politik, politisches Programm, politische Linie
home affairs (BE) / domestic policy (AE)	Innenpolitik
foreign policy	Außenpolitik
economic policy	Wirtschaftpolitik
political *adj*	politisch, staatskundig, staatsmännisch
politician *n*	Politiker
party *n*	Partei
opposition *n*	Opposition
opposition party	Oppositionspartei
diplomacy *n* [dɪˈpləʊməsi]	Diplomatie, diplomatisches Vorgehen
diplomat *n* [ˈdɪpləmæt]	Diplomat

diplomatic *adj*	diplomatisch
envoy *n* ['envɔɪ]	Gesandter
ambassador *n* [æm'bæsədə]	Botschafter
ambassador extraordinary	Gesandter, diplomatischer Vertreter
ambassador-at-large / special ambassador	Sonderbotschafter

international politics internationale Politik
envoy extraordinary außerordentlicher Gesandter
to form a government eine Regierung bilden
to govern regieren, (be)herrschen
to overthrow the government die Regierung stürzen
to dissolve the government [dɪ'zɒlv] die Regierung auflösen

THE HOLY ROMAN EMPIRE

The Holy Roman Empire

territory *n* ['terɪtrɪ]	Gebiet, Territorium
territorial *adj* [ˌterɪ'tɔ:riəl]	territorial
territorial ruler / territorial sovereign	Territorialfürst, Landesherr
territorial states	Territorialstaaten, Länder
immediate *adj*	reichsunmittelbar
imperial *adj; n*	kaiserlich, Reichs-
regal *adj.* ['ri:gəl]	königlich

the Holy Roman Empire (of the German Nation) das Heilige Römische Reich (Deutscher Nation)
(free) imperial city / (free) city of the Holy Roman Empire (freie) Reichsstadt
territory ruled by a German sovereign ['sɒvrɪn] **/ territory ruled by a German prince** Landesherrschaft
immediacy (of a German prince or city) [ɪ'mi:diəsi] Reichsunmittelbarkeit (eines deutschen Fürsten oder einer Stadt)
to put sth under the immediate jurisdiction of the Holy Roman Empire immediatisieren, reichsunmittelbar machen

Succession to the Throne

succession to the throne *n* [sək'seʃn]	Thronfolge
elective kingship *n*	Wahlkönigtum
elective monarchy *n*	Wahlmonarchie

hereditary monarchy *n* [hɪˈredɪtri]	Erbmonarchie
right of inheritance / right of succession *n*	Erbrecht
election of a king *n*	Königswahl
elector *n*	Wahlmann, Kurfürst
(prince) elector	Kurfürst
electoral *adj* [ɪˈlektərəl]	Wahl-, Wähler-
electoral capitulation *n*	Wahlkapitulation *(Wahlversprechen)*
imperial capitulation *n*	kaiserliche Wahlkapitulation
electorate *n* [ɪˈlektərət]	Wähler(schaft); Wahlbezirk; Elektorat, Kurwürde, Kurfürstentum

Declaration of Rhens Weistum von Rhens, Rhenser Weistum *(1338)*
collection of judicial sentences Weistum *(Aufzeichnung des deutschen Gewohnheitsrechts)*
Golden Bull Goldene Bulle *(1356)*
the right / entitlement of blood relations to succeed to the throne Geblütsrecht
Elector Palatine [ˈpælətaɪn] Kurfürst von der Pfalz
the Great Elector der Große Kurfürst
College of Electors / electoral college Kurfürstenkolleg(ium), Kurkollegium
three spiritual electors drei geistliche Kurfürsten
Archbishops of Mainz, Cologne, Trier Erzbischöfe von Mainz, Köln, Trier
four temporal electors vier weltliche Kurfürsten
King of Bohemia König von Böhmen
Count Palatine of the Rhine Pfalzgraf bei Rhein
Duke of Saxony Herzog von Sachsen
Margrave of Brandenburg Markgraf von Brandenburg

Regalia

regal, *pl* **regalia** *n* [ˈriːɡl, rɪˈɡeɪliə]	Regal, königliches Hoheitsrecht
regalian rights *n pl*	Königsrechte
customs monopoly *n*	Zollregal
hunting right(s) *n*	Jagdregal
fishing right(s) *n*	Fischereiregal
mining privilege(s) *n*	Bergregal *(das Recht, Bergbau zu betreiben)*
minting privilege(s) *n*	Münzregal

Insignia ▸ Abb. 9

insignia *n pl* [ɪnˈsɪɡniə]	Insignien
(imperial) crown *n*	(Reichs)Krone
(imperial) orb *n*	Reichsapfel

sceptre *n* ['septə]	Zepter, Herrscherstab
sword *n* [sɔ:d]	Schwert
Holy Lance *n*	Heilige Lanze
imperial cross *n*	Reichskreuz
staff / crosier / crozier *n* ['kreʊziə]	Bischofsstab
imperial banner *n*	Reichsbanner
imperial eagle *n*	Reichsadler
seal *n*	Siegel

Coronation

acclamation *n* [ˌækləˈmeɪʃn]	Akklamation *(beistimmender Zuruf)*
cloak *n*	Mantel
fibula, *pl* **fibulae** *n* ['fɪbjələ, 'fɪbjəli:]	Fibel, Spange
buckle *n*	Spange
pallium / pall / royal robe *n*	Pallium, Krönungsmantel, Königsmantel
clergy *n* ['klɜ:dʒi]	Geistlichkeit, Klerus
peasantry *n* ['pezntri]	Bauernschaft, Bauerntum
burgesses *n pl* ['bɜ:dʒəsɪz]	freie Bürger

holy oil heiliges Öl
to crown sb emperor jdn zum Kaiser krönen

The Structure of the Holy Roman Empire

emperor *n* ['empərə]	Kaiser
council of electors / electoral council *n*	Kurfürstenrat
council of princes *n*	Fürstenrat
cities *n pl*	Städte
diet *n* ['daɪət]	Reichstag; Landtag
recess *n* [rɪ'ses]	Reichstagsabschied *(abschließende Rede)*
Imperial Chamber *n*	Reichskammergericht
Imperial Diet *n*	Reichstag
regent *n* ['ri:dʒənt]	Regent; Reichsverweser
regency *n*	Regentschaft
Council of Regency *n*	Reichsregiment
duchy *n*	Herzogtum
stem duchy	Stammesherzogtum
stem duke	Stammesherzog
margraviate *n* [ˌmɑ:ˈgreɪviət]	Markgrafschaft

Estates of the Empire / estates of the realm (electors, imperial princes, imperial cities) Reichsstände (Kurfürsten, Reichsfürsten, Reichsstädte)
estates of the country Landstände
a state dominated by estates Ständestaat
ecclesiastical principality geistliches Fürstentum
Diet of Frankfurt Reichstag zu Frankfurt

The End of the Holy Roman Empire

secularization *n* [ˌsekjələraɪ'zeɪʃn]	Säkularisation
mediatization *n* [ˌmi:diətaɪ'zeɪʃn]	Mediatisierung
petty princedom *n*	Kleinstaat, Duodezfürstentum
petty prince *n*	Fürst eines Kleinstaates, Duodezfürst

Final Recess of the Imperial Deputation Reichsdeputationshauptschluss *(Beschluss eines Reichstagsausschusses vom 25.2.1803)*
the Confederation of the Rhine Rheinbund *(1806)*
to secularize ['sekjələraɪz] säkularisieren
to mediatize mediatisieren
to be mediatized die Reichsunmittelbarkeit verlieren

INDUSTRIAL REVOLUTION

Industrialization

industrial *adj*	industriell
industrialization *n*	Industrialisierung
early industrialization	Frühindustrialisierung
high industrialization	Hochindustrialisierung
industrialist *n* [ɪn'dʌstriəlɪst]	Industrieller; in der Industrie Beschäftigter
industry *n*	Industrie
cottage industry	Heimindustrie, Heimarbeit, Manufaktur
key industry	Schlüsselindustrie
textile industry ['tekstaɪl]	Textilindustrie
invention *n*	Erfindung
inventor *n*	Erfinder

Industrial Revolution Industrielle Revolution
proto-industrial era vorindustrielle Zeit / frühindustrielle Phase
take-off phase Take-Off Phase
manufacturing industry / finishing industry / secondary industry weiterverarbeitende Industrie

Prerequisites

population growth *n*	Bevölkerungswachstum
population explosion *n*	Bevölkerungsexplosion
agrarian state *n* [əˈgreəriən]	Agrarstaat
land reform / agrarian reform *n*	Bodenreform, Agrarreform
grain surplus *n* [ˈsɜːpləs]	Getreideüberschuss
migration from the land *n* [maɪˈgreɪʃn]	Landflucht
land consolidation / reallocation of land *n*	Flurbereinigung
freedom of trade / economic freedom *n*	Gewerbefreiheit
enterprise *n*	Unternehmen
customs barrier / tariff barrier *n*	Zollschranke
infrastructure *n*	Infrastruktur

demographic revolution demographische Revolution
a decline / an increase in the birth rate / mortality rate ein Rückgang / eine Steigerung der Geburtenrate / Sterberate
(falling) death rate (sinkende) Sterberate
(rising) birth rate (steigende) Geburtenrate
improved medical care verbesserte medizinische Versorgung
the emancipation of the peasantry (from feudalism) die Bauernbefreiung
the abolition of serfdom / servitude [ˌæbəˈlɪʃn] die Abschaffung der Leibeigenschaft
distribution of common land Aufteilung der Allmende
an increase in agricultural production ein Anstieg der landwirtschaftlichen Produktion
the end of the guild restrictions das Ende der Zunftbeschränkungen
free enterprise freies Unternehmertum
to abolish the obligation to join a guild [əˈbɒlɪʃ] den Zunftzwang aufheben
to lift the bar on marriage for journeymen das Eheverbot für Gesellen aufheben
to abolish internal duties / customs barriers Binnenzölle / Zollschranken beseitigen

Heavy Industry

heavy industry *n*	Schwerindustrie
steel industry *n*	Stahlindustrie
railway (BE) / **railroad** (AE) *n*	Eisenbahn
mining *n*	Bergbau
mine *n*	Bergwerk

iron ore *n*	Eisenerz
pit *n*	Grube, Zeche
(blast) furnace *n* [ˈfɜːnɪs]	Hochofen
cast iron *n*	Gusseisen
charcoal *n*	Holzkohle
coke *n*	Koks
foundry *n*	Gießerei
steam *n*	Dampf
steam engine	Dampfmaschine
steam power	Dampfkraft
steamship *n*	Dampfschiff, Dampfer

Textile Industry

cotton *n*	Baumwolle
(sheep's) wool *n*	(Schaf)Wolle
spinning machine *n*	Spinnmaschine
spinning mill *n*	Spinnerei
spinning wheel *n*	Spinnrad
Spinning Jenny *n*	Spinning Jenny *(Spinnmaschine)*
Mule Jenny *n*	Mule Jenny *(Weiterentwicklung der Spinning Jenny)*
loom *n*	Webstuhl
hand loom	Handwebstuhl
power loom	mechanischer Webstuhl
flying shuttle *n*	Weberschiffchen

Factories

factory *n*	Fabrik
factory discipline [ˈdɪsɪplɪn]	Fabrikordnung
factory law	Fabrikgesetz
factory system	Fabrikarbeit
work discipline *n*	Arbeitsdisziplin
division of labour *n*	Arbeitsteilung
working hours / hours of work *n pl*	Arbeitszeit

Economic Enterprise

public limited company (BE) / **stock corporation** (AE) *n*	Aktiengesellschaft
share *n*	Aktie
stocks *n pl*	Wertpapiere
economic liberalism *n*	Wirtschaftsliberalismus

market economy *n*	Marktwirtschaft
investment *n*	Investition, Kapitalanlage
profit motive *n*	Gewinnstreben
to invest money	Geld investieren

The Social Question

pauperization / impoverishment *n* [ˌpɔ:pəraɪˈzeɪʃn, ɪmˈpɒvərɪʃmənt]	Verarmung, Verelendung
low wages *n*	Niedriglohn
starvation wages *n*	Hungerlohn
unemployment *n*	Arbeitslosigkeit
child labour *n*	Kinderarbeit
housing conditions *n pl*	Wohnverhältnisse
housing shortage *n*	Wohnungsnot
night lodger *n*	Schlafgänger, Schlafbursche
safety provisions for workers *n pl*	Arbeitsschutz
pauper *n* [ˈpɔ:pə]	bettelarmer Mensch, Armer
pauperism *n* [ˈpɔ:pərɪzm]	Pauperismus, Verelendung der Bevölkerung
the social question	die soziale Frage

ISLAM

Geography and People	
Mecca – Mekka **Medina** – Medina	**Muhammad** – Mohammed

Islam *n* [ˈɪzlɑ:m]	Islam
Islamic *adj* [ɪzˈlæmɪk]	islamisch
infidel *n* [ˈɪnfɪdəl]	Ungläubiger
Allah *n* [ˈælə]	Allah
prophet *n*	Prophet
Muslim / Moslem *adj; n*	moslemisch, muslimisch; Moslem, Muslim, Muslime
Shi'ite, Shiite *adj; n* [ˈʃi:aɪt]	schiitisch; Schiit
Sunnite *adj; n* [ˈsʊnaɪt]	sunnitisch, Sunnit
hadj *n* [hædʒ]	Hadsch *(Wallfahrt nach Mekka)*
hegira *n* [ˈhedʒɪrə]	Hedschra *(Übersiedlung Mohammeds von Mekka nach Medina 622)*
Kaaba *n* [ˈkɑ:bə]	Kaaba *(wichtigstes Heiligtum des Islam)*
mosque *n* [mɒsk]	Moschee
Koran / Quran *n* [kɒˈrɑ:n]	Koran *(heiliges Buch des Islam)*

Ramadan *n* [ˌræməˈdæn]	Ramadan, islamischer Fastenmonat
prayer carpet / prayer rug *n*	Gebetsteppich
fatwa *n*	Fatwa / Fetwa, Rechtsgutachten
jihad *n* [dʒɪˈhæd]	Dschihad *(Kampf der Muslime zur Verteidigung bzw. Ausbreitung des Islam)*
sharia *n* [ʃəˈriːə]	Scharia *(religiöses Gesetz)*
five pillars (of Islam / of faith)	die fünf Säulen (des Islam / des Glaubens)

The First Caliphs

caliph *n* [ˈkeɪlɪf]	Kalif
caliphate *n* [ˈkælɪfeɪt]	Kalifat
Abbasid *adj; n*	abbasidisch; Abbaside
Omayyad *adj; n* [əʊˈmaɪæd]	omaijadisch; Omaijade

Offices

ayatollah *n* [ˌaɪəˈtɒlə]	Ajatollah
imam *n* [ɪˈmɑːm]	Imam
mufti *n* [ˈmʌfti]	Mufti
mullah *n* [ˈmʊlə]	Mulla(h)
muezzin *n* [muˈezɪn]	Muezzin

KNIGHTS

Knighthood

knight *n* [ˈnaɪt]	Ritter
armoured knight *n*	Panzerritter, gepanzerter Ritter
errant knight / knight errant *n*	fahrender Ritter
imperial knight *n*	Reichsritter
robber knight *n*	Raubritter
page *n*	Page, Edelknabe
squire *n* [ˈskwaɪə]	Knappe
table manners *n pl*	Tischmanieren
prayer vigil *n* [ˌpreəˈvɪdʒɪl]	Nachtwache
fasting *n*	Fasten
accolade [ˈækəleɪd] / **knighting / dubbing** *n*	Akkolade, Ritterschlag, Schwertleite
knighthood *n*	Ritterstand, Rittertum
knight service *n*	Ritterdienst *(als Gegenleistung für ein Lehen)*
coat of arms *n*	Wappen
armoured horse *n*	Schlachtross, Streitross
pack horse *n*	Packpferd
armour-bearer *n*	Waffenträger, Schildknappe

tournament / tourney *n*	Turnier(spiel)
joust *n* [dʒaʊst]	Tjost, Turnier
archery contest *n* ['kɒntest]	Wettbewerb im Bogenschießen
archer	Bogenschütze

reception of a squire into knighthood Schwertleite, Ritterweihe
to begin training for the knighthood die Ausbildung zum Ritter beginnen
to be dubbed / to be knighted / to be made a knight (at the age of 21) (mit 21 Jahren) zum Ritter geschlagen werden
to compete in a tournament turnieren
to go to tournaments an Turnieren teilnehmen
to fight on horseback zu Pferde kämpfen

A Suit of Armour ▸ Abb. 11

scale armour *n* ['ɑ:mə]	Schuppenpanzer
plate armour *n*	Plattenpanzer
(suit of) armour / harness / coat of mail *n*	Harnisch
breast-plate *n*	Brustharnisch, Brustplatte
brigandine *n* ['brɪgəndi:n]	Brigantine *(Jacke mit innen angebrachten Eisenplättchen)*
helmet *n*	Helm
beaver *n*	Kinnschutz; (Helm)Visier
visor *n* ['vaɪzə]	Visier
chain mail *n*	Kettenhemd, Kettenpanzer
hauberk *n* ['hɔ:bɜ:k]	Halsberge *(Rüstungsteil zwischen Hals und Brustharnisch)*
aketon / acton ['æktən] / **gambeson** ['gæmbəsən]	Wams
jupon ['dʒu:pɒn] / **jack** *n*	Koller *(Halsschutz)*
vambrace / bracer *n* ['væmbreɪs]	Armschiene
gauntlet *n* ['gɔ:ntlət]	Panzerhandschuh; Fehdehandschuh
cuisse(s) / thigh guard *n* ['kwɪs(ɪz)]	Beinschiene(n), Beinharnisch
greave / shin guard *n*	Beinschiene
solleret *n*	Eisenschuh
surcoat *n*	Wappenrock
tabard *n* ['tæbɑ:d]	Wappenrock, Heroldsrock

to wear a helmet / a suit of armour / a coat of mail einen Helm / eine Rüstung / einen Kettenpanzer tragen
to be protected by one's armour durch seine Rüstung geschützt werden
to withstand lances / arrows / swords Lanzen / Pfeilen / Schwertern standhalten

Chivalry

chivalry *n* ['ʃɪvəlri]	Ritterlichkeit, ritterliche Tugend, Rittertum
the Age of Chivalry	Ritterzeit
the code of chivalry	Ritterethos
courtly love *n*	höfische Liebe, Minnedienst, Minne
chivalric love *n*	ritterliche Liebe
troubadour *n*	Troubadour
wandering minstrel / minnesinger *n*	Minnesänger
minnesong / minnesang *n*	Minnesang

courtesy towards women ['kɜ:təsi] Höflichkeit gegenüber Frauen
to serve a lady / to worship a lady einer Dame dienen / eine Dame verehren
service for the church Dienst für die Kirche
to protect the defenceless die Wehrlosen schützen
to be unattainable unerreichbar sein
to behave according to the code of chivalry sich gemäß dem Ritterethos verhalten

Orders of Knights

Knight of St John of Jerusalem / Knight of Malta / Hospital(l)er / Knight Hospital(l)er – Johanniter, Malteser(ritter), Hospitaliter

Order of (the Knights of) St John of Jerusalem / Order of the Knights of Malta / Order of the Knights Hospital(l)ers – Johanniterorden, Malteserorden, Hospitalorden
Knight Templar, *pl* **Knights Templars** – Tempelritter, Templer, Tempelherren
Order of the Knights Templar(s) *n* – Tempelorden, Templerorden
Teutonic Knight [tju:'tɒnɪk] – Deutschordensritter
the Teutonic Knights / the Teutonic Order – Deutschritterorden, Deutscher Orden

THE LEGAL SYSTEM

The Legal System

jurisdiction *n* [ˌdʒuərɪs'dɪkʃən]	Rechtsprechung, Jurisdiktion, Gerichtsbarkeit, Gerichtshoheit
jurisprudence *n* [ˌdʒʊərɪs'pru:dəns]	Rechtswissenschaft, Jurisprudenz
justice *n*	Gerechtigkeit, Rechtmäßigkeit, Berechtigung
law *n*	Gesetz(e), Recht

civil law	Zivilrecht
customary law	Gewohnheitsrecht
international law	Völkerrecht
statute law	Gesetzesrecht, kodifiziertes Recht

Court Proceedings

law court *n*	Gerichtshof, Gericht
lawsuit *n*	Prozess, Klage, Gerichtsverfahren
plaintiff *n*	Kläger
prosecuting counsel *n*	Staatsanwalt, Staatsanwältin
defendant / the accused *n*	Angeklagter
defending counsel *n*	Verteidiger
lawyer *n*	Rechtsanwalt
defence *n*	Verteidigung
juror *n*	Geschworener, Vereidigter
jury *n*	die Geschworenen, Schöffen
verdict *n* [ˈvɜ:dɪkt]	Urteilsspruch
sentence *n*	Strafe, Urteilsspruch
innocent *adj*	unschuldig
guilty *adj*	schuldig

to sit / serve on the jury Geschworener sein
to appear in court vor Gericht erscheinen

THE MANORIAL SYSTEM

The Manorial System

manorial *adj* [məˈnɔ:riəl]	herrschaftlich, Herrschafts-
manorial system / system of the manor *n*	Grundherrschaft
the commons *n pl*	Allmende, Gemeindeland

The Lord of the Manor

lord / lady of the manor / manorial lord / lady *n*	Grundherr, Gutsherr
lord of the manor with the right of jurisdiction	Gerichtsherr
lord of a serf *n*	Leibherr
tithe-owner *n*	Zehntherr
advowee / patron *n* [ədˈvaʊi: / ˈpeɪtrən]	Kirchenpatron, kirchlicher Schutzherr, Patronatsherr, Kirchenherr
advowson *n* [ədˈvaʊzn]	kirchliches Patronat

The Manor

manor *n* ['mænə]	Lehngut, Rittergut, Landgut, Herrenhof, Fronhof
soc(c)age farm *n* ['sɒkɪdʒ]	Fronhof
manor house / manor seat *n*	Herrenhaus
demesne *n* [dɪ'meɪn]	freier Grundbesitz, Eigenbesitz
land tenure *n* ['tenjə]	Grundbesitz
holding *n*	Pachtgut, Besitz
proprietary church *n* [prə'praɪətəri]	Eigenkirche
proprietary monastery *n*	Eigenkloster
manorial court *n*	Gericht des Gutshofs
blood justice / judgements of blood *n pl*	Blutgerichtsbarkeit

The Serfs

serf *n*	Höriger, Leibeigener
thrall / bondsman *n*	Leibeigener, (Grund)Höriger, Grundhold
in thrall	leibeigen, hörig, grundhörig
villein *n* ['vɪlɪn]	Grundhold, Grundhöriger
peasant *n* ['peznt]	Bauer
half-free peasant	Halbfreier
serfdom / thral(l)dom *n*	Leibeigenschaft, Hörigkeit, Knechtschaft
hereditary serfdom / hereditary bondage *n*	Erbuntertänigkeit

no freedom of movement fehlende Freizügigkeit (kein Recht, den Wohnort nach eigenem Ermessen zu wählen)
to be bound to the land an das Land / an die Scholle gebunden sein
to fall into serfdom leibeigen werden

Feudal Dues

merchet / marriage tax *n*	Heiratsgeld, Heiratsbuße
land rent / ground rent *n*	Bodenzins
escheat *v; n* [ɪs'tʃi:t]	anheimfallen, als Heimfallsgut einziehen; Heimfall
escheatage *n* [ɪs'tʃi:tɪdʒ]	Heimfallsrecht
tithe *n* [taɪð]	Zehnt
tithe gatherer	Zehnteintreiber
tithe pig	Zehntferkel

the serf's best animal Besthaupt
the serf's best garment Bestgewand
to pay feudal dues Abgaben leisten / Abgaben zahlen
to pay the tithe den Zehnten zahlen
to levy the tithe / to exact the tithe den Zehnten erheben / den Zehnten (ein)fordern

Boon Work

boon work *n*	unentgeltliche Dienstleistung, (Fron)Dienste
personal service *n*	Handdienst
corvée ['kɔ:veɪ] / **soccage** / **statute labour** / **compulsory labour** *n*	Frondienst, Spanndienst
mandatory domestic labour *n*	Gesindezwangdienst

to have obligations to the lord dem Herrn gegenüber Verpflichtungen haben
to work / till the lord's land das Land des Grundherrn bearbeiten
to perform labour services / to do boon work (Fron)Dienste leisten, Herrendienste leisten

Manorial Officials

steward / majordomo [ˌmeɪdʒə'dəʊməʊ] / **mayor of the palace** *n*	Hausmeier
	Schultheiß, Schulze
bailiff *n*	(Guts)Verwalter, Landvogt
reeve *n*	Vogt

MEDIEVAL CITY LIFE ▸ Abb. 12

Medieval Cities

city *n*	Stadt
city council *n*	Stadtrat *(Einrichtung)*
city councillor *n*	Stadtrat *(Mitglied)*
sumptuary law / **dress regulations** *n pl*	Kleiderordnung
curfew bell ['kɜ:fju:] / **evening bell** *n*	Abendglocke
liquid waste / sewage *n* ['su:ɪdʒ]	Abwasser

village situated within the jurisdiction of a town Pfahldorf
person with the rights of a citizen but who does not live within a town Pfahlbürger, Ausbürger, Schutzbürger
to found a city eine Stadt gründen
to expel sb from the city jdn aus der Stadt verweisen
to throw rubbish into the streets Abfall auf die Straßen werfen

Privileges

charter of a city / town charter *n*	Stadtrecht
freedom of the city *n*	Stadtrecht, Bürgerrecht
privilege *n*	Privileg, Vorrecht
right of exploitation *n*	Gerechtsame, Nutzungsrecht
staple right *n*	Stapelrecht
custom dues *n pl* **/ toll** *n* [təʊl]	Zollregal
right of fortification *n*	Befestigungsrecht
coinage prerogative [prɪˈrɒgətɪv] **/ minting privilege** *n*	Münzrecht

Fortifications, Buildings and Districts

town wall / city wall *n*	Stadtmauer
embankment / rampart *n*	Wallanlage
town hall / city hall *n*	Rathaus
guild hall / hall of a guild *n* [gɪld]	Zunfthaus, Gilde(n)haus
artisan's workshop *n* [ˌɑːtɪˈzæn]	Werkstatt
arsenal [ˈɑːsnl] **/ armoury** *n*	Zeughaus, Arsenal, Waffenlager
infirmary / hospital for incurables *n*	Siechenhaus
bathhouse *n*	Badehaus
almshouse *n* [ˈɑːmzhaʊs]	Armenhaus, Spital, Altersheim
beadhouse *n*	Armenhaus
hospital *n*	Spital
ghetto *n*	G(h)etto, Judenviertel
cemetery *n* [ˈsemətri]	Friedhof

Market

market *n*	Markt
market day	Markttag
market stand	Marktstand
market peace	Marktfrieden

right to hold a market *n*	Marktrecht
market organization *n* / **marketing regulations** *n pl*	Marktordnung
fair *n*	Messe
at the fair	auf der Messe

in the marketplace / market square auf dem Marktplatz
to grant the right to hold markets das Marktrecht verleihen

Trade and Trading Companies

trade *n*	Handel
trade with far-off places	Fernhandel
merchant *n* [ˈmɜːtʃənt]	Handelsherr
trading company *n*	Handelsgesellschaft
Hanse town / Hanseatic town *n* [hæns, ˌhænsɪˈætɪk]	Hansestadt
cog *n*	Kogge
trading station / office *n*	Kontor *(Handelsniederlassung im Ausland)*

system of production based on the division of labour Verlagssystem
person organizing the production of goods based on the division of labour Verleger
the Hanse / the Hansa / the Hanseatic League die Hanse
to expel sb from the Hanse jdn verhansen, jdn aus der Hanse ausschließen

Banking System

banking system *n*	Bankwesen
credit *n*	Kredit
usury *n* [ˈjuːʒəri]	Wucher, Wucherzinsen
money *n*	Geld
money changer	Geldwechsler
money lender	Geld(ver)leiher, Kreditgeber
money lending	Geldverleih
money economy *n*	Geldwirtschaft

the era of early capitalism die Epoche des Frühkapitalismus
church prohibition of money lending kirchliches Zinsverbot

Townspeople

city people / townspeople *n pl*	Stadtbewohner
town dweller *n*	Stadtbewohner
town population *n*	Stadtbevölkerung
patrician *n* [pə'trɪʃn]	Patrizier
patrician family	Patrizierfamilie
townsman / freeman / burgher / burgess *n* ['bɜːgə / 'bɜːdʒəs]	Bürger
Jew *n*	Jude
Jewess *n*	Jüdin
craftsman / artisan *n*	Handwerker
hangman *n*	Henker
executioner / headsman *n*	Scharfrichter, Henker
prostitute *n*	Hure, Dirne
(town) crier *n*	(öffentlicher) Ausrufer
night watchman *n*	Nachtwächter
artisan *n*	(Kunst)Handwerker
beggar / beggar woman *n*	Bettler / Bettlerin
vagabond *n* ['vægəbɒnd]	Vagabund, Landstreicher
beadsman / beadswoman *n*	Fürbitter(in) , Armenhäusler(in)
leper *n* ['lepə]	Aussätziger
alms *n pl* [ɑːmz]	Almosen
almsgiver	Almosenspender

to beg (for) alms betteln
to ask passers-by for alms Passanten um Almosen bitten
to suffer deprivation Not leiden
to receive alms Almosen erhalten
to give alms to sb jdm ein Almosen geben

The Guilds

guild *n* [gɪld]	Zunft, Gilde
system of guilds *n*	Zunftwesen
compulsory guild membership *n*	Zunftzwang
regulations of a guild *n pl*	Zunftordnung
arms of a guild *n*	Zunftwappen
guildhall *n*	Zunfthaus, Gildenhaus
guild charter *n*	Zunftbrief
guild rule *n*	Zunftregel
craft guild / guild for craftsmen *n*	Handwerkerzunft

chief warden of a guild / guild master *n*	Zunftmeister
member of a guild / guildsman / guild brother *n*	Zunftgenosse
master *n*	Meister
journeyman *n* ['jɜːnimən]	Geselle
journey-work *n*	Gesellenarbeit
apprentice *n* [ə'prentɪs]	Lehrling
apprentice butcher	Metzgerlehrling
apprenticeship *n*	Lehrjahre, Lehrzeit, Lehre
certificate of apprenticeship	Gesellenbrief
period of apprenticeship	Lehrzeit

the bakers' guild die Zunft der Bäcker
to check / supervise the quality of the work die Qualität der Arbeit prüfen / kontrollieren
to punish members for poor work Zunftmitglieder für schlechte Arbeit bestrafen
to fine craftsmen for using false coins / faulty weights and measures Handwerker für die Verwendung falscher Münzen / falscher Gewichte und Maße mit Geldstrafen belegen
to control / encourage trade den Handel kontrollieren / fördern
to found almshouses Armenhäuser gründen
to have special feast days besondere Feiertage haben
to serve one's apprenticeship in der Lehre sein, in die Lehre gehen
to be apprenticed to in die Lehre kommen zu, in der Lehre sein bei / in die Lehre gehen bei

Town Leagues

town league *n* [liːg]	Städtebund

Rhenish League (of towns) ['renɪʃ] Rheinischer Städtebund *(1. Rheinischer Städtebund: 1254-57; 2. Rheinischer Städtebund: 1381-88)*
Swabian Town League Schwäbischer Städtebund *(1376-1389)*

MEDIEVAL MEDICINE

medicine *n*	Medizin
hospital *n*	Hospital, Armenhaus, Krankenhaus
apothecary *n* [ə'pɒθəkəri]	Apotheker
midwife *n*	Hebamme
surgeon *n* ['sɜːdʒən]	Chirurg

barber surgeon *n*	Bader, Wundarzt
humoral pathology *n*	Humoralpathologie, Säftelehre
the four bodily humours	die vier Körperflüssigkeiten
blood *n*	Blut
phlegm *n* [flem]	Phlegma, Schleim
black / yellow bile	schwarze / gelbe Galle
bleeding / bloodletting *n*	Aderlass
cupping	Schröpfen
leech *n*	Blutegel
surgery *n*	Operation
uroscopy *n* ['ju:rəskəpi]	Harnbeschau, Uroskopie
fumigation *n*	Ausräucherung
cauterization *n* [ˌkɔ:tərаɪ'zeɪʃn]	Ausbrennen
potion *n*	Trank
herb *n*	Kraut
purgative / laxative *n* ['læksətɪv]	Abführmittel
emetic *n* [ɪ'metɪk]	Brechmittel
enema *n* ['enəmə]	Klistier, Einlauf

wise woman weise Frau
to restore the balance of fluids in the body das Gleichgewicht der Körperflüssigkeiten wieder herstellen
to treat sb with sth jdn mit etw behandeln
to purify the organism (of / from) den Organismus reinigen (von)
to bleed sb / to cup sb jdn zur Ader lassen / jdn schröpfen
to administer laxatives Abführmittel verabreichen

MERCANTILISM

mercantilism / mercantile system *n* ['mɜ:kəntaɪl]	Merkantilismus, Merkantilsystem
manufacture *n*	Manufaktur
economic policy *n*	Wirtschaftspolitik
(foreign) trade balance *n*	(Außen)Handelsbilanz
finished goods *n pl*	Fertigwaren
protective tariffs / protective duties *n pl*	Schutzzölle

a positive (foreign) trade balance eine aktive (Außen)Handelsbilanz
to seek a positive balance of trade eine positive Handelsbilanz anstreben
the government regulated prices and set wages die Regierung kontrollierte die Preise und setzte die Löhne fest
to prohibit the export of raw materials / to prohibit the import of finished goods die Ausfuhr von Rohstoffen verbieten / die Einfuhr von Fertigwaren verbieten
to prevent the import of goods from abroad die Einfuhr von Gütern aus dem Ausland verhindern

to use colonies as markets Kolonien als Absatzmärkte verwenden
to impose heavy tariffs on hohe Zölle verhängen auf
to remove customs barriers on the rivers Zollschranken auf Flüssen beseitigen
to remove / abolish internal customs barriers Binnenzölle abschaffen
to use rivers for transport Flüsse für den Transport benutzen
to build canals Kanäle bauen
to repair roads / to improve country roads Straßen ausbessern / Landstraßen verbessern
to grant a monopoly ein Monopol gewähren

THE MILITARY

The Miltary

the military *n*	das Militär
military *adj*	militärisch, Militär-
military hospital *n*	Lazarett
military putsch *n* [pʊtʃ]	Militärputsch
military service *n*	Militärdienst, Wehrdienst, Heeresdienst
admiralty *n* ['ædmɪəəlti]	Admiralität
compulsory military service / conscription *n*	Wehrpflicht
army *n*	Armee, Heer, Landstreitkräfte, Militär
relieving army	Entsatzheer
standing army	stehendes Heer
army of occupation	Besatzungsarmee
conscript army ['kɒnskrɪpt]	Wehrpflichtigenheer
professional army / regular army	Berufsheer
troops *n pl*	Truppen; Soldaten
unit *n*	Truppeneinheit
order *n; v*	Befehl; befehlen

to exact / to demand military service Heeresdienst fordern
to owe military service Heeresdienst schulden
to be of military age in wehrpflichtigem Alter sein
to raise an army ein Heer aufstellen
to join the army zum Militär gehen
to enlist soldiers Soldaten anwerben

Military Personnel

field marshal *n*	Feldmarschall
admiral *n* ['ædmərəl]	Admiral
Admiral of the Fleet (BE) / Fleet Admiral (AE)	Großadmiral
general *n*	General
general staff	Generalstab
colonel *n* ['kɜ:nəl]	Oberst
major *n*	Major
captain *n*	Hauptmann; Rittmeister
lieutenant *n* [lef'tenənt]	Leutnant
officer *n*	Offizier
sergeant *n* ['sɑ:dʒənt]	Feldwebel, Unteroffizier
private *n* ['praɪvɪt]	einfacher Soldat
soldier *n*	Soldat
foot soldier	Fußsoldat
mercenary *n* ['mɜ:sənri]	Söldner

THE MONARCHY

The Monarchy

monarchy *n* ['mɒnəki]	Monarchie
monarch *n* ['mɒnək]	Monarch
king *n*	König
puppet king	Marionettenkönig
king-elect	designierter König
queen *n*	Königin
Queen Dowager *n* ['daʊədʒə]	Königinwitwe
Queen Mother	Königinmutter
highness *n*	Hoheit
(Serene) Highness	Durchlaucht
ap(p)anage *n* ['æpənɪdʒ]	Apanage *(Unterhalt für Mitglieder einer Herrscherfamilie)*
regnal years *n pl* ['regnəl]	Regierungsjahre

absolute monarchy absolute Monarchie
parliamentary / constitutional monarchy parlamentarische / konstitutionelle Monarchie
hereditary monarchy Erbmonarchie
elective monarchy Wahlmonarchie
His Royal Highness Seine Königliche Hoheit

Succession

(line of) succession *n*	Erbfolge
heir to the throne *n*	Thronerbe, Thronfolger
claimant to the throne	Thronanwärter, (Thron)Prätendent
primogeniture *n* [ˌpraɪməʊˈdʒenɪtʃə]	Primogenitur, Erstgeburt
primogeniture	Erstgeburtsrecht
kingdom *n*	Königreich
hereditary kingship *n*	Erbkönigtum
accession *n* [əkˈseʃn]	Antritt
accession to the throne	Thronbesteigung
accession to power	Machtübernahme, Regierungsantritt
coronation *n*	Krönung
abdication *n*	Abdankung
abdication of the throne	Thronentsagung

At Court

court *n*	Hof
appointment *n*	Ernennung
appointment at court	Hofamt
audience *n* [ˈɔːdɪəns]	Anhörung, Audienz
bedchamber *n* [ˈbedˌtʃeɪmbə]	Schlafzimmer
chamber *n*	Hofkammer, Kammer
chamberlain *n* [ˈtʃeɪmbəlɪn]	Kammerherr
chapel *n* [ˈtʃæpəl]	Kapelle
(court) jester *n*	(Hof)Narr

the royal chapel die Hofkapelle
to have an audience with the Queen eine Audienz bei der Königin haben
to be presented at court bei Hofe vorgestellt werden

MONASTIC LIFE

order *n*	Orden
monastic *adj* [mə'næstɪk]	mönchisch, klösterlich
monastic order / religious order	Mönchsorden
monastic vow [vaʊ]	Ordensgelübde
monasticism *n*	Mönchstum, Klosterleben
abbey ['æbi] *n*	Abtei; Kloster; Abteikirche
abbey church	Abteikirche
monastery *n* ['mɒnəstri]	Kloster
nunnery *n*	Nonnenkloster
convent *n* ['kɒnvənt]	(Nonnen)Kloster, (Frauen)Kloster
priory *n* ['praɪəri]	Priorei
anchorage *n* ['æŋkərɪdʒ]	Einsiedlerklause
hermit / eremite / recluse *n* ['hɜːmɪt / 'erɪmaɪt / rɪ'kluːs]	Eremit, Einsiedler
manuscript *n*	Manuskript, Handschrift
(animal-skin) vellum *n*	Schreibpergament
parchment *n*	Pergament
initial (letter) *n*	Initiale
miniature *n* ['mɪnɪtʃə]	Miniatur
annalist *n* ['ænəlɪst]	Annalist, Chronist, Annalen-, Jahrbuchverfasser
annals *n pl* ['ænəlz]	Annalen, Jahrbücher
chronicle *n* ['krɒnɪkl]	Chronik
chronicler *n*	Chronist, Geschichtsschreiber

to get up before dawn vor dem Morgengrauen aufstehen
to care for the sick die Kranken pflegen
to help the poor den Armen helfen
to work in the fields auf den Feldern arbeiten
to copy manuscripts Handschriften kopieren
to sleep in dormitories in Schlafsälen schlafen
to read the Bible / the Scriptures die Bibel / die Heilige Schrift lesen
to clear the land das Land roden

People Inside a Monastery

abbot *n* ['æbət]	Abt
abbess *n* ['æbes]	Äbtissin
abbacy *n* ['æbəsi]	Amt / Würde / Gerichtsbarkeit eines Abtes / einer Äbtissin; Amtsdauer eines Abtes oder einer Äbtissin
prior *n* [praɪə]	Prior

prioress *n* [ˈpraɪərəs]	Priorin
monk / friar *n* [mʌŋk / fraɪə]	Mönch
nun *n*	Nonne, Ordensschwester
novice *n* [ˈnɒvɪs]	Novize, Novizin
lay brother *n*	Laienbruder
mendicant (friar) *n* [ˈmendikənt]	Bettelmönch

Monastic Rule and Prayer

rule *n*	Regel
celibacy *n* [ˈseləbəsi]	Zölibat, Ehelosigkeit
chastity *n* [ˈtʃæstɪti]	Keuschheit
obedience *n*	Gehorsam
cell *n*	(Mönchs)Zelle
contemplation *n*	Kontemplation, Versunkenheit
matins *n pl* [ˈmætɪnz]	Matutin, (Früh)Mette, Frühandacht
lauds *n pl* [lɔːdz]	Laudes, Lobgebet
prime *n*	Prim, Gebet zur ersten Stunde *(6 Uhr)*
tierce / terce *n* [tɪəs / tɜːs]	Terz, Gebet zur dritten Stunde *(9 Uhr)*
sext *n*	Sext, Gebet zur sechsten Stunde, Mittagsgebet *(12 Uhr)*
none *n* [nəʊn]	None, Gebet zur neunten Stunde *(15 Uhr)*
vespers *n pl*	Vesper, Abendgebet
compline *n* [ˈkɒmplɪn]	Komplet, Schlussandacht
vigil *n* [ˈvɪdʒɪl]	Vigil (*pl* Vigilien), Nachtgebet

to follow the Benedictine rule nach der Regel des Heiligen Benedikt leben
to take a vow of obedience / poverty / chastity ein Gehorsamsgelübde / Armutsgelübde / Keuschheitsgelübde ablegen
to devote one's life to God sein Leben Gott widmen
to fast / to pray regularly regelmäßig fasten / beten

Inside a Monastery ▸ Abb. 13

minster *n*	Klosterkirche
cloister *n*	Kreuzgang
sacristy *n*	Sakristei
scriptorium, *pl* **scriptoria** *n*	Schreibstube
library *n*	Bibliothek
dormitory *n*	Schlafsaal
refectory *n*	Speisesaal
monastery garden / convent garden *n*	Klostergarten

kitchen *n*	Küche
latrine *n* [lə'tri:n]	Latrine
brewery *n* ['bru:əri]	Brauerei
bakery *n*	Bäckerei
cemetery *n* ['semətri]	Friedhof
orchard *n*	Obstgarten
vegetable garden / kitchen garden *n*	Gemüsegarten
granary *n* ['grænəri]	Kornscheuer
mill *n*	Mühle
stable *n*	Stall
servants' quarters *n*	Gesindehaus

Religious Orders

Augustinian order [ˌɔ:gə'stɪniən] Augustinerorden
Augustinian monk / friar Augustiner(mönch)
Carmelite order ['kɑ:məlaɪt] Karmeliterorden
Carmelite monk / Carmelite friar / White Friar Karmeliter
Franciscan order / order of St Francis [fræn'sɪskən] Franziskanerorden
Franciscan monk / Franciscan friar / Grey Friar Franziskaner
Poor Clares Arme Klarissen
Benedictine order / order of St Benedict [ˌbenə'dɪktɪn] Benediktinerorden
Benedictine monk Benediktiner
Capuchin order ['kæpjʊtʃɪn] Kapuzinerorden
Cistercian order [sɪs'tɜ:ʃən] Zisterzienserorden
Dominican order / order of St Dominic [də'mɪnɪkən] Dominikanerorden
Premonstratensian order [prɪˌmɒnstrə'tensiən] Prämonstratenserorden
order of Cluny [klu:ni:] Cluny
mendicant order / begging order Bettelorden, Mendikanten

THE PRINTING PRESS ▸ Abb. 14

printing *n*	Buchdruck, Drucken
printing press	Druckerpresse
printer *n*	(Buch)Drucker
metal letters *n pl*	Lettern / Buchstaben / (Druck)Typen aus Metall
type *n*	Letter, Buchstabe, (Druck)Type
type tray	Setzkasten
printing ink / printer's ink *n*	Druckerfarbe, Druckerschwärze
paper *n*	Papier
sheet *n*	(Druck)Bogen

the Gutenberg Bible die Gutenbergbibel
the molding and casting of movable (metal) type das Formen und Gießen beweglicher Lettern
movable (metal) type bewegliche Lettern
to print books with movable type Bücher mit beweglichen Lettern drucken
to ink the type with pads die Buchstaben mit einem Stempelkissen einfärben
to dry the printed sheets die Druckfahnen trocknen

PUNISHMENT, TORTURE AND EXECUTION

Punishment

punishment *n*	Bestrafung, Strafe
expulsion *n*	Vertreibung, Verbannung
pillory *n*	Pranger
the stocks *n pl*	der Stock
imprisonment *n*	Einkerkerung, Haft, Gefangenschaft
incarceration *n*	Einkerkerung
gaol / jail *n* [dʒeɪl]	Kerker, Gefängnis
gaoler / jailer *n*	Gefängniswärter
dungeon *n* ['dʌndʒən]	Kerker, Verlies
ball and chain *n*	Kugel- und Kettenfessel
manacle *n* ['mænəkl]	Handfesseln
prison *n*	Gefängnis
keeper of a prison	Gefängniswärter, Kerkermeister
prison camp	Gefangenenlager
prisoner *n*	Gefangener
fortress *n*	Fort, Festung
confinement in a fortress / detention in a fortress *n*	Festungshaft

to find sb guilty jdn für schuldig befinden
to convict sb / to sentence sb jdn verurteilen
to convict sb (of a crime) jdn eines Verbrechens überführen
to punish sb jdn bestrafen
to fine sb jdn mit einer Geldstrafe belegen
to confiscate property Eigentum konfiszieren
to stand in the pillory am Pranger stehen
to send sb to the galleys jdn auf die Galeere schicken
to put / throw sb into prison jdn ins Gefängnis werfen
to incarcerate sb jdn einkerkern
transportation to Australia / to transport sb to Australia Deportation nach Australien / jdn nach Australien deportieren

Torture

torture *n; v* ['tɔ:tʃə]	Folter; foltern
rack *n*	Streckfolter, Streckbank
amputation *n*	Amputation
whipping *n*	Prügel, Auspeitschen
flogging *n*	Auspeitschen, Züchtigung, Prügelstrafe
impalement *n*	Pfählung, Aufspießung
ordeal *n* [ɔ:'di:l]	Tortur; Martyrium; Gottesurteil
ordeal by fire	Feuerprobe
ordeal by water	Wasserprobe

to flog sb jdn auspeitschen
to torment sb jdn foltern
to break sb on the wheel jdn auf dem Rad brechen
to whip sb jdn prügeln, auspeitschen
to impale sb jdn festnageln, pfählen

Execution

death penalty / capital punishment *n*	Todesstrafe
drowning *n*	Ertränken, Ertrinken
suffocation *n*	Ersticken
execution *n*	Exekution, Hinrichtung
place of execution	Richtstätte
executioner *n*	Henker, Scharfrichter; Vollzieher
gallows *n*	Galgen
garrotte *n; v* [gə'rɒt]	Garrotte; garottieren, erdrosseln
guillotine *n* ['gɪləti:n]	guillotinieren; Guillotine, Fallbeil
beheading *n*	Enthauptung

to sentence sb to death jdn zum Tode verurteilen
to put sb to death / to execute sb jdn hinrichten
to burn at the stake auf dem Scheiterhaufen verbrennen
to be burnt at the stake auf dem Scheiterhaufen verbrannt werden
to hang sb jdn hängen
to end on the gallows am Galgen enden
to hang sb on the gallows jdn an den Galgen hängen
to behead sb jdn köpfen, enthaupten

RELIGION

religion *n*	Religion
religious *adj*	religiös
devotion *n*	Frömmigkeit
faith / belief *n*	Glaube
god *n*	Gott
god-king *n*	Gottkönig
goddess *n*	Göttin
fertility goddess	Fruchtbarkeitsgöttin
tutelary god / goddess	Schutzgott / -göttin
deity *n* ['deɪɪti]	Gottheit
priest *n*	Priester
temple *n*	Tempel
sanctuary *n* ['sæŋktʃʊəri]	Heiligtum
altar *n* ['ɔːltə]	Altar
prayer *n* ['preə]	Gebet
offering *n*	Opfer
burnt offering	Brandopfer
incense *n* ['ɪnsens]	Weihrauch
ritual *n*	Ritual
libation *n* [laɪ'beɪʃn]	Trankopfer
sacrifice *n* ['sækrɪfaɪs]	Opfer
afterlife *n*	Leben nach dem Tode
ascetic *adj; n* [ə'setɪk]	asketisch; Asket
asceticism *n* [ə'setɪsɪzm]	Askese
fast *v; n*	fasten; Fasten, Fastenzeit
fast day / day of fasting	Fastentag

religious ceremonies religiöse Zeremonien
to seek sanctuary (in a temple / church) (in einem Tempel / einer Kirche) Schutz / Zuflucht suchen
to make a sacrifice ein Opfer darbringen
to believe in life after death an ein Leben nach dem Tod glauben

SEAFARING ▸ Abb. 15

seafaring *n*	Seefahrt
sailor *n*	Seemann, Matrose
ship *n*	Schiff
trading ship	Handelsschiff
container ship	Containerschiff
shipbuilding *n*	Schiffsbau

shipyard *n*	Werft
boat *n*	Boot
ferry *n*	Fähre
caravel *n* [ˈkærəvel]	Karavelle
schooner *n* [ˈskuːnə]	Schoner
cog *n*	Kogge
brig *n*	Brigg
frigate *n* [ˈfrɪgət]	Fregatte, Kreuzerfregatte
galley *n*	Galeere, Langboot
trireme *n* [ˈtraɪriːm]	Trireme, Dreiruderer, Triere
oar *n*	Ruder
rudder *n*	Steuerruder
lookout *n*	Ausguck, Krähennest
rigging *n*	Takelage, Takelwerk, Gut
bow *n* [baʊ]	Bug
stern *n*	Heck, Achterschiff
hull *n*	Rumpf, Schiffskörper, Unterschiff
cabin *n*	Kajüte, Kabine
compass *n* [ˈkʌmpəs]	Kompass
logbook *n*	Logbuch
sextant *n* [ˈsekstənt]	Sextant
astrolabe *n*	Astrolabium, Sternhöhenmesser
quadrant *n* [ˈkwɒdrənt]	Quadrant
harbour *n*	Hafen
port *n*	Hafen; Hafenstadt

to fit a ship with oars [ɔːz] ein Schiff mit Rudern ausstatten
to steer a ship ein Schiff steuern
to sink a ship ein Schiff versenken
to estimate speed and distance Geschwindigkeit und Entfernung schätzen
to observe the currents / the climate die Strömungen / das Klima beobachten
to tar teeren
to outfit a ship ein Schiff ausrüsten
to mend sails die Segel reparieren
to sleep on deck an Deck schlafen
to paint and tar the ship's hull den Schiffskörper streichen und teeren
to scan the horizon den Horizont absuchen

WAR AND WARFARE (THE MILITARY; WEAPONS)

War

war *n*	Krieg
readiness for war	Kriegsbereitschaft
declaration of war	Kriegserklärung
war bond	Kriegsanleihe, Kriegsschuldverschreibung
Holy War	Heiliger Krieg
war of destruction	Vernichtungskrieg
preventive war	Präventivkrieg
border war	Grenzkrieg
war of attrition [ə'trɪʃn]	Zermürbungskrieg, Abnutzungskrieg
war of aggression	Angriffskrieg
war on two fronts	Zweifrontenkrieg
war of movement	Bewegungskrieg
advance-guard / vanguard *n* ['væŋgɑ:d]	Vorhut
rearguard *n* ['rɪəgɑ:d]	Nachhut
target *n*	Ziel
frontline *n*	Kampffront, Frontlinie
desertion *n*	Desertion, Fahnenflucht
casualties ['kæʒjuəltiz] / **war losses** *n pl*	Verluste
civilian casualties	Opfer unter der Zivilbevölkerung
martial law *n*	Kriegsrecht
capitulation *n*	Kapitulation
armistice / ceasefire *n* ['ɑ:mɪstɪs / 'si:sfaɪə]	Waffenstillstand
armistice agreement / ceasefire agreement	Waffenstillstandsabkommen
war debts *n pl*	Kriegsschulden
war indemnities / reparations / reparation payments *n pl*	Reparationen

a combined force eine vereinigte Streitmacht
numerical inferiority / superiority zahlenmäßige Unterlegenheit / Überlegenheit
to declare war on / against sb / sth jdm / etw den Krieg erklären
to get drawn into a war in einen Krieg hineingezogen werden
to go to war in den Krieg ziehen
to wage war Krieg führen
to be at war (with sb) sich im Kriegszustand (mit jdm) befinden

to take sb prisoner jdn gefangen nehmen
to fight / to battle for / against sth um / gegen etw kämpfen
to have the battle / to be victorious den Sieg davontragen
to suffer heavy losses schwere Verluste erleiden
to die in battle in der Schlacht fallen
to kill sb / to be killed in action jdn töten / (im Kampf) fallen
to be missing in action vermisst sein

Alliances

alliance *n* [ə'laɪəns]	Allianz, Bund, Bündnis
military alliance	Militärbündnis
shifting alliance	Bündniswechsel
system of alliance(s) / alliance system *n*	Bündnissystem
policy of alliances *n*	Bündnispolitik

to enter into an alliance / to form an alliance ein Bündnis schließen
to renew an alliance ein Bündnis erneuern

People in a War

soldier *n*	Soldat
frontline soldier	Frontkämpfer
recruit *n* [rɪ'kru:t]	Rekrut
enemy *n*	Feind
civilian *n*	Zivilist
deserter *n*	Deserteur

Military Assault

assault *n* [ə'sɔ:lt]	Angriff, Überfall
assault troops	Angriffstruppen, Stoßtruppen
attack *n; v*	Angriff; angreifen
invasion *n*	Invasion, Einmarsch
fight *n; v*	Kampf, Gefecht; kämpfen
advance *n; v*	Vordringen, Vorrücken, Vorstoß; vordringen, vorrücken
the German advance	der deutsche Vormarsch

an assault on / upon sth / sb ein Angriff auf jdn / etw; ein Überfall auf jdn / etw
to launch an attack einen Angiff starten
to invade a country in ein Land einmarschieren

Warfare

warfare *n*	Kriegsführung; Krieg; Kriegsdienst
global warfare	weltweiter Krieg
static warfare ['stætɪk]	Stellungskrieg
chemical warfare	chemische Kriegsführung, Einsatz chemischer Waffen
biological warfare	biologische Kriegsführung
trench warfare	Grabenkrieg
siege warfare [si:dʒ]	Belagerungskrieg

Naval Warfare

navy *n*	Marine, Seestreitkräfte
naval battle *n*	Seeschlacht
submarine *n* [ˌsʌbmə'ri:n]	Unterseeboot, U-Boot

Aerial Warfare

aerial *adj* ['eəriəl]	Luft-
aerial bombardment	Luftangriff, Luftbombardement
aerial attack	Luftangriff, Fliegerangriff
aerial barrage	Luftsperrfeuer, Flakfeuer
aerial combat ['kɒmbæt]	Luftkampf
aerial defence	Luftabwehr, Luftverteidigung
aerial reconnaissance [rɪ'kɒnɪsəns]	Luftaufklärung
air *n*	Luft
air alert	Fliegeralarm, Luftalarm; Alarmbereitschaft
air corridor	Luftkorridor, Einflugschneise
airfield	Flugplatz, Flughafen
air force	Luftwaffe
airlift	Luftbrücke
air superiority, air dominance	Luftüberlegenheit
air raid *n*	Luftangriff
air-raid shelter	Luftschutzraum, Luftschutzkeller, Luftschutzbunker, Bunker
bombing *n* ['bɒmɪŋ]	Bombardierung
saturation bombing	Flächenbombardierung
fighter plane *n*	Kampfflugzeug

Land Warfare

battle *n*	Schlacht
battlefield / battleground	Schlachtfeld
battle order / battle array	Schlachtordnung, Gefechtsgliederung

battle line	Schlachtlinie, Gefechtslinie
battle readiness	Gefechtsbereitschaft
artillery *n* [ɑːˈtɪləri]	Artillerie, Geschütze, Kanonen; Artilleriekorps
artilleryman	Artillerist; Kanonier
artillery fire	Artilleriefeuer
relief army / **relief force** *n* [rɪˈliːf]	Entsatzheer

WEAPONS

Weapons of Early Mankind

weapon *n*	Waffe
arrow *n*	Pfeil
bow and arrow [bəʊ]	Pfeil und Bogen
arrowhead	Pfeilspitze
axe *n* [æks]	Axt
hand-axe	Faustkeil
boomerang *n*	Bumerang
sling *n*	(Stein)Schleuder
spear *n*	Speer
spearhead	Speerspitze
club *n*	Keule, Knüppel
harpoon *n*	Harpune
bone harpoon	Knochenharpune

Weapons of the Ancient World and the Middle Ages

(battering) ram *n*	Rammbock
catapult *n*	Katapult
siege tower *n*	Belagerungsturm
battleaxe *n*	Streitaxt, Hellebarde, Enterbeil
halberd *n* [ˈhælbəd]	Hellebarde
lance *n*	Lanze
longbow *n*	Langbogen
mace *n*	Keule, Streitkolben
morning star *n*	Morgenstern
dagger *n*	Dolch
pike *n*	Pike, Langspieß
javelin *n* [ˈdʒævəlɪn]	Speer
sword *n* [sɔːd]	Schwert

Weapons of Early Modern and Modern Times

musket *n* ['mʌskɪt]	Muskete
cannon *n*	Kanone, Geschütz
breech-loader *n*	Hinterlader
muzzle-loader *n* ['mʌzl]	Vorderlader
gun *n*	Schusswaffe; Geschütz, Kanone
machine gun *n*	Maschinengewehr
rifle *n*	Gewehr
cartridge *n*	Patrone
pistol *n*	Pistole
shell / grenade *n*	Granate
mortar *n*	Mörser
bomb *n*	Bombe
incendiary bomb	Brandbombe
atomic bomb	Atombombe
hydrogen bomb	Wasserstoffbombe
napalm *n* ['neɪpɑ:m]	Napalm
napalm bomb	Napalmbombe
warhead *n*	Sprengkopf
nuclear / atomic warhead	atomarer Sprengkopf
missile / rocket *n* ['mɪsaɪl; AE: 'mɪsɪl]	Rakete
cruise missile	Marschflugkörper
intermediate-range missile	Mittelstreckenrakete
ICBM (intercontinental ballistic missile)	Interkontinentalrakete
battleship *n*	Schlachtschiff
battle cruiser *n* ['kru:zə]	Schlachtkreuzer
submarine *n* [ˌsʌbmə'ri:n]	Unterseeboot, U-Boot
atomic / nuclear-powered submarine	Atom-U-Boot
torpedo *n*	Torpedo
fighter plane *n*	Kampfflugzeug
tank *n*	Panzer

to aim a gun at sb mit der Schusswaffe auf jdn zielen
to fire (a gun) at sb / sth auf jdn / etw schießen
to drop bombs Bomben abwerfen

III. Epochs

❖ PREHISTORY

OLD STONE AGE ▸ Abb. 17

Old Stone Age / Pal(a)eolithic Age *n* [ˌpæliəʊˈlɪθɪk]	Altsteinzeit, Paläolithikum
pal(a)eolithic *adj*	altsteinzeitlich, paläolithisch

Climate

climate *n* [ˈklaɪmət]	Klima
changes in the climate	Klimaveränderungen
glacier *n* [ˈglæsiə]	Gletscher
glacier tongue	Gletscherzunge
ice age / glacial period *n*	Eiszeit(alter)
interglacial (period) *n*	Zwischeneiszeit, Warmzeit
glaciation *n*	Kaltzeit
floe *n* [fləʊ]	Eisscholle

Early Man

prehistoric man / primeval man *n* [praɪˈmiːvl]	Urmensch
hominid *n*	Hominide
early man *n*	Frühmensch
lower jaw *n*	Unterkiefer
Neanderthal *adj; n* [niˈændətɑːl]	Neandertal-; Neandertaler
brain capacity *n*	Hirnvolumen
evolution *n*	Evolution, Entwicklung
doctrine of evolution	Evolutionslehre
fossil *adj; n*	fossil, versteinert; Fossil, Versteinerung

Australopithecus *lat* [ˌɒstrələʊˈpɪθɪkəs] Australopithecus
homo habilis *lat* [ˈhæbələs] / **erectus** *lat* [ɪˈrektəs] / **sapiens** *lat* [ˈsæpienz] Homo habilis / erectus / sapiens
Heidelberg man Heidelbergmensch
Java / Peking / Cro-Magnon man Java- / Peking- / Cro-Magnon-Mensch
Neanderthal man Neandertaler
Neanderthal race Neandertalrasse
fossil remains versteinerte Überreste

Living Conditions

cave *n*	Höhle
cave dweller	Höhlenbewohner
cave dwelling	Höhlensiedlung
caveman / cavewoman	Höhlenbewohner / Höhlenbewohnerin
tent *n*	Zelt
camp *n*	Lager
horde *n*	Horde
nomad *adj;n* [ˈnəʊmæd]	nomadenhaft, nomadisch; Nomade
nomadic *adj* [nəʊˈmædɪk]	nomadenhaft, nomadisch
nomadic people	Nomadenvolk
nomadic tribe	Nomadenstamm

to make fire by striking two flints together Feuer durch Aneinanderschlagen von zwei Feuersteinen machen

to use bones and tusks for building homes Knochen und Stoßzähne zum Bau von Behausungen verwenden

Art

cave drawing / cave painting *n*	Höhlenmalerei
stone sculpture *n*	Steinplastik

the Lascaux / Altamira Caves die Höhlen von Lascaux / Altamira

to make paint from minerals / clay / lime / charcoal Farbe aus Mineralien / Ton / Kalk / Holzkohle gewinnen

to apply paint with brushes made of animal fur / feathers / moss / twigs Farbe mit Pinseln aus Pelz / Federn / Moos / Zweigen auftragen

Hunting

hunt / hunting *n*	Jagd
hunting magic	Jagdzauber
hunting unit	Jagdverband
hunter *n*	Jäger
hunter-gatherers *n pl*	Jäger und Sammler
mammoth *n*	Mammut
woolly rhinoceros *n* [raɪˈnɒsərəs]	wollhaariges Nashorn
bison *n* [ˈbaɪsn]	Auerochse, Bison
megaceros / megaloceros *n* [mɪˈgæsərəs / megəˈlɒsərəs]	Riesenhirsch
giant reindeer *n* [ˈreɪndɪə]	Riesenrentier

Raw Materials, Tools and Weapons

raw material *n*	Rohstoff
skin *n*	Haut, Fell
bone *n*	Knochen
sinew *n* ['sɪnjuː]	Sehne
fur / pelt *n*	Pelz, Fell
horn *n*	Horn
antler *n*	Geweih
animal skin / animal hide *n*	Tierhaut
tool *n*	Werkzeug
fishbone *n*	(Fisch)Gräte
flint *n*	Feuerstein
stone *n*	Stein
flakes of stone	Steinabschläge
flake tool *n*	Steinwerkzeug
scraper *n*	Schaber
net (with stone weights) *n*	Netz (mit Steingewichten)
hook *n* [hʊk]	(Angel)Haken
needle *n*	Nadel
axe *n* [æks]	Axt
hand axe *n*	Faustkeil
boomerang *n*	Bumerang
arrow *n*	Pfeil
arrowhead	Pfeilspitze
sling *n*	(Stein)Schleuder
spear *n* ['spɪə]	Speer
spearhead	Speerspitze
shaft of a spear	Speerschaft
trap *n*	Falle
club *n*	Keule, Knüppel
harpoon *n*	Harpune
bone harpoon	Knochenharpune

sickles with flint blades Sicheln mit Feuersteinklingen
primitive tools primitive Werkzeuge
bow and arrow Pfeil und Bogen
to make tools from stone / bone / wood / antler / ivory Werkzeuge herstellen aus Stein / Knochen / Holz / Geweih / Elfenbein
to use stone blades to skin animals Steinklingen zum Häuten von Tieren verwenden
to clean animal hides with stone scrapers Tierhäute mit Steinschabern säubern
to dwell beneath rock ledges and in caves unter Felsvorsprüngen und in Höhlen wohnen

Transport

dugout canoe *n* [ˌdʌɡaʊt kəˈnuː]	Einbaum
coracle *n* [ˈkɒrəkl]	kleines ovales Ruderboot aus mit Leder überzogenem Weidengeflecht

MIDDLE STONE AGE

mesolithic *adj* [ˌmezəˈlɪθɪk]	mittelsteinzeitlich, mesolithisch
Middle Stone Age / Mesolithic Age *n*	mittlere Steinzeit, Mesolithikum

NEW STONE AGE ▸ Abb. 18

neolithic *adj* [ˌniːəˈlɪθɪk]	jungsteinzeitlich, neolithisch
New Stone Age / Neolithic Age *n*	Jungsteinzeit, Neolithikum
neolithic culture	Steinzeitkultur

Neolithic Revolution

agricultural society *n*	Ackerbaugesellschaft, Ackerbaukultur
permanent settlement *n*	Dauersiedlung
village community *n*	Dorfgemeinschaft
stock *n*	Vorrat
stockpiling *n*	Vorratswirtschaft
cattle *n*	Vieh
cattle breeding	Viehzucht
domestic animal *n*	Haustier
division of labour *n*	Arbeitsteilung
pottery *n*	Töpferei
potter's wheel *n*	Töpferscheibe
clay *n*	Ton
spinning *n*	Spinnen
spindle *n*	Spindel
weaving *n*	Weben
loom *n*	Webstuhl
warp *n*	Kette, Kettfäden
shuttle *n*	Weberschiff(chen)
comb *n* [kəʊm]	Kamm
cloth *n* [klɒθ]	Tuch
hand mill *n*	Handmühle
grinder [ˈɡraɪndə] / **grinding stone** *n*	Reibplatte
quern *n*	Mahlstein
stone drill *n*	Steinbohrer

Neolithic Revolution / Agricultural Revolution neolithische Revolution
the Fertile Crescent der fruchtbare Halbmond
to settle down sesshaft werden
to clear land by the slash-and-burn method Land durch Brandrodung gewinnen
to lay in stocks Vorräte anlegen
to raise / rear / breed animals for milk / meat / skin Tiere wegen ihrer Milch / ihres Fleisches / ihrer Haut züchten
to tame / domesticate animals Tiere zähmen / domestizieren

Neolithic Cultures

Beaker culture / Bell-Beaker culture *n*	Glockenbecherkultur
linear pottery *n* ['lɪniə]	Bandkeramik
Linear Pottery Culture *n*	bandkeramische Kultur
corded ware *n pl*	Schnurkeramik
Corded Ware culture *n*	schnurkeramische Kultur
megalith *n* ['megəlɪθ]	Megalith
Megalith culture	Megalithkultur
megalithic *adj*	megalithisch
megalithic grave	Hünengrab
dolmen *n* ['dɒlmen]	Dolmen, Hünengrab
menhir *n* ['menhɪə]	Menhir
barrow *n*	Hügelgrab
stone circle *n*	Steinkreis
lake dwelling / pile dwelling *n*	Pfahlbau

BRONZE AGE

bronze *n* [brɒnz]	Bronze
Bronze Age *n*	Bronzezeit
bronze founder	Bronzegießer
copper *n*	Kupfer
tin *n*	Zinn
alloy *n* ['ælɔɪ]	Legierung
metal processing *n* ['prəʊsesɪŋ]	Metallverarbeitung

IRON AGE

Iron Age *n*	Eisenzeit
iron *n*	Eisen
anvil *n* ['ænvɪl]	Amboss

Hallstatt period / culture Hallstattzeit / -kultur
Urnfield period / culture Urnenfelderzeit / -kultur
La Tène period / culture La-Tène-Zeit / Kultur
to smelt iron ore Eisenerz ausschmelzen, verhütten
to forge iron Eisen schmieden

The Celts

Celt *n* [kelt]	Kelte
Celtic *adj; n* ['keltɪk]	keltisch; Keltisch, das Keltische
torque / twisted neck ring *n*	Torque *(Halsring aus Bronze, Gold oder Eisen)*
oppidum, *pl* **oppida** *n lat*	Oppidum *(keltische Siedlung)*
hill fort *n*	befestigte Hügelanlage
rainbow cups *n pl*	Regenbogenschüsselchen
druid *n*	Druide
magician *n* [mə'dʒɪʃn]	Zauberer
grove *n*	Hain
human sacrifice *n*	Menschenopfer

sacred grove / tree heiliger Hain / Baum
rectangular wall and ditch enclosure Viereckschanze
oral culture mündliche Kultur, auf mündlicher Tradition beruhende Kultur
to pass on knowledge by word of mouth Wissen mündlich weitergeben

❖ ANTIQUITY

MESOPOTAMIA

Geography and People

Akkad – Akkad
Anatolia – Anatolien
Ashur ['æʃə] – Assur
Assyria [ə'sɪriə] – Assyrien
Babylon ['bæbɪlɒn] – Babylon
Babylonia [ˌbæbɪləʊniə] – Babylonien
Capadokia – Kappadokien
Euphrates (River) [ju:'freɪti:z] – Euphrat
Mesopotamia [ˌmesəpə'teɪmiə] – Mesopotamien, Zweistromland

Nineveh ['nɪnɪvə] – Ninive
Sumer ['su:mə] – Sumer
Tigris (River) ['taɪgrɪs] – Tigris
Ur [ɜ:] – Ur
Uruk ['ju :rʊk] – Uruk

Hammurabi [ˌhæmʊ'rɑ:bi] – Hammurabi
Nebuchadnezzar [ˌnebjəkəd'nezə] – Nebukadnezar
Sargon – Sargon
Tiglathpileser [ˌtɪglæθpaɪ'li:zə] – Tiglatpileser

advanced civilization / advanced culture *n*	Hochkultur

Sumer and Accad

Sumerian *adj; n*	sumerisch; Sumerer; Sumerisch
Akkadian *adj; n* [ə'keɪdiən]	akkadisch; Akkader
mathematician *n*	Mathematiker
astronomer *n* [ə'strɒnəmə]	Astronom, Sternenforscher
decimal system *n*	Dezimalsystem
pictogram *n*	Piktogramm
cuneiform writing / cuneiform (script) *n* ['kju:nɪfɔ:m]	Keilschrift
cuneiform signs / cuneiform characters	Keilschriftzeichen
clay tablet *n* ['tæblət]	Tontafel
reed stylus *n* ['staɪləs]	Schreibgerät aus Schilfrohr
ziggurat *n* ['zɪgəræt]	Zikkurat, Stufenturm

the Akkadian Empire das Reich von Akkad
to use a sharpened reed for writing ein angespitztes Schilfrohr zum Schreiben verwenden
to write in horizontal rows in horizontalen Zeilen schreiben

Babylonia

Babylonian *adj; n*	babylonisch; Babylonier
relief *n* [rɪˈliːf]	Relief
glazed tiles *n pl*	Glasurziegel
stone tablet *n*	Steintafel

Ishtar Gate Ischtartor
Epic of Gilgamesh Gilgamesch-Epos
the Hanging Gardens of Babylon die Hängenden Gärten von Babylon
the Code of Hammurabi die Gesetzessammlung des Hammurabi

Assyrians, Hittites and Aramaeans

Assyrian *adj; n*	assyrisch; Assyrer; Assyrisch
Mede *adj; n* [ˈmiːd]	medisch; Meder
Hittite *adj; n* [ˈhɪtaɪt]	hethitisch; Hethiter, das Hethitische
Aramaean *adj; n* [ˌærəˈmiːən]	aramäisch; Aramäer; das Aramäische
Chaldean *adj; n* [kælˈdiːən]	chaldäisch; Chaldäer

the Hittite Empire das Reich der Hethiter
Neo-Babylonian Empire Neubabylonisches Reich

THE MIDDLE EAST

Geography and People	
Ashdad – Ashdod	**the Middle East** – der Nahe Osten
Ashkalon – Askalon	**Northern Kingdom / Israel** – Nordreich, Israel
Beirut [beɪ'ru:t] – Beirut	**Palestine** ['pæləstaɪn] – Palästina
Byblos – Byblos	**Sidon** – Sidon
Canaan ['keɪnən] – Kanaan	**Southern Kingdom / Judah** – Südreich, Juda
Carthage ['kɑ:θɪdʒ] – Karthago	**Tyre** – Tyrus
Ekron – Ekron	
Gath ['gæθ] – Gath	**David** – David
Gaza ['gɑ:zə] – Gasa	**Moses** – Moses
Israel – Israel	**Samuel** – Samuel
Jericho ['dʒerɪkəʊ] – Jericho	**Saul** – Saul
Judah – Juda	**Solomon** – Salomon
Judea ['dʒu:di:ə] – Judäa	

The Israelites

Israelite *n* ['ɪzrɪəlaɪt]	Israelit
Semite *n* ['semaɪt]	Semite
Semitic *adj; n* [sɪ'mɪtɪk]	semitisch; das Semitische
Hebrew *adj; n* ['hi:bru:]	hebräisch; Hebräer, das Hebräische
polytheism *n* ['pɒlɪθi:ɪzm]	Polytheismus, Vielgötterei
monotheism *n* ['mɒnəʊθi:ɪzm]	Monotheismus *(Glaube an einen einzigen Gott)*
theocracy *n* [θi'ɒkrəsi]	Theokratie, Gottesherrschaft
Judaism *n*	Judentum
circumcision *n*	Beschneidung
dietary laws *n pl* ['daɪətri]	(rituelle) Diätvorschriften
kosher *adj* ['kəʊʃə]	koscher
Torah *n* ['tɔ:rə]	Thora *(die fünf Bücher Mose)*
Talmud *n* ['tælmʊd]	Talmud *(Sammlung der religiösen Gesetze des Judentums)*
ark of the covenant *n* ['kʌvənənt]	Bundeslade
Yahveh / Jahveh *n* ['jɑ:veɪ]	Jahwe
synagogue *n* ['sɪnəgɒg]	Synagoge
high priest *n*	Hoher Priester
rabbi *n* ['ræbaɪ]	Rabbi, Rabbiner
temple *n*	Tempel
menorah *n*	siebenarmiger Leuchter
Essene *n*	Essener

Maccabean *adj* [ˌmækəˈbiːən]	makkabäisch
Maccabee *n* [ˈmækəbiː]	Makkabäer
exodus *n* [ˈeksədəs]	Auszug; Abwanderung, Auswanderung

Solomon's temple der Tempel Salomons
the Ten Commandments die Zehn Gebote
the Chosen People das auserwählte Volk
the Promised Land das Gelobte Land
the Babylonian Captivity die babylonische Gefangenschaft, Babylonisches Exil *(6. Jahrhundert v. Chr.)*
the Jewish War der Jüdische Krieg *(1. Jüdischer Krieg: 66-70 n. Chr.; 2. Jüdischer Krieg: 115-117 n. Chr.)*
the Bar Kochba rebellion / the Bar Kochba revolt der Bar Kochba-Aufstand *(132-135 n. Chr.)*
to circumcise beschneiden

The Phoenicians

Sea Peoples *n pl*	Seevölker
seafarer *n*	Seefahrer
Phoenician *adj; n* [fɪˈnɪʃn]	phönizisch; Phönizier / Phöniker
trader *n*	Händler
nation of traders	Handelsvolk
purple *n*	Purpur
purple snail	Purpurschnecke
purple dye	Purpurfarbe

the advance of the Sea Peoples das Vordringen der Seevölker
Phoenician script / alphabet phönizische / phönikische Schrift / Alphabet

The Philistines

Philistine *n* [ˈfɪlɪstaɪn]	Philister
pentapolis *n* [penˈtæpəlɪs]	Pentapolis, Fünfstädtebund

EGYPT ▸ Abb. 19

Geography and People

Abu Simbel – Abu Simbel
Alexandria [ˌælɪgˈzɑːndriə] – Alexandria
Arabian Desert – Arabische Wüste
Eastern Desert – Ostwüste
Giza [ˈgiːzə] – Giza
Karnak – Karnak
Lower Egypt – Unterägypten
Libyan Desert – Libysche Wüste
Memphis – Memphis
Nile (River) – Nil
Nubia – Nubien
Red Sea – Rotes Meer
Sakkara – Sakkara
Thebes [θiːbz] – Theben
Upper Egypt – Oberägypten
Valley of the Kings – Tal der Könige
Western Desert – Westwüste

Hatshepsut [hætˈʃepsuːt] – Hatschepsut
Rameses [ˈræmɪsiːz] – Ramses
Tutankhamun [ˌtuːtənˈkɑːmən] – Tutanchamun
Tuthmosis [tʊθˈməʊzɪz] – Tuthmosis

The Ancient Egyptian Eras

Archaic Period [ɑːˈkeɪɪk] – Frühzeit
Old Kingdom – Altes Reich
First Intermediate Period – Erste Zwischenzeit
Middle Kingdom – Mittleres Reich
Second Intermediate Period – Zweite Zwischenzeit
New Kingdom – Neues Reich
Third Intermediate Period – Dritte Zwischenzeit
Late Period – Spätzeit

The River Nile

Nile (River) / River Nile *n*	Nil
level of the Nile	Nilpegel
Nile Delta *n*	Niltal, Nildelta
nilometer *n* [naɪˈlɒmɪtə]	Nilometer
cataract *n* [ˈkætərækt]	Katarakt, Stromschnelle
calendar *n*	Kalender, Zeitrechnung
Sirius *n*	Sirius-Stern
season *n*	Jahreszeit
flax *n*	Flachs
irrigation *n*	Bewässerung
irrigation ditch	Bewässerungsgraben

inundation *n*	Überschwemmung
flood *n*	Hochwasser
dike *n*	Deich, Damm, Graben, Kanal
dam *n*	Damm

the gift of the Nile das Geschenk des Nils
inundation season Zeit der Überschwemmung
sowing season Zeit der Aussaat
growing season Zeit des Wachstums
harvest season Zeit der Ernte
artificial irrigation künstliche Bewässerung
annual inundation jährliche Überschwemmung
to build dams Dämme bauen
to spread water and fertile silt Wasser und fruchtbaren Schlamm verteilen

Administration

hieroglyph *n* [ˈhaɪərəglɪf]	Hieroglyphe
hieroglyphic *adj*	hieroglyphisch
hieroglyphics *n pl*	Hieroglyphen(schrift)
scribe *n*	Schreiber
writing *n*	Schrift
papyrus, *pl* **papyri** *n lat* [pəˈpaɪrəs / pəˈpaɪraɪ]	Papyrus(staude)
papyrus scroll *n*	Papyrusrolle
vizier *n* [vɪˈzɪə]	Wesir *(Minister)*
court official *n*	(Hof)Beamter
nomarch *n* [ˈnɒmɑːk]	Nomarch *(Provinzgouverneur)*

The Pharaoh

pharaoh *n* [ˈfeərəʊ]	Pharao
pharaonic *adj* [ˌfeəˈrɒnɪk]	pharaonisch
crook *n* [krʊk]	Krummstab
flail *n*	Geißel, Peitsche
wig *n*	Perücke
kerchief *n*	(Königs)Kopftuch
headdress *n*	Kopfbedeckung
double crown *n*	Doppelkrone
beard *n*	Bart
sphinx *n*	Sphinx
royal sceptre	königliches Zepter

Gods, Goddesses and Religion

Amon / Amun ['ɑ:mən] – Amon / Amun
Anubis [ə'nju:bɪs] – Anubis
Bastet – Bastet
Geb – Geb
Hathor ['hæθə] – Hathor
Horus ['hɔ:rəs] – Horus
Isis ['aɪsɪs] – Isis
Ma'at ['mɑ:æt] – Maat
Mut ['mu:t] – Mut
Osiris [əʊ'saɪrɪs] – Osiris
Ptah [tɑ:] – Ptah
Re / Ra ['reɪ / rɑ:] – Re / Ra
Set – Set / Seth
Thoth [θəʊθ] – Thot

to weigh a person's heart against the Feather of Truth das Herz einer Person mit der Feder der Wahrheit aufwiegen

Pyramids

mastaba *n*	Mastaba, Schachtgrab
pyramid *n* ['pɪrəmɪd]	Pyramide
step pyramid	Stufenpyramide
ramp *n*	Rampe
sledge *n*	Schlitten
timber *n*	Holz, Holzstück
capstone *n*	Schlussstein
surveyor *n* [sə'veɪə]	Landvermesser
architect *n*	Architekt
stone-cutter / mason *n*	Steinmetz
foreman *n*	Aufseher, Vorarbeiter

mud and brick ramps Rampen aus Lehm und Ziegelsteinen
to pull stone blocks on wooden sledges Steinblöcke auf Holzschlitten ziehen
to haul stone blocks up a series of ramps Steinblöcke über eine Reihe von Rampen ziehen
to cover the pyramid in white limestone casing blocks die Pyramide mit einer Verkleidung aus Kalksteinen bedecken
to dismantle the ramps die Rampen abbauen

Death

Book of the Dead *n*	Totenbuch
judgement of the dead	Totengericht
burial cult / funeral cult *n*	Totenkult
burial chamber *n*	Grabkammer

sarcophagus *n* [sɑːˈkɒfəgəs]	Sarkophag, Prunksarg
tomb *n* [tuːm]	Grab
tomb robber	Grabräuber
shaft *n*	Schacht
mummy *n*	Mumie
mummification *n*	Mumifizierung
embalming *n* [ɪmˈbɑːmɪŋ]	Einbalsamierung
embalmer *n* [ɪmˈbɑːmə]	Einbalsamierer
spice *n*	Gewürz
canopic jar / canopic vase *n*	Kanope *(Krug zur Bestattung der Eingeweide von Mumien)*
linen / linen cloth *n* [ˈlɪnən]	Leinen / Leintuch
natron *n* [ˈneɪtrən]	Natron
resin *n* [ˈrezɪn]	Harz
shabti *n* [ˈʃɑːbti]	Uschebti *(mumienförmiges Figürchen als Grabbeigabe)*
unguent *n* [ˈʌŋgwənt]	Salbe
cartouch(e) *n* [kɑːˈtuːʃ]	Kartusche *(schildartige Fläche zur Aufnahme von Inschriften)*

eternal life ewiges Leben

life after death Weiterleben nach dem Tod

to preserve the bodies of the dead die Körper der Toten konservieren

to embalm sb [ɪmˈbɑːm]/ **to mummify sb** jdn einbalsamieren, mumifizieren

to remove / to take out the inner / internal organs (liver / lungs / stomach / intestines) die inneren Organe (Leber / Lunge / Magen / Eingeweide) entfernen / herausnehmen

to wrap the organs and store them in canopic jars die Organe einwickeln und in Kanopen aufbewahren

to coat the body with natron crystals to preserve it den Körper mit Natron einreiben, um ihn zu konservieren

opening of the mouth ritual / opening of the mouth ceremony Zeremonie der Mundöffnung

to wrap the body in bandages den Körper mit Bandagen umwickeln

to bandage the body in linen / to wrap the body in linen strips den Körper mit Leinentüchern umwickeln

to decorate the coffin den Sarg schmücken

GREECE

Geography and People	
Aegean Sea [iː'dʒiːən] – Ägäisches Meer	**Agamemnon** – Agamemnon
Asia Minor [ˌeɪʒə'maɪnə] – Kleinasien	**Alexander** – Alexander
Athens ['æθənz] – Athen	**Archimedes** [ˌɑːkɪ'miːdiːz] – Archimedes
Attica – Attika	**Aristophanes** [ˌærɪs'tɒfəniːz] – Aristophanes
Black Sea – Schwarzes Meer	**Aristotle** ['ærɪstɒtl] – Aristoteles
Boeotia [bi'eʊʃə] – Boeotia	**Cleisthenes** ['klaɪsθəniːz] – Kleisthenes
Corinth – Korinth	**Cyrus** ['saɪərəs] – Kyros
Crete [kriːt] – Kreta	**Darius** [də'raɪəs] – Darius, Dareios
Cyclades Islands ['saɪklədiːz] – Kykladen	**Democritus** [dɪ'mɒkrɪtəs] – Demokrit
Delphi ['delfaɪ] – Delphi	**Draco** ['dreɪkəʊ] – Drakon
Ephesus – Ephesos	**Epicurus** [ˌpɪ'kjʊərəs] – Epikur
Epirus [e'paɪrəs] – Epeiros	**Euclid** ['juːklɪd] – Euklid
Greece – Griechenland	**Helen** – Helena
Halicarnassus [ˌhælɪkɑː'næsəs] – Halikarnassos	**Herodotus** – Herodot
Knossos ['knɒsɒs] – Knossos	**Hippocrates** [hɪ'pɒkrətiːz] – Hippokrates
Macedon / Macedonia – Makedonien	**Homer** ['həʊmə] – Homer
Magna Graecia [ˌmægnə'griːʃə] – Magna Graecia	**Leonidas** [li'ɒnɪdæs] – Leonidas
Mediterranean Sea – Mittelmeer	**Menelaus** [ˌmenɪ'leɪəs] – Menelaos
Miletus [maɪ'lɪːtəs] – Milet	**Miltiades** [mɪl'taɪədiːz] – Miltiades
Mycenae [maɪ'siːni] – Mykene	**Minotaur** ['maɪnətɔː] – Minotaurus
Olympia – Olympia	**Paris** – Paris
Olympus – Olymp	**Pisistratus** [paɪ'sɪstrətəs] – Peisistratos
Persia ['pɜːʒə] – Persien	**Pericles** ['perɪkliːz] – Perikles
Peloponnese ['peləpəniːz] – Peloponnes	**Plato** ['pleɪtəʊ] – Plato
Pergamon / Pergamum ['pɜːgəməm] – Pergamon	**Pythagoras** [paɪ'θægərəs] – Pythagoras
Rhodes [rəʊdz] – Rhodos	**Socrates** ['sɒkrətiːz] – Sokrates
Sparta – Sparta	**Solon** – Solon
Thebes [θiːbz] – Theben	**Sophocles** ['sɒfəkliːz] – Sophokles
Thessaly ['θesəli] – Thessalien	**Themistocles** [θə'mɪstəkliːz] – Themistokles
Thrace [θreɪs] – Thrakien	**Thucydides** [θjuː'sɪdɪdiːz] – Thukydides
Tiryns ['tɪərɪnz] – Tiryns	**Ulysses** ['juːlɪsiːz] – Odysseus
Troy – Troja	**Xenophon** ['zenəfən] – Xenophon
	Xerxes ['zɜːksiːz] – Xerxes

Greek *adj; n* griechisch; Grieche, Griechin; Griechisch

Early History

Indo-European *adj; n*	indoeuropäisch; Indoeuropäer
Aeolian *adj; n* [iːˈəʊliən]	äolisch; Äol(i)er, Äol(i)erin
Dorian *adj; n*	dorisch; Dorer
Doric *adj*	dorisch
Ionian *adj, n* [aɪˈəʊniən]	ionisch; Ionier
Ionic *adj* [aɪˈɒnɪk]	ionisch

Dorian migration Dorische Wanderung
Aegean civilization Ägäische Kultur

Periods in Greek History

the Dark Ages – das dunkle Zeitalter
the Archaic Period / the Archaic Age – die archaische Periode / Zeit, Frühzeit
the Classical Period / the Classical Age – das klassische Zeitalter, klassische Zeit
the Hellenistic Period / the Hellenistic Age – das hellenistische Zeitalter, Hellenismus

The Trojan War

Iliad *n* [ˈɪlɪæd]	Ilias
Odyssey *n* [ˈɒdɪsi]	Odyssee
Trojan *adj; n* [ˈtrəʊdʒən]	trojanisch; Trojaner

the Trojan War der Trojanische Krieg
the Trojan Horse das Trojanische Pferd

Minoan Crete

Cretan *n* [ˈkriːtən]	Kreter
Minoan *adj; n*	minoisch; Minoer
script / writing *n*	Schrift
Linear A *n* [ˈlɪniə]	Linear A
throne room *n*	Thronsaal
bull *n*	Bulle
horn *n*	Horn
double-headed axe *n*	Doppelaxt, Axt mit doppeltem Blatt
labyrinth / maze *n* [ˈlæbərɪnθ]	Labyrinth, Irrgarten

Palace of Knossos Palast von Knossos
Minoan civilization minoische Kultur
bull-leaping ritual ritueller Sprung über einen Stier

The Mycenaeans

Mycenaean *adj; n* [maɪ'si:niən]	mykenisch; Mykener
citadel *n* ['sɪtədel]	Zitadelle
Linear B *n*	Linear B
Linear B script / Linear B writing	Linear B Schrift
tomb *n* [tu:m]	Grabmal
shaft tomb / shaft grave	Schachtgrab
domed tomb / domed grave	Kuppelgrab

Lion Gate Löwentor

The Scythians

Scythian *adj; n* ['sɪðiən]	skytisch; Skyte
sacrifice *n* ['sækrɪfaɪs]	Opfer
human sacrifice	Menschenopfer
horse sacrifice	Pferdeopfer

Greek Colonial Expansion

colony *n*	Kolonie
agricultural colony	Ackerbaukolonie
daughter-city *n*	Tochterstadt
Hellene / Greek *n* ['heli:n]	Hellene
Hellenic *adj* [hel'i:nɪk]	hellenisch
barbarian *adj; n*	barbarisch; Barbar

Greek colonial expansion griechische Kolonisation
Greek colonies griechische Kolonien
Hellenic language group hellenische Sprachgruppe

Polis

polis, *pl* **poleis** *n*	Polis, Stadtstaat
city state *n*	Stadtstaat
city wall *n*	Stadtmauer
temple *n*	Tempel
agora *n*	Agora, Versammlungsplatz
acropolis *n* [ə'krɒpəlɪs]	Akropolis
the Acropolis	die Akropolis

Sparta

Spartan *adj; n*	spartanisch; Spartaner, Spartiat
Lacedaemonian *adj* [ˌlæsədɪˈməʊniən]	spartanisch
hoplite *n* [ˈhɒplaɪt]	Hoplit, Fußsoldat
warrior *n*	Krieger
phalanx, *pl* **phalanxes** *n* [ˈfælæŋks(iz)]	Phalanx *(geschlossene Schlachtreihe des Fußvolks)*
perioikos, *pl* **perioikoi** *n* [peˈri:ɔɪkɒs, peˈri:ɔɪkɔɪ]	Periöke, „Umwohner" *(politisch rechtloser Bewohner Spartas)*
helot *n* [ˈhelət]	Helot, Staatssklave
slave *n*	Sklave
ephor *n* [ˈefə]	Ephor *(einer der fünf höchsten Beamten Spartas)*
ephorate / ephorality *n*	Ephorenamt, Ephorat
gerousia *n* [gerʊˈsi:ə]	Rat der Alten, Gerusia

Peloponnesian League	Peloponnesischer Bund

Athens

Athenian *adj; n* [ˈəθi:niən]	athenisch; Athener
Attic *adj; n*	attisch; Attisch
full citizen *n*	Vollbürger
metic *n*	Metöke *(ortsansässiger Fremder ohne politische Rechte)*
aristocrat *n* [ˈærɪstəkræt]	Adeliger
aristocracy *n* [ˌærɪsˈtɒkrəsi]	Adelsherrschaft
oligarchy *n* [ˈɒlɪgɑ:ki]	Oligarchie *(Herrschaft einer kleinen Gruppe)*
democracy *n*	Demokratie *(Volksherrschaft)*
tyranny *n*	Tyrannis, Gewaltherrschaft
tyrant *n* [ˈtaɪrənt]	Tyrann, Gewaltherrscher
Areopagus *n* [ˌæriˈɒpəgəs]	Areopag
council *n*	(Adels)Rat
ecclesia *n* [ɪˈkli:zɪə]	Ekklesie
assembly *n*	(Volks)Versammlung
councillor *n*	Ratsmitglied
archon *n* [ˈɑ:kən]	Archon(t)
polemarch *n* [ˈpɒləmɑ:k]	Polemarch
ephebe / ephebus *n* [ˈefi:b / ɪˈfi:bəs]	Ephebe *(wehrfähiger junger Mann)*
strategos, *pl* **strategoi** *n* [ˌstræteɪˈgɒs]	Stratege, oberster Heerführer
demagogue *n*	Demagoge, Volksverführer

attendance fees *n pl*	Diäten, Tagegeld
ostrakon *n*	Ostrakon, Tonscherbe
deme *n* ['di:m]	Deme / Demos, *pl* Demen *(Verwaltungseinheit)*
trittys, *pl* **trittyes** *n*	Trittye *(Verwaltungseinheit)*
phyle, *pl* **phylae** *n* [faɪl, 'faɪli:]	Phyle *(Verwaltungseinheit)*
phratry, *pl* **phratries** *n* ['frætri]	Phratrie *(Verwaltungseinheit)*
prytany, *pl* **prytanies** *n*	Prytanie *(50 Ratsherren)*
debt servitude / peonage *n* ['pi:ənɪdʒ]	Schuldknechtschaft
debt slave *n*	Schuldsklave

Council of Four Hundred Rat der 400
Council of Five Hundred Rat der 500
ostracism / judgement by shards Ostrazismus, Scherbengericht
Draconian law code drakonische Gesetze
Solonic reforms / Solon's reforms Reformen des Solon
four propertied classes vier Vermögensklassen
to ostracize sb ['ɒstrəsaɪz] jdn (durch das Scherbengericht) verbannen

Persia and the Greeks

Persian *adj; n* ['pɜ:ʒən]	persisch; Perser
Achaemenid *adj; n* [ə'ki:mənɪd]	achämenidisch; Achämenide
Mede *adj; n* [mi:d]	medisch; Meder
Chaldean *adj; n* [kæl'di:ən]	chaldäisch; Chaldäer
satrap *n* ['sætræp]	Satrap *(Statthalter)*
satrapy *n*	Satrapie *(Amt des Statthalters)*
trireme *n* ['traɪri:m]	Triere, Dreiruderer

Persian Empire persisches Reich
Ionian revolt Ionischer Aufstand
Greek-Persian Wars / Greco-Persian Wars / Persian Wars Perserkriege *(490-449 / 448 v. Chr.)*
Battle of Marathon Schlacht bei Marathon *(490 v. Chr.)*
Battle of Thermopyle Schlacht bei den Thermopylen *(480 v. Chr.)*
(naval) Battle of Salamis Seeschlacht bei Salamis *(480 v. Chr.)*
Delian League Attischer Seebund, Attisch-Delischer Seebund *(477-404 v. Chr.)*

Peloponnesian War

Peloponnesian *adj; n* [ˌpeləpə'ni:ʃn]	peloponnesisch; Peloponneser
Theban *n* ['θi:bən]	Thebaner

Peloponnesian War Peloponnesischer Krieg
(Second) Athenian Naval League (Zweiter) Attischer Seebund *(378-354 v. Chr.)*

Alexander the Great

Macedonian *adj; n*	makedonisch; Makedonier

Battle of Chaeronea [ˌkerə'niə] Schlacht von Chaironeia *(338 v. Chr.)*
Battle of (the) Granicus [grə'naɪkəs] Schlacht am Granikos *(334 v. Chr.)*
Battle of Issos Schlacht bei Issos *(333 v. Chr.)*
Battle of Gaugamela [ˌgɔ:gə'mi:lə] Schlacht bei Gaugamela *(331 v. Chr.)*
mass wedding at Susa Massenhochzeit von Susa *(324 v. Chr.)*
Gordian knot [ˌgɔ:diən'nɒt] Gordischer Knoten

The Hellenistic World

Hellenism *n* ['helɪnɪzm]	Hellenismus
Hellenistic *adj* [ˌhelɪ'nɪstɪk]	hellenistisch
Diadochi *n pl* [daɪ'ædəkaɪ]	Diadochen *(Nachfolger Alexanders d. Großen)*
successor *n*	Nachfolger
successor kingdom	Nachfolgestaat
successor dynasty	Nachfolgedynastie
Ptolemies *n pl* ['tɒləmiz]	Ptolemäer, Ptolemaier
Seleucids *n pl* [sɪl'ju:sɪdz]	Seleukiden
Antigonids *n pl* [æn'tɪgənɪdz]	Antigoniden
Grecian *adj; n* ['gri:ʃn]	griechisch; Grieche
Gr(a)eco-Roman *adj*	griechisch-römisch

the wars of the Diadochi Diadochenkriege *(322-315 v. Chr.)*
Grecian profile griechisches Profil
Gr(a)eco-Roman culture griechisch-römische Kultur

Poetry and Music

elegy *n* ['elədʒi]	Elegie, Klagelied
elegiac poem *n* [ˌelɪ'dʒaɪæk]	elegisches Gedicht
hymn *n* [hɪm]	Hymne, Festgesang, Lobgesang
iambus *n* [aɪ'æmbəs]	Iambus
iambic poem *n* [aɪ'æmbɪk]	Gedicht im jambischen Versmaß
hexameter *n* [hek'sæmɪtə]	Hexameter
pentameter *n* [pen'tæmɪtə]	Pentameter
couplet *n* ['kʌplɪt]	Verspaar

metre *n*	Metrum
lyre *n*	Lyra
aulos *n*	Aulos, Flöte
harp *n*	Harfe
kithara *n* [ˈkɪθərə]	Kithara

Architecture

pillar *n*	Säule
column *n* [ˈkɒləm]	Säule (z.B. an Tempeln)
capital *n*	Kapitell
frieze *n* [friːz]	Fries
pediment *n* [ˈpedɪmənt]	Ziergiebel
mural (painting) / wall painting *n*	Wandgemälde

Doric / Ionic / Corinthic style dorischer / ionischer / korinthischer Stil
Ionic order ionische Säulenordnung
Doric frieze dorisches Fries

Religion

Olympian *adj; n*	olympisch; Olympier
underworld *n*	Unterwelt
Styx (River) *n*	Styx
ferryman *n*	Fährmann
oracle *n*	Orakel
seer *n*	Seher
tripod *n* [ˈtraɪpɒd]	Dreifuß
fumes *n pl*	Dämpfe
mystery cult *n*	Mysterienkult
initiation *n* [ɪˌnɪʃiˈeɪʃn]	Initiation *(Aufnahme in eine Gemeinschaft)*
initiation rite	Initiationsritus
initiate *n; v* [ɪˈnɪʃiət; ɪˈnɪʃieɪt]	Initiant; initiieren
pomegranate *n* [ˈpɒmɪˌgrænɪt]	Granatapfel
omen *n*	Omen, Vorzeichen

Panhellenic sanctuaries panhellenische Heiligtümer
mysteries at Eleusis / Eleusinian mysteries Eleusinische Mysterien
the Delphic Oracle das Orakel von Delphi
a cleft in the rocks eine Erdspalte
to give oracles in a trance Orakel unter Trance geben

Gods, Goddesses, Seers and Creatures of the Underworld

Aeolus ['i:ələs] – Äolus
Aphrodite [ˌæfrə'daɪti] – Aphrodite
Apollo – Apollo
Ares ['eəri:z] – Ares
Artemis – Artemis
Asclepius [ə'skli:piəs] – Asklepios
Athene / Athena [ə'θi:ni / ə'θi:nə] – Athene
Cerberus – Zerberus
Charon ['keərən] – Charon
Cronos / Kronos ['krəʊnɒs] – Kronos
Demeter [dɪ'mi:tə] – Demeter
Dionysos [ˌdaɪə'naɪsəs] – Dionysos
Eris – Eris
Eros [ɪə'rɒs] – Eros
Gaea / Gaia [dʒi:ə / gəɪə] – Gäa
Hades ['heɪdi:z] – Hades
Hera – Hera
Heracles / Hercules ['herəkli:z / 'hɜ:kjəli:z] – Herkules
Hermes ['hɜ:mi:z] – Hermes
Hephaestus / Hephaistos [hɪ'fi:stəs / hɪ'faɪstəs] – Hephaistos
Hestia – Hestia
Morpheus ['mɔ:fiəs] – Morpheus
Nike ['naɪki] – Nike
Nemesis – Nemesis
Persephone [pɜ:'sefəni] – Persephone
Pluto – Pluto
Poseidon [pə'saɪdən] – Poseidon
Pythia ['pɪθiə] – Pythia
Tartarus – Tartarus
Uranus – Uranos
Zeus [zju:s] – Zeus

The Olympic Games in Antiquity

Olympiad *n*	Olympiade
treasury *n* ['treʒəri]	Schatzhaus
laurel wreath *n* [ri:θ]	Lorbeerkranz
olive wreath *n*	Kranz aus Olivenzweigen
palm branch *n*	Palmenzweig
ribbon *n*	Band
herald *n*	Herold
truce *n*	Waffenruhe
libation *n* [laɪ'beɪʃn]	Libation, Trankopfer
gymnasium *n* [dʒɪm'neɪziəm]	Gymnasium, Sportanlage
stadion *n*	Stadion, Kampfbahn; Längenmaß
hippodrome *n*	Hippodrom, Pferderennbahn
athlete *n*	Athlet
spectator *n*	Zuschauer
chariot *n* ['tʃæriət]	(zweirädriger) Streitwagen / Triumphwagen
chariot race	Wagenrennen
charioteer *n* [ˌtʃæriə'tɪə]	Wagenlenker
javelin *n* ['dʒævəlɪn]	Speer
javelin throwing	Speerwerfen, Speerwurf
discus *n*	Diskus

torch *n*	Fackel
track *n*	(Lauf/Renn)Bahn
horse races *n pl*	Pferderennen
pankration *n* [pæn'kreɪʃiən]	Pankration *(Ring-und Faustkampf)*
boxing *n*	Boxen
running *n*	Laufen
wrestling *n* ['reslɪŋ]	Ringen
jumping *n*	Weitsprung

temple of Zeus Zeustempel
the Olympic Games die Olympischen Spiele
the Olympic flame das olympische Feuer
sacred grounds ['seɪkrɪd] heiliger Bezirk
All wars had to cease. Alle Kriege / Kriegshandlungen mussten eingestellt werden.
pentathlon (running, jumping, wrestling, throwing the javelin and the discus) [pen'tæθlɒn] Fünfkampf (Laufen, Weitsprung, Ringen, Speerwerfen und Diskuswerfen)
to hold Olympic Games in honour of Zeus Olympische Spiele zu Ehren von Zeus veranstalten
to rub one's body with oil seinen Körper einölen
to compete with / to compete against sb gegen jdn kämpfen

Science and Philosophy

philosophy *n* [fɪ'lɒsəfi]	Philosophie
philosopher *n* [fɪ'lɒsəfə]	Philosoph
Pythagorean *n* [paɪˌθægə'ri:ən]	Pythagoräer
Epicurean *n* [ˌepɪkjʊə'ri:ən]	Epikuräer
rhetoric *n* ['retərɪk]	Rhetorik, Redekunst
rhetor / orator *n* ['ri:tɔ: / 'ɒrətə]	Rhetor, Redner
hemlock *n*	Schierling
sophist *n* ['sɒfɪst]	Sophist

Hippocratic oath [ˌhɪpə'krætɪk 'əʊθ] Eid des Hippokrates
the cup of hemlock der Schierlingsbecher

Theatre

chorus *n*	Chor
actor *n*	Schauspieler
mask *n*	Maske
satyr *n* ['sætə]	Satyr *(Begleiter des Dionysos)*

silenus *n* [saɪ'li:nəs]	Silenus *(Fabelwesen der griechischen Sage)*
tragedy *n*	Tragödie, Trauerspiel
comedy *n*	Komödie
satyr play *n*	Satyrspiel
prologue *n*	Prolog
scene *n*	Szene
catharsis *n* [kə'θɑ:sɪs]	Katharsis, Läuterung
cult of Dionysos [ˌdaɪə'naɪsəs]	Dionysoskult

ROME

Geography and People

(the) Adriatic Sea [ˌeɪdri'ætɪk] – Adria
Aeneas [i:'ni:əs] – Aeneas
Africa – Africa
Antoninus Pius [ˌæntə'naɪnəs 'paɪəs] – Antoninus Pius
Appian Way – Via Appia, Appische Straße
Arabia – Arabien
Asia ['əɪʒə] – Asien
Asia Minor – Kleinasien
Augustus [ɔ:'gʌstəs] – Augustus
Aventine Hill ['ævəntaɪn] – Aventin
Bethlehem ['beθlɪhem] – Bethlehem
Britannia / Britain – Britannien
Brutus – Brutus
Caelian Hill ['si:lɪən] – Caelius
Caligula [kə'lɪgjʊlə] – Caligula
Capitoline Hill [kə'pɪtəlaɪn]- Kapitol
Carthage ['kɑ:θɪdʒ] – Karthago
Cato ['keɪtəʊ] – Cato
Catullus – Catull
Cicero ['sɪsərəʊ] – Cicero
Claudius ['klɔ:diəs] – Claudius
Constantine ['kɒnstəntaɪn] – Konstantin
Corsica – Korsika
Crassus – Crassus
Cyprus ['saɪprəs] – Zypern
Dacia ['deɪsiə] – Dakien
Danube (River) ['dænju:b] – Donau
Diocletian [ˌdaɪə'kli:ʃn] – Diokletian
Domitian [dəʊ'mɪʃn] – Domitian
the Eastern Roman Empire / the Byzantine Empire [bɪ'zæntaɪn] **/ the Empire of the East** – Ostrom
Elbe (River) – Elbe
Esquiline Hill ['eskwɪlaɪn] – Esquilin
Etruria – Etrurien
Gaius Julius Caesar ['si:ʒə] – Gaius Julius Caesar
Gaul [gɔ:l] – Gallien
Germania [dʒə'meɪniə] **/ Germany** – Germanien
Hadrian – Hadrian
Herculaneum [ˌhɜ:kjə'leɪniəm] – Herkulaneum
Herod (the Great) – Herodes (der Große)
Horace ['hɒrɪs] – Horaz
Italia – Italia
Jesus Christ [ˌdʒi:zəs 'kraɪst] – Jesus Christus
Julian – Julian
Latium ['leɪʃiəm] – Latium
Livy ['lɪvɪ] – Livius
Marcus Aurelius – Mark Aurel
Marius – Marius
Mark Antony – Mark Anton, Marcus Antonius
Nazareth ['næzərəθ] – Nazareth

Nero – Nero
Ostia – Ostia
Ovid ['ɒvɪd] – Ovid
Palatine Hill – Palatin
Pliny ['plɪni] – Plinius
Pompeii – Pompeji
Pompey – Pompeius
Pontius Pilate [ˌpɒntɪəs 'paɪlət] – Pontius Pilatus
Ptolemy ['tɒləmi] – Ptolemaeus V.
Quirinal Hill ['kwɪrɪnəl] – Quirinal
Remus ['ri:məs] – Remus
Rhine (River) – Rhein
Roma / Rome – Rom
Romulus ['rɒmjʊləs] – Romulus
Rubicon (River) – Rubikon
Sardinia – Sardinien
Septimius Severus – Septimius Severus
Sicily ['sɪsɪli] – Sizilien
Spain – Spanien
Strait of Gibraltar [dʒɪ'brɔ:ltə] – Straße von Gibraltar
Suetonius [swɪ'təʊniəs] – Sueton
Sulla – Sulla
Tacitus ['tæsɪtəs] – Tacitus
Tarentum – Tarent
Tarquin the Proud – Tarquinius Superbus
Terence ['terəns] – Terenz
Teutoburg Forest – Teutoburger Wald
Tiber (River) ['taɪbə] – Tiber
Tiberius [taɪ'bɪəriəs] – Tiberius
Titus ['taɪtəs] – Titus
Trajan ['treɪdʒən] – Trajan
Troy – Troja
Vespasian [ves'peɪziən] – Vespasian
Vesuvius [vɪ'su:viəs] – Vesuv
Viminal Hill – Viminal
Virgil ['vɜ:dʒɪl]– Vergil
the Western Roman Empire / the Occidental Empire / the Empire of the West – Westrom

Roman *adj; n*	römisch; Römer
Latin *adj; n*	lateinisch; Latein; Latiner
ford *n*	Furt
peninsula *n* [pə'nɪnsjələ]	Halbinsel
the Roman Empire	das römische Weltreich

Legend

legend *n* ['ledʒənd]	Legende
legendary *adj*	legendär
she-wolf *n*	Wölfin
twins *n pl*	Zwillinge
shepherd *n*	Hirte
furrow *n*	(Acker)Furche
Sabine *n* ['sæbaɪn / 'seɪbaɪn]	Sabiner

the fall of Troy der Untergang Trojas
a legendary founder ein legendärer Gründer
the rape of the Sabine women der Raub der Sabinerinnen

Early History

Etruscan *adj; n*	etruskisch; Etrusker
tribe *n*	Tribus, Wahlbezirk
curia *n*	Curie / Curia *(Verwaltungseinheit)*
gens *n* [dʒenz]	Geschlecht, Familie, Sippenverband

The Early Republic

republic *n*	Republik
decemvir, *pl* **decemvirs / decemviri** *n Lat* [dɪ'semvə]	Decemvir, *pl* Decemvirn
ally *n* ['ælaɪ]	Bundesgenosse
alliance *n* [ə'laɪəns]	Bundesgenossenschaft
Samnite *adj; n* ['sæmnaɪt]	samnitisch; Samnite
Tarentian *n*	Tarentiner
Pyrrhic victory *n* [ˌpɪrɪk 'vɪktəri]	Pyrrhussieg

Code of the Twelve Tables / Law of the Twelve Tables Zwölftafelgesetz
Servian Wall Servianische Mauer
Battle of the Caudine Forks Schlacht an den Kaudinischen Pässen *(321 v. Chr.)*
Latin alliance Latinischer Städtebund
the secession of the plebeians der Auszug der Plebejer
the attack of the Gauls der Angriff der Gallier

Roman Expansion

The Punic Wars

Carthaginian *adj; n* [ˌkɑ:θə'dʒɪniən]	karthagisch; Karthager
Punic *adj*	punisch
fleet *n*	Flotte
pentere *n* [pen'tiə]	Pentere, „Fünfruderer"
corvus *n*	Enterbrücke
province *n* ['prɒvɪns]	Provinz
(war) elephant *n*	(Kriegs)Elefant
Seleucid *adj; n* [sɪl'ju:sɪd]	seleukidisch; Seleukide
Numidian *n*	Numider

the Punic Wars die Punischen Kriege *(3. und 2. Jahrhundert v. Chr.)*
the march over the Pyrenees [ˌpɪrə'ni:z] der Marsch über die Pyrenäen
Battle at Zama ['zeɪmə] Schlacht bei Zama *(202 v. Chr.)*
Seleucid / Numidian king Seleukiden- / Numiderkönig

The Balkans and Greece

the Macedonian Wars [ˌmæsɪˈdəʊniən] – die Makedonischen Kriege *(3. und 2. Jahrhundert v. Chr.)*
Achaean League [əˌki:ən ˈli:g] – Achäischer Bund *(280-146 v. Chr.)*
the Servile Wars [ˈsɜ:vaɪl] – die Sklavenkriege *(2. und 1. Jahrhundert v. Chr.)*
the sack of Corinth [ˈkɒrɪnθ] – die Plünderung von Korinth *(146 v. Chr.)*

Crisis and End of the Republic

latifundium, *pl* **latifundia** *n Lat* [ˌlætəˈfʌndiəm]	Latifundium, Landgut
land reform *n*	Landreform
agrarian laws *n pl*	Ackergesetzgebung
grain *n*	Getreide
optimates *n pl Lat* [ˌɒptiˈmɑ:teɪz]	Optimaten *(Mitglieder der Senatspartei)*
populares *n pl Lat* [ˌpɒpjʊˈlɑ:reɪz]	Popularen *(Mitglieder der Volkspartei)*
Cimbri *n pl* [ˈsɪmbri:, ˈkɪmbri:]	Kimbern
Teutons *n pl* [ˈtju:tənz]	Teutonen
military reform *n*	Heeresreform
Italic peoples *n*	Italiker
Parthian *adj; n* [ˈpɑ:θiən]	parthisch; Parther
proscription *n*	Proskription *(Ächtung politischer Gegner)*
triumvir, *pl* **triumvirs / triumviri** *n* [traɪˈʌmvə]	Triumvir, *pl* Triumvirn
triumvirate *n* [traɪˈʌmvɪrət]	Triumvirat
Celtic Gauls *n pl* [ˌkeltɪk ˈgɔ:lz]	Gallier
civil war *n*	Bürgerkrieg
assassin *n* [əˈsæsɪn]	Attentäter

the Gracchi [ˈgrækaɪ] die Gracchen
social tensions soziale Spannungen
War of the Allies / Social War Bundesgenossenkrieg *(91-88 v. Chr.)*
Ides of March [ˌaɪdz əv ˈmɑ:tʃ] die Iden des März *(15. März)*
the Battle of Actium [ˈæktiəm] die Schlacht bei Actium *(31 v. Chr.)*
Germanic / Gallic tribes germanische / gallische Stämme

The Roman Empire

empire *n*	Reich, Imperium
Augustan *adj*	den Kaiser Augustus betreffend, augusteisch
emperor *n*	Kaiser
adopted emperor	Adoptivkaiser
soldier emperor	Soldatenkaiser

co-emperor	Mitkaiser
princeps *n* [ˈprɪnseps]	Prinzeps
principate *n* [ˈprɪnsɪpət]	Prinzipat
Praetorian *adj; n* [priːˈtɔːriən]	prätorianisch; Prätorianer
Praetorian Guard *n*	Prätorianergarde
auxiliaries *n pl* [ɔːgˈzɪljɪəriz]	Hilfstruppe(n)
Rhine River frontier *n*	Rheingrenze
triumph *n*	Triumph(zug)
limes *n Lat* [ˈlaɪmiːz]	Limes
tetrarch *n* [ˈtetrɑːk]	Tetrarch
tetrarchy *n*	Tetrarchie
official religion / state religion *n*	Staatsreligion

Augustan age Augusteisches Zeitalter
Julian-Claudian emperors julisch-claudische Kaiser
the Battle of the Teutoburg Forest die Schlacht im Teutoburger Wald *(9 n. Chr.)*
the Flavian dynasty [ˈfleɪviən] die flavische Dynastie
the Great Fire of Rome der Brand von Rom *(64 n. Chr.)*
the Jewish revolt der jüdische Aufstand *(65-70; 73 n. Chr.)*
Hadrian's Wall Hadrianswall
the Milvian bridge die Milvische Brücke
Toleration Act / Edict of Toleration [ˈiːdɪkt] Toleranzedikt *(313 n. Chr.)*
the division of the empire die Reichsteilung *(395 n. Chr.)*
the sack of Rome by the Visigoths [ˈvɪzɪgɒθs] die Plünderung Roms durch die Westgoten *(410)*
the fall of the Roman empire der Untergang des Römischen Reiches
struggles over the succession Kämpfe um die Nachfolge
to weaken the economy die Wirtschaft schwächen
to push / to pour across the borders über die Grenzen vordringen
to level a city / to sack a city eine Stadt dem Erdboden gleichmachen

The Early Church

manger *n* [ˈmeɪndʒə]	Krippe
crucifixion *n* [ˌkruːsəˈfɪkʃən]	Kreuzigung
disciple *n* [dɪˈsaɪpl]	Jünger
follower *n*	Anhänger
catacomb *n* [ˈkætəkuːm]	Katakombe *(unterirdische Begräbnisanlage)*
apostle *n* [əˈpɒsl]	Apostel, Jünger Jesu
martyr *n* [ˈmɑːtə]	Märtyrer
Gentile *adj; n* [ˈdʒentaɪl]	nichtjüdisch

the Magi [ˈmeɪdʒaɪ] die Heiligen Drei Könige, die drei Weisen aus dem Morgenland
the Nativity Christi Geburt
the Last Supper das (Letzte) Abendmahl
New / Old Testament Neues / Altes Testament
Paul's epistles [ɪˈpɪslz] die Briefe des Paulus
the gospel according to Mark / Matthew / Luke / John das Evangelium nach Markus / Matthäus / Lukas / Johannes
the Revelation of John die Offenbarung nach Johannes
the persecution of the Christians die Christenverfolgung
to crucify sb [ˈkruːsɪfaɪ] jdn kreuzigen

Pompeii [pɒmˈpeɪi]

volcano *n* [vɒlˈkeɪnəʊ]	Vulkan
eruption *n*	Ausbruch
lava *n*	Lava
pumice *n* [ˈpʌmɪs]	Bimsstein

Social and Political Structure

citizen *n*	Bürger
citizenship *n*	Bürgerrecht
patrician *adj; n* [pəˈtrɪʃn]	patrizisch; Patrizier
patrician class	Patrizier *(Mitglied des altrömischen Adels)*
nobility *n*	Nobilität, Amtsadel
nobiles *n pl Lat* [ˈnəʊbileɪz]	Nobiles *(Angehörige der Nobilität)*
plebs *n Lat* [plebz]	Plebs *(einfaches Volk)*
plebeian *adj; n* [pləˈbiːən]	plebejisch; Plebejer
slave *n*	Sklave
manumission *n*	Freilassung
gens *n* [dʒenz]	Geschlecht, Familie, Sippenverband
pater familias *n Lat*	Familienvater, Hausvater, Paterfamilias
patronage *n* [ˈpeɪtrənɪdʒ]	Patronat *(Würde bzw. Amt eines Schutzherrn)*
patron [ˈpeɪtrən] / **patronus** *n Lat*	Patron, Schutzherr
clientele *n* [ˌkliːənˈtel]	Klientel *(Gesamtheit der von einem Patron Abhängigen)*
cliens *Lat* / **client** *n* [ˈkliːəns / ˈklaɪənt]	Klient *(von einem Schutzherrn Abhängiger)*

limited citizenship eingeschränktes Bürgerrecht
to grant Roman citizenship das römische Bürgerrecht verleihen
to extend Roman citizenship das römische Bürgerrecht erweitern / ausdehnen
to give political and social support politische und soziale Unterstützung leisten
to receive financial and legal protection finanziellen und rechtlichen Schutz erhalten

Offices of Government

consul *n Lat*	Konsul
proconsul *n Lat*	Prokonsul
dictator *n Lat*	Diktator
eques, *pl* **equites** *n Lat*	Reiter, Ritter
quaestor ['kwi:stə], **quaestores** *n Lat*	Quästor, *pl* Quästoren
aedile, *pl* **aediles** *n Lat* ['i:daɪl/z]	Ädil, *pl* Ädilen
censor *n Lat*	Zensor
senate *n*	Senat
senator *n Lat*	Senator
praetor *n Lat* ['pri:tə]	Prätor
propraetor *n Lat*	Proprätor
governor *n*	Statthalter
Popular Assembly *n*	Volksversammlung
tribune (of the plebs) *n*	(Volks)Tribun
imperator *n Lat* [ˌɪmpə'rɑ:tɔ:]	Imperator
lictor *n Lat*	Liktor *(Amtsdiener; Begleiter der altrömischen Beamten)*
fasces *n Lat* ['fæsi:z]	Rutenbündel mit Beil, Faszes

Assembly of the Curiae ['kju:ri:aɪ] / **Curiate Assembly** Kuriatkomitien
Assembly of the Centuries / Centuriate Assembly Zenturiatkomitien
Assembly of the Tribes / Tribal Assembly Tributkomitien

The Roman Military

legion *n* ['li:dʒən]	Legion
legionary / legionnaire *n* ['li:dʒənri / ˌli:dʒə'neə]	Legionär
cohort *n* ['kəʊhɔ:t]	Kohorte
maniple *n* ['mænɪpl]	Manipel
century *n*	Zenturie
auxilia *n pl* [ɔ:k'sɪlɪə]	Hilfstruppen

centurion *n* [sen'tjʊəriən]	Zenturio
optio *n*	Optio
signifer ['sɪgnɪfə] / **standard-bearer** *n*	Standartenträger
(period of) service *n*	Dienstzeit
contubernium, *pl* **contubernia** *n Lat*	Contubernium, Schlafgemeinschaft
detachment *n*	Abteilung

Campus Martius ['mɑːʃəs] / **Field of Mars**	Märzfeld, Marsfeld

The Army Camp

camp *n*	Lager
marching camp	Marschlager
temporary camp	Übergangslager, provisorisches Lager
castel(l)et / castellum *n Lat*	Kastell
tent *n*	Zelt
trench / ditch *n*	Graben
stake *n*	Pfahl, Pfosten
mound *n*	Hügel
fence *n*	Zaun

War Engines and Military Tactics

war engine *n*	Kriegsmaschine
ballista *n Lat*	Wurfgeschütz
chariot *n* ['tʃærɪət]	Streitwagen
rostrum *n Lat*	Rammsporn
scorpio *n*	Pfeilgeschütz, Pfeilkatapult
siege tower *n* [siːdʒ]	Belagerungsturm
testudo formation *n* [tes'tjuːdəʊ]	Schildkrötenformation

The Uniform of a Roman Legionary

uniform *n*	Uniform
armour *n*	Rüstung
scutum *Lat* ['skjuːtəm] / **shield** *n*	Schild
gladius *n Lat* ['glædiəs]	Kurzschwert
spatha *Lat* / **sword** *n* ['spɑːtɑː / sɔːd]	Schwert
pugio *Lat* / **dagger** *n* ['pjuːgiəʊ]	Dolch
pilum *n Lat* ['piːləm]	Wurflanze
sagum *Lat* / **cloak** *n* ['sɑːgəm]	Umhang, Mantel
cassis *Lat* / **helmet** *n*	Helm

spear *n*	Speer
scarf *n*	Tuch
tunic *n*	Tunika
groin guard *n*	Lendenschurz
sandal *n*	Sandale
leg-protector / greaves *n*	Beinschutz

Religion

auspice, *pl* **auspices** *n* ['ɔ:spɪs(ɪz)]	Auspizium, Vogelschau
augur *n* ['ɔ:gə]	Augur, Vogelschauer und Priester
pontifex maximus *n Lat*	Pontifex Maximus, Oberster Priester

lares and penates ['leəri:z / pen'ɑ:teɪz] Laren und Penaten
vestal virgin Vestalin
to examine the entrails of sacrificed animals die Eingeweide von Opfertieren untersuchen

Roman Gods and Goddesses

Apollo – Apollo
Aurora – Aurora
Bacchus ['bækəs] – Bacchus
Ceres ['sɪəri:z] – Ceres
Diana [daɪ'ænə] – Diana
Furies – Furien
Juno – Juno
Jupiter – Jupiter
Mars – Mars
Mercury – Merkur
Minerva – Minerva
Mithras ['mɪθrəs] – Mithras
Neptune ['neptju:n] – Neptun
Pluto – Pluto
Venus ['vi:nəs] – Venus
Vesta – Vesta
Victoria – Victoria
Vulcan – Vulcanus

Bathing

bathhouse *n*	Badehaus
bather *n*	Badender
strigil *n* ['strɪdʒɪl]	Strigilis, Schabeisen, Schaber
scraper *n*	Schaber
unctorium *n Lat*	Salbraum
hypocaust *n* ['haɪpəʊkɔ:st]	Hypokausten *(Unterbodenheizung)*
hot steam *n*	Wasserdampf
cistern *n* ['sɪstən]	Zisterne
aqueduct *n* ['ækwɪdʌkt]	Aquädukt

public baths öffentliche Bäder
Roman baths / thermae ['θɜːmiː] römische Thermen
apodyterium / changing room Auskleideraum, Umkleideraum
caldarium / hot room Warmbad
sudatorium / laconicum / hot and dry room Schwitzbad
tepidarium / lukewarm room Laubad
frigidarium / cold room Kaltbad
hypocaust (heating) system Hypokaustenheizung
underfloor heating system Fußbodenheizung
to undress in a changing room sich in der Umkleide(kabine) ausziehen
to get a massage ['mæsɑːʒ] sich massieren lassen
to rub oil on one's body seinen Körper einölen
to scrape dirt off one's body with a strigil sich mit einem Strigilis Schmutz vom Körper schaben
to exercise in the gymnasium in der Sporthalle trainieren
to plunge into the pool ins Schwimmbecken springen
to circulate hot air under the floor / through the walls heiße Luft unter dem Boden / durch die Wände zirkulieren lassen
to heat water in a boiler Wasser in einem Warmwasserbereiter erhitzen

Fun and Games

coliseum / colosseum *n* [ˌkɒlə'siːəm]	Amphitheater, großes Theater; Kolosseum (Rom)
gladiator *n* ['glædieɪtə]	Gladiator
amphitheatre *n* ['æmfɪˌθiːətə]	Amphitheater
chariot race *n*	Wagenrennen

Clothing

toga, *pl* **togas / togae** *n Lat*	Toga
toga virilis ['təʊgə və'riːlɪs]	Männer-Toga, Toga virilis
tunic *n* ['tjuːnɪk]	Tunika
cloak *n*	Mantel
sandals *n pl*	Sandalen
loin cloth *n*	Lendenschurz
stola *n*	Stola *(Obergewand für Frauen)*
palla *n*	Palla *(Frauenmantel)*

MIGRATION PERIOD

migration *n* [maɪ'greɪʃn]	Wanderung, Migration
Goth *n* [gɒθ]	Gote
West Goth / Visigoth ['vɪzɪgɒθ]	Westgote
East Goth / Ostrogoth ['ɒstrəʊgɒθ]	Ostgote
Visigothic *adj*	westgotisch
Visigothic kingdom	Westgotenreich
East Gothic / Ostrogothic *adj*	ostgotisch
East Gothic Empire / Ostrogothic Empire	Ostgotenreich
Hun *n*	Hunne
Hun empire	Hunnenreich
king of the Huns	Hunnenkönig
Hun attack	Hunnensturm
Teuton *adj; n* ['tju:tən]	teutonisch; Teutone
Vandal *adj; n* ['vændəl]	vandalisch; Vandale
Alan *adj; n* ['ælæn]	alanisch; Alane,
Suevi / Suebi *n pl* ['sweɪvi: / 'sweɪbi:]	Sueben, Sweben
Alemanni *n pl* [ˌælə'mænaɪ]	Alemannen / Alamannen
Burgundian *adj; n*	burgundisch; Burgunder
Thuringian *n* [θjʊə'rɪndʒiən]	Thüringer
Frisian *n* ['fri:ziən]	Friese

migration period Epoche der Völkerwanderung, Völkerwanderungszeit
the Germanic migrations / the Great Migration die (germanische) Völkerwanderung
Barbarian Invasions Einfälle der Barbaren, Völkerwanderung
Battle on the Catalaunian Plains Hunnenschlacht *(451 n. Chr.)*
the Burgundian kingdom das Burgunderreich *(443-534 n. Chr.)*
to migrate ['maɪgreɪt] (aus)wandern, fortziehen

BYZANTIUM

Geography and People

Bosphorus ['bɒsfərəs] - Bosporus
Bulgaria [bʌl'geəriə] - Bulgarien
Byzantium [bɪ'zæntiəm] - Byzanz
Constantinople - Konstantinopel
Eastern (Roman) Empire / Byzantine Empire / the Empire of the East -Byzantinisches Reich, Oströmisches Reich, Ostrom
the Golden Horn - das Goldene Horn
Mount Athos ['æθɒs] - der Berg Athos
Serbia ['sɜ:biə] - Serbien
Venice ['venɪs] - Venedig

Alaric ['ælərɪk] - Alarich
Alexios Komnenos - Alexios Komnenos

Basil ['bæzl] - Basil
Constantine ['kɒnstəntaɪn] - Konstantin
Heraclius - Heraklius
Honorius - Honorius
Irene ['aɪ'ri:n] - Irene
Justinian - Justinian
Manuel - Manuel
Nicephorus Phocas [naɪ'sefərəsz'fəʊkəs] - Nikephorus Phokas
Theodora [ˌθi:ə'dɔ:rə] - Theodora
Theodosius [ˌθi:ə'dəʊsiəs] - Theodosius
Theophano [ˌθiə'fɑ:nəʊ] - Theophano

Byzantine *adj; n* ['bɪzəntaɪn]	byzantinisch; Byzantiner

Early Byzantine Period (4th century to 9th century)

icon *n* ['aɪkən]	Ikone, Kultbild
iconoclasm *n* [aɪ'kɒnəˌklæzm]	Ikonoklasmus, Bildersturm
orthodox *adj* ['ɔ:θədɒks]	orthodox, rechtgläubig, streng gläubig
monasticism *n* [mə'næstɪsɪzm]	Klosterleben, Mönchstum

the division of the empire die Reichsteilung *(395 n. Chr.)*
the fall of the Western Empire der Untergang des weströmischen Reiches *(476 n. Chr.)*
Eastern Roman Emperor oströmischer Kaiser
Orthodox Christianity orthodoxes Christentum
the Nika Revolt der Nika-Aufstand *(532 n. Chr.)*
Hagia Sophia ['hɑ:dʒə səʊ'fi:ə] Hagia Sophia
the Code of Justinian Codex Justinianus *(6. Jahrhundert)*
the codification of Roman law die Kodifizierung (Sammlung) des römischen Rechts *(6. Jahrhundert)*
the Battle of (the River) Yarmuk die Schlacht am Yarmuk *(636 n. Chr.)*
Greek Fire griechisches Feuer
the Iconoclast Controversy der Bilderstreit *(8. / 9. Jahrhundert)*
to divide the empire das Reich teilen
to lay siege to Constantinople Konstantinopel belagern

Middle Byzantine Period (9th century to 13th century)

crusade *n* [kruːˈseɪd] Kreuzzug

Macedonian Renaissance [rəˈneɪsəns] Makedonische Renaissance *(9. bis 11. Jahrhundert)*
the Great Schism [ˈskɪzəm] das Große Schisma *(1054)*
the Battle of Manzikert die Schlacht von Manzikert *(1071)*
the Komnenian dynasty die komnenische Dynastie *(11. und 12. Jahrhundert)*
to attempt a reconquest of Asia Minor die Rückeroberung Kleinasiens versuchen
to ferry the crusaders across the Bosphorus die Kreuzfahrer über den Bosporus bringen

Late Byzantine Period (13th century to 1453)

Venetian *adj; n* [vəˈniːʃn]	venezianisch; Venezianer
Genoese *adj; n* [ˌdʒenəʊˈiːz]	genuesisch; Genueser
Hungarian *adj; n*	ungarisch; Ungar
Janissary / Janizary *n* [ˈdʒænɪsərɪ]	Janitschar, türkischer Soldat
strait *n*	Meerenge

the Fourth Crusade der 4. Kreuzzug *(1204)*
successor states Nachfolgestaaten
the siege and fall of Constantinople die Belagerung und der Fall Konstantinopels
the conquest of Byzantium Eroberung von Byzanz *(1453)*
to depend on the Italian Maritime Republics die italienischen Republiken
to build a powerful fortress eine mächtige Festung bauen
to be without hinterland ohne Hinterland sein
to be cut off from the maritime routes vom Seeweg abgeschnitten sein

THE OTTOMAN EMPIRE

Geography and People	
Anatolia – Anatolien **Istanbul** [ˌɪstænˈbʊl] – **Istanbul** **Bosphorus** [ˈbɒsfərəs] – Bosporus **Bulgaria** – Bulgarien	**Osman** [ɒzˈmɑːn] – Osman **Suleiman the Magnificent** [ˌsʊleɪˈmɑːn] – Suleiman der Prächtige

Turkic peoples *n pl*	Turkvölker
Seljuk *adj; n* [ˈseldʒuːk]	Seldschuken-; Seldschuke
Seljuk Turk	Seldschuke
Ottoman *adj; n* [ˈɒtəmən]	osmanisch; Osmane
sultan *n*	Sultan
sultanate *n*	Sultanat
vizier *n* [vɪˈzɪə]	Wesir
grand vizier	Großwesir

the Seljuk Empire das Reich der Seldschuken
the Ottoman Empire das Osmanische Reich
the Ottoman dynasty die Dynastie der Osmanen
the (Sublime) Porte die (Hohe) Pforte
the Field of the Blackbirds / the Plain of the Blackbirds Amselfeld
the Battle of Kosovo die Schlacht auf dem Amselfeld *(1389)*
the Battle of Lepanto die Schlacht bei Lepanto *(1571)*
the Battle of Vienna die Schlacht vor Wien *(1683)*
Greek War of Independence Griechischer Unabhängigkeitskrieg *(1821-1832)*
the Crimean War [kraɪˈmiːən] der Krimkrieg *(1853-1856)*
the Young Turks die Jungtürken
the Balkan Wars die Balkankriege *(1912 / 1913)*
the Armenian Genocide [ˈdʒenəsaɪd] der Völkermord an den Armeniern *(1915)*

❖ THE MIDDLE AGES

THE FRANKS

Frank *n*	Franke
Frankish *adj*	fränkisch
Gallo-Roman *adj; n*	galloromanisch; Gallorömer
law *n*	Gesetz, Recht
Germanic law	germanisches Recht
Frankish law	germanisch-fränkisches Recht
customary law	Gewohnheitsrecht
tribal law	Stammesrecht
tributary *n* ['trɪbjətəri]	Tributpflichtiger

the Frankish Empire das fränkische Reich, Frankenreich
the Frankish emperors die fränkischen Kaiser
the Frankish tribe der Stamm der Franken, Frankenstamm
Frankish nobility fränkischer Adel
Romanized Gaul romanisiertes Gallien
Roman governor römischer Statthalter
provincial governor Provinzstatthalter
tributary tribe tributpflichtiger Stamm

THE MEROVINGIANS (*c.* 486-751)

Geography and People

Austrasia – Austrien, Austrasien
Bohemia [bəʊ'hi:miə] – Böhmen
Burgundy – Burgund
Carinthia [kə'rɪnθiə] – Kärnten
Franconia – Franken
Neustria ['nju:striə] – Neustrien
Childerich / Childeric ['tʃɪldrɪk] – Childerich
Chlovis / Clovis ['kləʊvɪs] – Chlodwig, Chlodowech
Dagobert – Dagobert
Merovech ['merəvek] – Merovech, Merowech
Pepin / Pippin – Pippin
Saxony ['sæksəni] – Sachsen
Swabia ['sweɪbiə] – Schwaben
Thuringia [θjʊə'rɪndʒiə] – Thüringen

Merovingian *adj; n*	merowingisch; Merowinger
Neustrian *adj*	zu Neustrien gehörend, neustrisch
charisma *n* [kə'rɪzmə]	Charisma, Königsheil
Catholicism *n* [kə'θɒlɪsɪzm]	Katholizismus, katholischer Glaube

Arian *adj; n* ['eəriən]	arianisch / arisch; Arianer
Arianism *n*	Arianismus
heathen *n* ['hi:ðn]	Heide, Heidin
martyr *n* ['mɑ:tə]	Märtyrer
deposition *n*	Absetzung
mayor of the palace / majordomo *n* [ˌmeɪdʒə'dəʊməʊ]	Hausmeier, Majordomus, Haushofmeier

the Merovingian rule die merowingische Herrschaft *(482-751)*
the Merovingian dynasty das Geschlecht der Merowinger
the Arian conflict der Arianische Streit *(4. Jahrhundert)*
Irish missionaries irische Missionare
Iro-Scottish monks iroschottische Mönche
Apostle to the Germans [ə'pɒsl] Apostel der Deutschen *(Bonifatius)*
do-nothing kings Faulenzerkönige
magical / supernatural powers magische / übernatürliche Kräfte

THE CAROLINGIANS (751-911)

Geography and People

Eastern Kingdom / East Francia – Ostfränkisches Reich, Ostfranken
East(ern) march – Ostmark
Lorraine / Lotharingia [lə'reɪn / ˌləʊθə'rɪndʒə] – Lothringen
Middle Kingdom – mittleres Reich, Mittelreich, Lotharingien
Western Kingdom / West Francia – Westfränkisches Reich, Westfranken

St Boniface – St. Bonifaz
Charlemagne ['ʃɑ:ləmeɪn] – Karl der Große
Charles the Bald / the Fat – Karl der Kahle / der Dicke
Charles Martel [mɑ:'tel] – Karl Martell
Karloman – Karlmann
Lothair [ləʊ'θeə] – Lothar
Louis the German / the Pious – Ludwig der Deutsche / der Fromme

Carolingian *adj; n* [ˌkeərəʊ'lɪndʒiən] karolingisch; Karolinger

the Carolingian dynasty die Karolinger *(751-911/ 987)*
the Carolingian Empire das karolingische Reich
Charlemagne's reign die Herrschaft Karls des Großen *(768-814)*

Expansionism

Langobard / Lombard *n; adj*	Langobarde, Lombarde; langobardisch, lombardisch
Irminsul *n*	Irminsul

idol *n* ['aɪdl]	Götzenbild, Götzenidol
mass baptism *n*	Massentaufe
deportation *n*	Zwangsumsiedlung
Agilolfing *n*	Agilolfinger
Avar *adj; n* ['ɑ:vɑ:]	awarisch; Aware
march / mark *n*	Mark
border march	Grenzmark
margrave *n* ['mɑ:greɪv]	Markgraf
margravate / margraviate *n* [ˌmɑ:'greɪviət]	Markgrafschaft
dignity of a margrave *n*	Markgrafentum
margravine *n* ['mɑ:grəvi:n]	Markgräfin

Iron Crown of Lombardy Eiserne Krone
the subjugation of Saxony die Unterwerfung Sachsens
the advance to the East der Vorstoß nach Osten
the conquest of the Longobard empire die Eroberung des Langobardenreichs
to set up marches along the borders Marken an den Grenzen anlegen

Emperor of the Romans

Emperor (of the Romans) *n*	Kaiser (der Römer)
emperor's coronation	Kaiserkrönung
imperial title *n*	Kaisertitel
acclamation *n* [ˌæklə'meɪʃn]	Akklamation *(beistimmender Zuruf)*
by acclamation	durch Akklamation / Zuruf
unction *n*	Salbung, Weihe
royal unction	Königssalbung
anointing *n*	Salbung

Donation of Pepin / Pippin Pippinische Schenkung *(756)*
Patricius Romanorum *Lat* [pə'trɪʃəs] Patricius Romanorum *(Schutzherr der Römer)*
to crown sb emperor jdn zum Kaiser krönen
to be crowned emperor zum Kaiser gekrönt werden
to anoint sb with holy oil jdn mit geweihtem Öl salben

Administration

itinerant court [aɪ'tɪnərənt] / **ambulatory court** *n* [ˌæmbjə'leɪtəri]	Reisekönigtum
following *n*	Gefolgschaft, Gefolge
imperial palace *n*	(Kaiser)Pfalz
palsgrave *n* ['pɔ:lzgreɪv]	Pfalzgraf

palsgravine *n* ['pɔ:lzgrəvi:n]	Pfalzgräfin
palsgraviate *n* ['pɔ:lzgreɪvɪət]	Pfalzgrafschaft
count *n*	Graf
county *n*	Grafschaft
court day *n*	Hoftag
missi dominici *n pl Lat* [ˌmɪsi dɒ'mɪnɪki]	Königsboten
chancellery *n* ['tʃɑ:nsəlri]	Kanzlei, Hofkapelle
appointment at court *n*	Hofamt
court official *n*	(oberster) Hofbeamter
cupbearer *n*	Mundschenk
seneschal *n* ['senɪʃl]	Seneschall, Hofmarschall, Truchsess
marshal *n*	Marschall
treasurer *n* ['treʒərə]	Kämmerer

Carolingian Renaissance

minuscule *n* ['mɪnəskju:l]	Minuskel, kleiner (Anfangs)Buchstabe
monastic school / monastery school *n*	Klosterschule
codex, *pl* **codices** *n Lat*	Kodex, Handschrift
palimpsest *adj; n* ['pælɪmpsest]	palimpsestisch, doppelt beschrieben; Palimpsest *(Schriftstück, dessen ursprüngl. Text entfernt wurde und das danach neu beschrieben wurde)*
capitularies *pl n* [kə'pɪtjʊləriz]	Kapitularien *(Gesetze der fränkischen Könige)*
annals *n pl* ['ænəlz]	Annalen, Jahrbücher
annalist *n* ['ænəlɪst]	Annalist, Chronist, Annalen-, Jahrbuchverfasser
chronicler *n*	Chronist
canon *n* ['kænən]	Lehrkanon
liberal arts *n pl*	Artes liberales, die sieben freien Künste
scholastic *adj* ['skɒlæstɪk]	scholastisch
scholasticism *n* [skɒ'læstɪsɪzm]	Scholastik

Carolingian Renaissance karolingische Renaissance *(8. Jahrhundert)*
palace school at Aachen Hofschule zu Aachen
Lay of Hildebrand Hildebrandlied
trivium *Lat* **(grammar, rhetoric, dialectic(s))** Trivium (Grammatik, Rhetorik, Dialektik)
quadrivium *Lat* **(arithmetic, geometry, music, astronomy)** Quadrivium (Arithmetik, Geometrie, Musik, Astronomie)

Charlemagne's Successors

co-emperor *n* Mitkaiser
designation *n* Bestimmung, Ernennung
shadow king *n* Schattenkönig

Strasbourg Oaths [ˌstrɑːzbɜːg ˈəʊðz] Straßburger Eide *(842)*
Treaty of Verdun [vɜːˈdʌn] / **Mersen** Vertrag von Verdun *(843)* / Mersen *(870)*
partition of the empire Teilung des Reiches, Reichsteilung
empire of the Germans Reich der Deutschen, Ostfrankenreich
papal sphere of influence päpstliche Einflusssphäre
to make sb co-emperor jdn zum Mitkaiser erheben
to designate bestimmen, designieren, ernennen

THE SAXON DYNASTY (919-1024)

Geography and People	
Northern Italy – Oberitalien **Papal States** – Kirchenstaat, Patrimonium Petri	**Henry** – Heinrich **Otto** – Otto

Saxon *adj; n* sächsisch; Sachse
Ottonian *adj; n* ottonisch; Ottone

the Saxon dynasty das sächsische Königshaus *(919-1024)*

The Ottonian Administrative System

family policy *n* Familienpolitik
imperial church *n* Reichskirche
imperial church system Reichskirchensystem
demesne of the imperial church Reichskirchengut
demesne of the crown / royal demesne *n* [dɪˈmeɪn] Königsgut

Ottonian administrative system / Ottonian administration / Ottonian system of government Ottonisches Reichskirchensystem
worldly / spiritual power weltliche / geistliche Macht
ecclesiastical princes / spiritual princes geistliche Fürsten
secular princes / temporal princes weltliche Fürsten

The Hungarian Threat

Hungarian *adj; n* [hʌŋ'geəriən]	ungarisch; Ungar
horde of horsemen *n*	Reiterschar

Battle on the Unstrut / Battle of Riade Schlacht an der Unstrut *(933)*
Battle of Lechfeld Schlacht auf dem Lechfeld *(955)*

The Expansion to the East

Slav *n* [slɑ:v]	Slawe
(village) mayor *n*	Dorfschulze
village *n*	Dorf

eastward movement / eastward expansion / expansion to the east Zug nach Osten, Ostkolonisation *(800-1400)*
person distributing colonial land Lokator
nucleated village ['njʊklɪeɪtɪd] **/ unplanned village** Haufendorf
circular village / round village Rundling
linear village / street village Straßendorf

THE SALIAN DYNASTY (1024-1125)

People

Conrad – Konrad
Gregory – Gregor
Henry – Heinrich
Rudolph of Swabia – Rudolf von Schwaben

Salian *adj; n* ['seɪliən]	salisch; Salier

the Salian dynasty das salische Königshaus *(1024-1125)*
the Salian emperors die fränkischen / salischen Kaiser
Truce of God / Peace of God Treuga Dei, Gottesfriede *(Fehdeverbot an bestimmten „heiligen" Tagen)*
reform of the Ottonian (administrative) system Reform des Reichskirchensystems

Investiture Controversy

investiture *n* [ɪn'vestɪtʃə]	Investitur, (feierliche) Amtseinführung, Belehnung
insignia *n pl*	Insignien *(Hoheitszeichen)*
staff / crosier / crozier *n* ['krəʊziə]	Bischofsstab

ban *n*	Bann, Acht, Verbannung, Kirchenbann
anti-king *n*	Gegenkönig
penitential robe / hair shirt *n*	Büßerhemd

concordat *n* [kɒnˈkɔːdæt] Konkordat *(Vertrag zwischen dem Vatikan und einem Staat)*
Dictatus Papae *Lat* Dictatus Papae *(1075) (27 Thesen Gregors VII zur Stellung des Papstes)*
Investiture Controversy / Investiture Struggle Investiturstreit *(1075)*
the investiture with ring and staff die Investitur mit Ring und Stab
Penance at Canossa [ˈpenəns] **/ Walk to Canossa** Gang nach Canossa *(1077)*
Concordat of Worms Wormser Konkordat *(1122)*
to surrender to the pope's authority in order to lift the ban sich dem Papst unterwerfen, um den Bann zu lösen
to invest sb jdn in ein Amt einführen
to do penance for sth für etwas Buße tun
to excommunicate sb jdn exkommunizieren, jdn aus der Gemeinschaft der Christen ausschließen

ECCLESIASTICAL GRIEVANCES

donation *n*	Schenkung
frankalmoigne / frankalmoin *n*	Landschenkung an die Kirche; zinsfreies (Kirchen)Gut
estate / spoils *n*	Spolien *(beweglicher Nachlass eines Geistlichen)*
right of spoliation *n*	Spolienrecht *(Recht eines Kirchenpatrons auf den beweglichen Nachlass eines Geistlichen)*
reform pope *n*	Reformpapst
reformed papacy *n*	Reformpapsttum
canon(ic) law / ecclesiastical law *n*	kanonisches Recht, Kirchenrecht
decretal *n* [dɪˈkriːtəl]	Dekretal, päpstlicher Erlass
celibacy *n* [ˈseləbəsi]	Zölibat, Ehelosigkeit
simony *n* [ˈsaɪməni]	Simonie, Ämterkauf
lay investiture *n*	Laieninvestitur
cardinal *n*	Kardinal
council of cardinals *n*	Kardinalskollegium

ecclesiastical grievances kirchliche Missstände
Gregorian Reform Gregorianische Reform *(11. / 12. Jahrhundert)*
Reforms of Cluny Reformen von Cluny *(10. / 11. Jahrhundert)*
Synod of Sutri Synode von Sutri *(1046)*
the doctrine of the two swords die Lehre von den zwei Schwertern
papal election decree Papstwahldekret *(1059)*

THE STAUFER ERA (1138–1268)

People
Conrad – Konrad
Conradin – Konradin
Frederick – Friedrich
Henry the Lion – Heinrich der Löwe
Alexander – Alexander
Innocence – Innozenz
Lothair of Supplinburg [ləʊˈθeə] – Lothar von Supplinburg
Philip of Swabia – Philipp von Schwaben

Staufer *n*	Staufer
the Staufer / Staufian dynasty	das staufische Königshaus, die Dynastie der Staufer
election of a king *n*	Königswahl
Ghibelline *n* [ˈgibəˌliːn]	Ghibelline, Waiblinger
Guelph, *n* / **Welf,** *n* [gwelf / welf]	Welfe
ministerial / estate official *n*	Ministerialer

Italian Policy

Italian policy *n*	Italienpolitik
Italian campaign *n*	Italienzug
Lombard *adj; n*	langobardisch, lombardisch; Langobarde, Lombarde

the League of Verona / Veronese League	Veroneserbund *(1164)*
the Lombard League	die lombardische Liga *(1167)*

Innocence III

dogma *n*	Dogma, Glaubenssatz
Lateran *adj; n* [ˈlætərən]	lateranisch, Lateran-; Lateran; Laterankirche
Lateran Council *n*	Laterankonzil

Frederick II

anti-Christ *n* [ˈæntɪkraɪst]	Antichrist, Teufel, Widersacher Christi
Interregnum *n*	Interregnum, Zwischenregierung *(1250-1273)*
falcon *n* [ˈfɔːkn]	Falke
falconry *n*	Falknerei, Falkenzucht

Constitutions of Melfi	Konstitutionen von Melfi *(1231)*
emperor of the last days	Kaiser der Endzeit

THE CRUSADES

Geography and People	
Acre / Akko – Akko **Holy Land** – Heiliges Land **Jerusalem** – Jerusalem **Levant** – Levante	**Godfrey of Bouillon** – Gottfried von Bouillon **Peter the Hermit / Peter of Amiens** – Peter der Einsiedler, Peter von Amiens **Saladin** – Saladin **Urban** – Urban

crusade *n* [kruːˈseɪd]	Kreuzzug
crusade bull	Kreuzzugsbulle
the People's Crusade / the Popular Crusade	Volkskreuzzug
crusader *n*	Kreuzfahrer
army of crusaders	Kreuzfahrerheer
Holy War *n*	Heiliger Krieg
pilgrim *n*	Pilger, Wallfahrer
pilgrimage *n*	Pilgerfahrt, Wallfahrt
mass hysteria *n*	Massenwahn
itinerant preacher *n* [aɪˈtɪnərənt]	Wanderprediger
Jew *n*	Jude
Jewess *n*	Jüdin
pogrom *n* [ˈpɒgrəm]	Pogrom, gewalttätige Ausschreitung

the participation in a crusade die Teilnahme an einem Kreuzzug
plenary indulgence [ˌpliːnəri ɪnˈdʌldʒəns] vollkommener Ablass
persecution of Jews Judenverfolgung
to call for a Holy War nach einem Heiligen Krieg rufen
to preach a crusade einen Kreuzzug predigen, zum Kreuzzug auffordern
to announce a crusade einen Kreuzzug verkünden
to proclaim a crusade einen Kreuzzug ausrufen
to sell pilgrims into slavery Pilger in die Sklaverei verkaufen
to go on a pilgrimage to the Holy Land auf Pilgerfahrt / Pilgerreise ins Heilige Land ziehen
to take part in a crusade an einem Kreuzzug teilnehmen
to go on a crusade auf Kreuzzug gehen
to take the cross das Kreuz nehmen
to take revenge for the death of Christ den Kreuzestod Christi rächen
to accuse the Jews of poisoning wells die Juden der Brunnenvergiftung bezichtigen
to loot rich cities / to plunder rich cities reiche Städte plündern
to kill heathens / infidels Heiden / Ungläubige töten

The Holy Land

Children's Crusade *n*	Kinderkreuzzug *(1212)*
Seljuk *adj; n* ['seldʒu:k]	Seldschuken-; Seldschuke
Seljuk Turk	Seldschuke
Saracen *adj; n* ['særəsən]	sarazenisch; Sarazene
Muslim / Moslem *adj; n* ['mʊzlɪm]	moslemisch, muslimisch; Moslem, Muslim

the Heavenly Jerusalem das Himmlische Jerusalem
Pied Piper of Hamelin ['hæmlɪn] Rattenfänger von Hameln
the Seljuk Empire das Reich der Seldschuken
to gain and keep control of the Holy Land die Herrschaft über das Heilige Land erlangen und behalten
to found crusader states Kreuzfahrerstaaten gründen

Europe

Wend *n*	Wende
Albigenses *n pl* [ˌælbɪ'dʒensi:z]	Albigenser
Albigensian *adj; n* [ˌælbɪ'dʒensiən]	albigensisch; Albigenser
Waldenses *n pl* [ˌwɔ:l'densi:z]	Waldenser
Waldensian *adj; n*	waldensisch; Waldenser
Cathar(ist) *n* ['kæθə(rɪst)]	Katharer, Neu-Manichäer
flagellant *n* ['flædʒələnt]	Flagellant, Geißler
flagellation *n* [ˌflædʒə'leɪʃn]	Geiß(e)lung

Wendic Crusade / Wendish Crusade Wendenkreuzzug *(1147)*
Albigensian Crusade Albigenserkreuzzug *(13. Jhd.)*
to flagellate ['flædʒəleɪt] geißeln

FEUDALISM ▸ Abb. 10

feudalism / system of feudal tenure / feudal system *n* ['fju:dəlɪzm]	Lehnswesen, Feudalsystem, Feudalherrschaft, Feudalismus
feudality *n*	Lehnbarkeit; Lehnspflicht; Lehnwesen
fiefdom *n* ['fi:fdəm]	Lehnswesen
feudal *adj* ['fju:dl]	feudal, lehnbar
feudal right (of the landlord)	Grundrecht
feudal rule / feudal lordship	Lehnsherrschaft
feudalistic *adj*	feudalistisch
overlordship *n*	Oberlehnsherrschaft

advowee *n* [əd'vaʊiː]	Kirchenpatron, kirchlicher Schutzherr, Patronatsherr
advowson *n* [əd'vaʊsn]	kirchliches Patronat, Pfründenbesetzungsrecht
escheat *v; n* [ɪs'tʃiːt]	anheimfallen, als Heimfallsgut einziehen; Heimfall
escheatage *n* [ɪs'tʃiːtɪdʒ]	Heimfallsrecht

Allodium

allod / allodium, *pl* **allodia** *n*	Allod(ium), Freigut, freier Grundbesitz
allodian *adj*	allodial
allodial *adj; n*	allodial, ein Freigut betreffend; Allodialbesitz
allodial land	Allodialgut
allodialism *n*	Allodialsystem
allodiary *n*	Freigutbesitzer
freehold *n*	Allod, Freisassengut
freeholder *n*	Landsasse, Freisasse

Fief

fief / fiefdom / feud *n* [fiːf]	Lehen, Lehensgut
hereditary fief [hɪ'redɪtri]	Erblehen
rear fief	Nachlehen
imperial fief	Reichslehen
benefice *n* ['benɪfɪs]	Lehen; Benefizium; Pfründe
crown land / royal demesne *n* [dɪ'meɪn]	Krongut

fief granted to ecclesiastical princes on presenting a sceptre Zepterlehen
fief granted to secular princes on presenting a banner Fahnenlehen
to hold a fief / to hold lands in fief ein Lehen haben

Feudal Investiture

feoffment ['fiːfmənt] **/ (feudal) investiture / infeudation** *n*	Belehnung, Lehensverhältnis, Verleihung des Zehnten an Laien
subinfeudation *n*	Afterlehen, Afterbelehnung
homage *n* ['hɒmɪdʒ]	Huldigung, Ehrerbietung
ceremony of homage	Huldigung
act of homage and fealty ['fiːlti]	Handgang
oath of loyalty *n*	Treueid
oath of fealty *n* ['fiːlti]	Lehnseid

obligation of the king to grant a fief Leihezwang
to grant a fief ein Lehen verleihen
to invest sb with a fief jdn belehnen
to pay homage to sb / sth jdm / etw huldigen
to do homage to sb / sth jdm / etw huldigen
to swear the oath of fealty / to take the oath of fealty den Lehenseid leisten

Feudal Obligations and Services

feudal duty / feudal obligation *n*	Lehenspflicht, Lehensdienstpflicht
feudal service *n*	Lehensdienst
fealty *n* [ˈfiːlti]	Lehenstreue, Treue, Lehensdienstpflicht
feudal allegiance *n* [əˈliːdʒəns]	Lehenstreue
arrière-ban *n* [ˌærieəˈbæn]	Heerbann
military service *n*	Heeresdienst
scutage / escutage *n* [(e)ˈskjuːtɪdʒ]	Schildpfennig, Rittersteuer *(als Ersatz für Militärdienst)*

an exchange of loyalty and service for protection and land Loyalität und Dienst im Austausch gegen Schutz und Land
duty of a vassal to follow his lord (in war) Lehensfolge
obligation to perform military service Heeresfolge, Heerfolge
to swear fealty to sb jdm Treue schwören
to render a vassal's services Lehenspflicht leisten
to perform services Dienste verrichten
to pay fees / feudal dues Abgaben zahlen (entrichten)

Feudal Pyramid ▸ Abb. 10

feudal pyramid *n*	Lehenspyramide
feudal system *n*	Lehensverfassung
feudal law *n*	Lehensrecht
suzerain / overlord *n* [ˈsuːzəreɪn]	Oberlehensherr
feoffor / feoffer *n* [ˈfiːfə]	Lehnsherr
(feudal) lord *n*	Feudalherr, Lehnsherr
mesne lord *n* [ˈmiːnlɔːd]	Afterlehnsherr
liege *n* [liːdʒ]	Lehensherr
liege lord	Lehensherr
liegeman	Lehensmann
vassalage *n* [ˈvæsəlɪdʒ]	Lehnsverhältnis, Lehnbarkeit, Vasallenstand
feudatory / feudal tenant *n*	Lehnsmann

vassal *n* ['væsəl]	Vasall, Lehnsmann
tenant-in-chief *n* [ˌtenənt ɪn'tʃiːf]	Kronvasall, Königsvasall
va(l)vasor / rear vassal *n*	Untervasall, Aftervasall, Hintersasse
feoffee *n* [fiː'fiː]	Belehnter
beneficiary *n* [ˌbenɪ'fɪʃəri]	Inhaber einer Pfründe

THE AGE OF REFORMATION

Geography and People	
Bohemia ['bəʊ'hiːmiə] – Böhmen **Franconia** – Franken **Geneva** [dʒə'niːvə] – Genf **Calvin** – Calvin **Charles** – Karl	**Frederick of Saxony** – Friedrich von Sachsen **Jan Hus / John Huss** – Jan Hus **Martin Luther** ['luːθə] – Martin Luther **Piper of Niklashausen** – Pfeifer von Niklashausen **Ulrich Zwingli** ['zwɪŋli] – Ulrich Zwingli

reformation *n*	Reformation, Erneuerung

the Age of Reformation	das Zeitalter der Reformation

The Crisis of the Church before the Reformation

pope *n*	Papst
antipope *n*	Gegenpapst
schism *n* ['skɪzəm]	Schisma, Glaubensspaltung, Spaltung, Trennung
conciliar movement *n*	Konzilsbewegung
Hussite *adj; n* ['hʌsaɪt]	hussitisch; Hussit
Hussite movement	Hussitenbewegung
traditional piety *n* ['paɪəti]	Volksfrömmigkeit
Beghard *n*	Begarde
Beguin(e) *n* [bə'giːn]	Begine
Beguin(e) convent	Beginenhof
mystic *adj; n*	mystisch; Mystiker
mysticism *n*	Mystizismus, Mystik
benefice *n* ['benɪfɪs]	Pfründe, Benefizien
annates / annats *n pl*	Annaten, Jahrgelder
simony *n* ['saɪməni]	Simonie *(Ämterkauf)*
secularization *n*	Verweltlichung

lay investiture	Laieninvestitur
quaestor *n* ['kwi:stə]	Ablasshändler
pardoner *n*	Ablassprediger, Ablasskrämer
indulgence *n* [ɪn'dʌldʒəns]	Ablass
jubilee indulgence [dʒu:bɪ'li:]	Jubiläumsablass
letter of indulgence	Ablassbrief
indulgence preacher	Ablassprediger
sale / selling of indulgences	Ablasshandel
indulgence controversy	Ablassstreit
doctrine *n* ['dɒktrɪn]	Doktrin, Lehre

Great Schism ['skɪzəm] Abendländisches Schisma *(1378-1417)*
Council of / at Constance Konzil von Konstanz *(1414-1418)*
Hussite Wars Hussitenkriege *(1419-36)*
the papal residence in Avignon die päpstliche Residenz in Avignon
the 'Babylonian exile' das ‚babylonische Exil'
the Babylonian captivity of the Church die babylonische Gefangenschaft der Kirche *(1309-1377)*
the doctrine of indulgences / transubstantiation die Ablasslehre / Transsubstantiationslehre
Peter's pence / Peter's penny / Rome penny Peterspfennig
Reformation of the Church in head and members Reform(ation) der Kirche an Haupt und Gliedern
plenary / partial indulgence vollkommener / unvollkommener Ablass
dispensation of an indulgence Ablasserteilung
to grant sb a plenary indulgence jdm einen vollkommenen Ablass gewähren
to grant sb a partial indulgence jdm einen unvollkommenen Ablass gewähren
to move the Holy See from Rome to Avignon den Heiligen Stuhl von Rom nach Avignon verlegen
to dethrone a pope einen Papst absetzen
to divide European Christendom die europäische Christenheit spalten
to condemn Jan Hus as a heretic Jan Hus als Ketzer verurteilen

Martin Luther

doctrine of justification *n*	Rechtfertigungslehre
mercy *n*	Gnade
faith / belief *n*	Glaube
religious crisis *n*	Glaubenskrise
(Holy) Scripture *n* ['skrɪptʃə]	die (Heilige) Schrift, die Bibel
Lateran Council *n* ['lætərən]	Laterankonzil
reform movement *n*	Reformbewegung
baptism *n* ['bæptɪzm]	Taufe

baptism of adults	Erwachsenentaufe
infant baptism	Kindstaufe
ban *n*	Bann, Acht, Verbannung, Kirchenbann
ban of the Empire	Reichsacht
bull *n*	Bulle *(Siegel)*; Urkunde, päpstlicher Erlass
papal bull	päpstliche Bulle
bull of excommunication	Bannbulle
diet *n* ['daɪət]	Reichstag
disputation *n*	Disputation, (wissenschaftliches) Streitgespräch
revocation *n*	Widerruf
edict *n* ['iːdɪkt]	Edikt *(amtlicher Erlass)*

the publication of the 95 theses ['θiːsiːz] die Veröffentlichung der 95 Thesen
"On the Freedom of a Christian" „Von der Freiheit eines Christenmenschen"
through faith alone allein durch den Glauben
under the ban in Acht und Bann, exkommuniziert
Diet of Worms Reichstag zu Worms *(1521)*
Disputation of Worms Religionsgespräch von Worms *(1557)*
to change / reform the church die Kirche verändern / reformieren
to suggest reforms Reformen vorschlagen
to accuse sb of being a heretic jdn beschuldigen ein Ketzer zu sein
to put sb under the ban of the Empire über jdn die Reichsacht verhängen
to impose a ban on sb einen Bann über jdn verhängen
to excommunicate sb jdn exkommunizieren
to revoke aufheben; widerrufen

The Peasants' War

peasant *n* ['peznt]	Bauer
peasant movement	Bauernbewegung
peasant revolt	Bauernaufstand
horde of peasants	Bauernhaufen
peasantry *n*	Bauernschaft, Bauerntum
Bundschuh *n*	Bundschuh

Peasants' War Bauernkrieg *(1524-1525)*
the Twelve Articles (of the Peasants) Zwölf Artikel *(1525)*
Poor Konrad Armer Konrad

The Spread of the Reformation

sovereign *n* ['sɒvrɪn]	Landesherr
church government *n*	Kirchenregiment

consistory *n* [kən'sɪstəri]	Konsistorium *(Verwaltungsbehörde)*
minister / pastor *n*	Pastor
catechism *n* ['kætəkɪzm]	Katechismus
Protestant *adj; n*	protestantisch, evangelisch; Protestant, Evangelischer
Protestantism *n*	Protestantismus
marriage of priests / marriage of the clergy *n*	Priesterehe
lay chalice *n* ['tʃælɪs]	Laienkelch
freedom of religion *n*	Religionsfreiheit
Lutheran *adj; n*	lutherisch; Lutheraner
Lutheranism *n*	Luthertum
Zwinglian *n*	Zwinglianer
Calvinism *n*	Calvinismus, die Lehre Calvins
Calvinist(ic) *adj*	calvinistisch
Calvinist *n*	Calvinist
reformed *adj*	reformiert
reformer *n*	Reformator
church discipline / ecclesiastical discipline *n*	Kirchenzucht
predestinarian *adj; n* [ˌpri:destɪ'neəriən]	die Prädestinationslehre betreffend; Anhänger der Prädestinationslehre
predestination *n* [ˌpri:destɪ'neɪʃn]	Prädestination, Vorherbestimmung
Anabaptism *n* [ˌænə'bæptɪzm]	Anabaptismus, Lehre der Wiedertäufer
Anabaptist *adj; n*	anabaptistisch, wiedertäuferisch; Anabaptist, Wiedertäufer
Anabaptist *n*	Wiedertäufer
Anglican *adj; n*	anglikanisch; Anglikaner
Anglicanism *n*	Anglikanismus
denomination *n* [dɪˌnɒmɪ'neɪʃn]	Konfession

Augsburg Confession / Confession of Augsburg Augsburger Bekenntnis, Augsburgisches Bekenntnis, *Lat* Confessio Augustana *(1530)*

Diet of Augsburg Reichstag zu Augsburg *(1530; 1548)*

League of Schmalkalden / Schmalkald(ic) League Schmalkaldischer Bund *(1531-1546/47)*

Schmalkald(ic) Articles Schmalkaldische Artikel

Schmalkaldic War Schmalkaldischer Krieg *(1546/47)*

the Anabaptist Kingdom of Münster das Täuferreich zu Münster *(1534/35)*

Interim of Augsburg Augsburger Interim *(1548)*

(Religious) Peace of Augsburg / the Settlement of Augsburg Augsburger Religionsfriede *(1555)*

Lutheran Estates of the Empire lutherische Reichsstände

the Reformed Church die Reformierte Kirche
the doctrine of predestination die Prädestinationslehre
supreme ecclesiastical authority of the regional sovereign landesherrliches Kirchenregiment
the Genevan theocracy [θiˈɒkrəsi] der Genfer Gottesstaat
to establish the kingdom of God on earth das Königreich Gottes auf Erden errichten

THE AGE OF THE COUNTER-REFORMATION

Counter-Reformation *n*	Gegenreformation
Jesuit *n* [ˈdʒezjʊɪt]	Jesuit
Jesuitic(al) *adj*	jesuitisch, Jesuiten-

the Age of the Counter-Reformation das Zeitalter der Gegenreformation
Council of Trent Konzil von Trient, Tridentinisches Konzil, Tridentinum, Trienter Konzil *(1545-1563)*
Society of Jesus Gesellschaft Jesu, Jesuitenorden

HUMANISM AND RENAISSANCE

Humanism *n* [ˈhjuːmənɪzm]	Humanismus
humanist *adj; n*	humanistisch; Humanist
Renaissance *n* [rɪˈneɪsns]	Renaissance, Wiedergeburt
Renaissance Man	Renaissancemensch
Renaissant *adj*	Renaissance-
conception of man *n*	Menschenbild
antiquity *n* [ænˈtɪkwəti]	Antike
Ptolemaic *adj* [ˌtɒləˈmeɪɪk]	ptolemäisch
conception of the world / world view *n*	Weltbild
solar system *n*	Sonnensystem

Ptolemaic system ptolemäisches Weltbild, (Welt)system
the globular form of the earth [ˈglɒbjʊlə] Kugelgestalt der Erde
the sun as the centre of the solar system die Sonne als Zentrum des Sonnensystems
geocentric / heliocentric worldview geozentrisches / heliozentrisches Weltbild
Copernican Revolution / Copernican Turn Kopernikanische Revolution / Wende
Sistine Chapel [ˌsɪstiːn ˈtʃæpl] Sixtinische Kapelle
to regard humans as the centre of the universe die Menschen als den Mittelpunkt des Universums ansehen

to refute the doctrine of original sin die Lehre von der Erbsünde widerlegen
to rediscover old manuscripts in Latin and Greek lateinische und griechische Handschriften wiederentdecken

THE BLACK DEATH

the (bubonic) plague *n* [bjuːˌbɒnɪkˈpleɪɡ]	die Pest, Beulenpest
epidemic *adj; n* [ˌepɪˈdemɪk]	epidemisch; Epidemie, Seuche
pandemic disease *n*	Pandemie *(Epidemie großen Ausmaßes)*
boils *n pl*	Beulen
infection *n*	Ansteckung, Infektion, Verseuchung
infectious / contagious *adj* [kənˈteɪdʒəs]	ansteckend, infektiös
rat *n*	Ratte
flea *n*	Floh

the Black Death der Schwarze Tod, die Pest
black spots schwarze Pusteln
swellings in the groin / armpit Schwellungen in der Leiste / Achselhöhle
the plague as God's punishment die Pest als Strafe Gottes
deserted village / deserted settlement verlassenes Dorf, Wüstung
to spread rapidly sich sehr schnell verbreiten
to become infected / to get infected (by, with) angesteckt werden (von, mit)
to catch and spread the plague die Pest bekommen und verbreiten
to mark houses with crosses Häuser mit Kreuzen markieren
to avoid infection eine Ansteckung vermeiden
to cure the disease die Krankheit heilen
to desert infected people infizierte Personen im Stich lassen
to bury the dead in huge pits die Toten in riesigen Gruben beerdigen
to burn the dead on funeral pyres die Toten auf Scheiterhaufen verbrennen
to wipe out about one third of the European population etwa ein Drittel der europäischen Bevölkerung auslöschen

❖ EARLY MODERN TIMES

THE THIRTY YEARS' WAR

Geography and People	
Bohemia [bəʊ'hi:miə] – Böhmen	**Christian** – Christian
Denmark – Dänemark	**Ferdinand** – Ferdinand
Palatinate [pə'lætɪnət] – Pfalz	**Gustavus Adolphus** – Gustav Adolf
Norway – Norwegen	**Maximilian** – Maximilian
Sweden – Schweden	**Johann Tserclaes Tilly** – Johann Tserclaes Tilly
	Albrecht von Wallenstein – Albrecht von Wallenstein

mercenary *n* ['mɜ:sənri]	Söldner
lansquenet ['lænskə,net] / **mercenary foot soldier** *n*	Landsknecht
particularism *n*	Partikularismus
depopulation *n*	Entvölkerung
expropriation of farmers / peasant clearance *n*	Bauernlegen *(Enteignung der Bauern)*

Thirty Years' War Dreißigjähriger Krieg
the Defenestration of Prague der Prager Fenstersturz *(1618)*
Catholic League Katholische Liga *(1609)*
Protestant Union Protestantische Union *(1608)*
Bohemian and Palatine War Böhmisch-Pfälzischer Krieg *(1618-23)*
Danish War Niedersächsisch-Dänischer Krieg *(1625-29)*
Swedish War Schwedischer Krieg *(1630-35)*
Swedish-French War Schwedisch-Französischer Krieg *(1635-48)*
Winter King Winterkönig
Battle of the White Mountain Schlacht am Weißen Berg *(1620)*
Edict of Restitution Restitutionsedikt *(1629)*
Peace of Westphalia / Treaty of Westphalia Westfälischer Friede *(1648)*
Peace of the Pyrenees / Treaty of the Pyrenees Pyrenäenfriede *(1659)*

THE AGE OF DISCOVERY

Geography and People	
Cape of Good Hope – Kap der Guten Hoffnung	**Ferdinand of Aragon** – Ferdinand von Aragonien
Cape Horn – Kap Horn	**Isabella of Castile** – Isabella von Kastilien
India – Indien	**Christopher Columbus** – Christoph Columbus
Portugal – Portugal	**Amerigo Vespucci** – Amerigo Vespucci
Spain – Spanien	

discoverer *n*	Entdecker
discovery *n*	Entdeckung
landfall *n*	Sichten oder Betreten von Land nach einer Seereise
conqueror *n* ['kɒŋkərə]	Eroberer
conquest *n* ['kɒŋkwest]	Eroberung
explorer *n*	Forscher, Forschungsreisender
sailor *n*	Seemann
adventurer *n*	Abenteurer
Jacob's staff *n*	Jakobsstab
map *n*	(Land)Karte
mapmaker / cartographer	Kartograph
mapmaking / cartography	Kartographie
astrolabe *n* ['æstrəʊleɪb]	Astrolabium, Sternhöhenmesser
magnetic compass ['kʌmpəs]	Magnetkompass
caravel *n* ['kærəvel]	Karavelle *(Segelschiff)*
demarcation line *n*	Demarkationslinie
spice *n*	Gewürz

cinnamon *n* ['sɪnəmən] – Zimt	**turmeric** *n* ['tɜːmərɪk] – Kurkuma
nutmeg *n* – Muskat(nuss)	**ginger** *n* ['dʒɪndʒə] – Ingwer
bay leaf *n* – Lorbeerblatt	**clove** *n* [kləʊv] – Nelke
coriander *n* – Koriander	**pepper** *n* – Pfeffer; Paprika
cardamom *n* – Kardamom	

the Age of Discovery das Zeitalter der Entdeckungen
Columbus Day / Discovery Day Tag der Entdeckung Amerikas
the earth as a disk die Erde als Scheibe
the Biblical conception of the world das Weltbild der Bibel

the globular form of the earth die Kugelgestalt der Erde
the sea route to India der Seeweg nach Indien
the circumnavigation of Africa die Umseglung Afrikas
the fall of Constantinople der Untergang Konstantinopels *(1453)*
Treaty of Tordesillas Vertrag von Tordesillas *(1494)*
Treaty of Saragossa Vertrag von Saragossa *(1529)*
to fit out ships Schiffe ausrüsten
to calculate the course of the ship den Kurs des Schiffes berechnen / bestimmen
to bypass the Turks die Türken umgehen
to discover the western route to India die Westverbindung nach Indien entdecken
to find a direct sea route to Asia eine direkte Seeverbindung nach Asien finden
to control the overland trade route die Handelsstraßen auf dem Landweg kontrollieren
to round the Cape of Good Hope das Kap der Guten Hoffnung umrunden
to explore new / faraway continents neue / entfernte Kontinente erkunden
to sight land / to spot land Land sichten
to take possession of the land for the crown das Land für die Krone in Besitz nehmen
to take over the newly discovered land for one's king / queen das neu entdeckte Land für seinen König / seine Königin in Besitz nehmen
to acquire overseas territories überseeische Besitzungen erwerben
to bring home gold / treasures Gold / Schätze nach Hause bringen
to conquer sth [ˈkɒŋkə] etw erobern

Trading Companies

colonial trade *n*	Kolonialhandel
charter *n*	(Stiftungs)Urkunde, Freibrief; Charta
chartered *adj*	auf eine königliche Urkunde gegründet; privilegiert
chartered company	(königlich) privilegierte (Handels)Gesellschaft

Honourable East India Company Ehrenwerte Ostindische Gesellschaft / Ehrenwerte Ostindische Kompanie *(1600-1858)*

Spanish Colonial Rule

colonial rule *n*	Kolonialherrschaft
colonialism *n*	Kolonialismus
latifundium, *pl* **latifundia** *n* [ˌlætəˈfʌndiəm]	Latifundie(nbesitz), Großgrundbesitz
plantation *n*	Plantage

Latin American Indian *n* Indio

to exploit / to mistreat the native population die eingeborene Bevölkerung ausbeuten / schlecht behandeln
to bring diseases to the New World Krankheiten in die Neue Welt bringen

Central and South America

Aztec *adj; n* ['æztek]	aztekisch; Azteke
treasure hunter *n*	Schatzsucher
Spaniard *n* ['spænjəd]	Spanier
Inca *n*	Inka
Incan *adj; n*	Inka-; Inkaindianer

the Spanish conquest die Spanische Eroberung
feather headdress Kopfschmuck aus Federn

PRUSSIA

Geography and People

Austria – Österreich
Prussia ['prʌʃə] – Preußen
Silesia [saɪ'li:ziə] – Schlesien
Frederick – Friedrich
Frederick William – Friedrich Wilhelm
the Great Elector – der Große Kurfürst (Friedrich Wilhelm)
the Soldier King – der Soldatenkönig (Friedrich Wilhelm I.)

Prussian *adj; n* ['prʌʃən]	preußisch; Preuße
Junker / country squire *n*	Junker
Junkerdom / junkerdom / landed aristocracy *n* **/ Junkerism / junkerism** *n*	Junkertum, die Junker Junkertum
Hohenzollern *n*	Hohenzollern
Tobacco Club *n*	Tabakskollegium

the Prussian Diet der preußische Landtag
House of Lords / upper house of parliament / upper chamber Herrenhaus, Erste Kammer
House of Commons / lower house of parliament / house of deputies Abgeordnetenhaus, Zweite Kammer
a Prussian Junker ein preußischer Junker

the House of Hohenzollern / the Hohenzollern dynasty das Haus Hohenzollern
a (member of the house of) Hohenzollern Hohenzoller
estates of the country Landstände (Adel, Städte)

The Prussian Army

drill / drilling *n*	Drill
blind obedience *n*	Kadavergehorsam
gauntlet *n* [ˈgɔ:ntlət]	Spießrutenlaufen, Gassenlaufen
duel *n* [ˈdju:əl]	Duell

the tall guards die langen Kerls
to goose-step im Stechschritt marschieren
to run the gauntlet Spießruten laufen

THE HOUSE OF HABSBURG

Habsburg monarchy / Danubian monarchy *n* [dænˈju:biən]	Donaumonarchie
dynastic power *n*	Hausmacht
primogeniture *n* [ˌpraɪməʊˈdʒenɪtʃə]	Primogenitur, Erstgeburtsrecht

the House of Habsburg (Hapsburg) / the Habsburg dynasty das Haus Habsburg
a (member of the house of) Habsburg Habsburger

Dualism between Austria and Prussia

Austrian *adj; n*	österreichisch; Österreicher
dualism *n*	Dualismus *(Rivalität zweier Staaten, Vormachtstreben)*

the Silesian Wars [saɪˈli:siən] die Schlesischen Kriege *(1740-1763)*
the Seven Years' War der Siebenjährige Krieg *(1756-1763)*

THE AGE OF ENLIGHTENMENT

enlightenment *n*	Aufklärung
reason *n*	Ratio, Vernunft
rationalism *n*	Rationalismus
irrationalism *n*	Irrationalismus
Freemason / Mason *n*	Freimaurer
Freemasons' lodge	Freimaurerloge

Freemasonry / Masonry *n*	Freimaurerei
Freemasonic *adj* [ˌfriːməˈsɒnɪk]	freimaurerisch
alchemy *n* [ˈælkəmi]	Alchemie
Illuminati *n pl Lat* [ɪˌluːmɪˈnɑːti]	Illuminaten
Illuminism *n* [ɪˈluːmɪnɪzm]	Illuminismus, Lehre der Illuminaten

the Age of Enlightenment das Zeitalter der Aufklärung *(18. Jahrhundert)*
the Age of Reason das Zeitalter der Vernunft, die Aufklärung
human reason der menschliche Verstand

Society

natural law *n*	Naturrecht
social contract / social compact *n*	Gesellschaftsvertrag
separation of powers *n*	Gewaltenteilung
legislature / legislative power *n* [ˈledʒɪsleitʃə / ˈledʒɪslətɪv]	Legislative
executive (power) *n* [ɪgˈzekjətɪv]	Exekutive
judicial power *n* [dʒuːˌdɪʃl ˈpaʊə]	Judikative
judiciary *n* [dʒuːˈdɪʃəri]	Gerichtswesen; Judikative
right to resist *n*	Widerstandsrecht
sovereignty of the people *n* [ˈsɒvrənti]	Volkssouveränität
reason of state *n*	Staatsräson

personal freedom persönliche Freiheit
private property privates Eigentum

Economy

laissez-faire / economic liberalism *n*	wirtschaftlicher Liberalismus
free trade *n*	Freihandel

Natural Sciences

progress *n*	Fortschritt
empiricism *n* [ɪmˈpɪrɪsɪzm]	Empirismus
empirical evidence *n*	Empirie

THE EPOCH OF REACTION

reaction *n*	Reaktion *(fortschrittsfeindliches politisches Verhalten)*
restoration *n*	Restauration *(Wiederherstellung der alten politischen Ordnung)*
legitimacy *n* [lɪˈdʒɪtəməsi]	Legitimität *(Rechtmäßigkeit)*
solidarity *n*	Solidarität *(Zusammengehörigkeit)*
pentarchy *n* [ˈpentɑːki]	Pentarchie *(Fünfherrschaft)*

Congress of Vienna Wiener Kongress *(1814 / 1815)*
the Act of the Congress of Vienna die Kongressakte *(1815)*
Metternich System / Congress System System Metternich *(1814-1848)*
Metternich Era Ära Metternich
Holy Alliance Heilige Allianz *(1815)*
Concert of Europe Europäisches Konzert
Balance of Power Gleichgewicht der Mächte
to rule on the basis of Christian principles auf der Grundlage christlicher Prinzipien regieren
to restore the old order die alte Ordnung wiederherstellen

The German Confederation

Confederation of States – Staatenbund
the German Confederation / the German League [liːg] – der Deutsche Bund *(1815-48; 1850-1866)*
Act of the German Confederation – Deutsche Bundesakte
Diet of the German Confederation – Bundesversammlung
Assembly of the German Diet / Federal Diet – Bundestag *(1815-1866)*

Liberal and National Movement

liberalism *n*	Liberalismus
nationalism *n*	Nationalismus
patriotism *n* [ˈpeɪtriətɪzm]	Patriotismus
constitution *n*	Verfassung, Konstitution
Burschenschaft / student league *n*	Burschenschaft
unity *n*	Einheit
liberty *n*	Freiheit
equality *n*	Gleichheit
fraternity *n*	Brüderlichkeit
demagogue *n* [ˈdeməgɒg]	Demagoge, Volks(ver)führer
censorship of the press *n*	Pressezensur

Biedermeier *n*	Biedermeier, Biedermeierstil
Biedermeier period	Biedermeier, Biedermeierzeit *(1815-1848)*
petit bourgeois / petty bourgeois *adj; n* [ˌpetiˈbɔːʒwɑː]	kleinbürgerlich; Kleinbürger
petite / petty bourgeoisie *n* [pəˌtiːtˌbɔːʒwɑːˈziː /ˌpetiˌbɔːʒwɑːˈziː]	Kleinbürgertum

(the) Wartburg Festival Wartburgfest *(1817)*
the Carlsbad Decrees die Karlsbader Beschlüsse *(1819)*
persecution of the demagogues Demagogenverfolgung
Young Germany Junges Deutschland
to repress liberal and revolutionary movements liberale und revolutionäre Strömungen unterdrücken

The Pre-March Era

petition *n*	Petition, Bittschrift

pre-March / Vormärz Vormärz *(1830-1848)*
July Revolution Julirevolution *(1830)*
Citizen King Bürgerkönig *(Louis Philippe: frz. König von 1830-48)*
the Hambach Festival Hambacher Fest *(1832)*
Vienna Decrees Wiener Beschlüsse *(1834)*
the Göttingen Seven die Göttinger Sieben
constitutional monarchy konstitutionelle Monarchie
dissolution of parliament Auflösung der Volksvertretung
to abolish the freedom of the press die Pressefreiheit aufheben

THE REVOLUTION OF 1848

March demands *n pl*	Märzforderungen
March minister *n*	Märzminister
street fighting *n*	Straßenkampf, Barrikadenkampf
preparliament / preparliamentary assembly *n*	Vorparlament
dignitaries *n pl*	Honoratioren
club *n*	Klub
party *n*	Partei
fraction *n*	Fraktion
imperial vicar [ˈvɪkə] **/ imperial administrator** *n*	Reichsverweser
particularism *n* [pəˈtɪkjʊlərɪzm]	Kleinstaaterei
type of state *n*	Staatsform

centralistic *adj*	zentralistisch
federalist *adj*	föderalistisch
suffrage *n* ['sʌfrɪdʒ]	Wahlrecht
property qualification (in elections) *n*	Zensuswahlrecht
fundamental rights / basic rights *n pl*	Grundrechte

the Revolution of 1848 / March Revolution die Revolution von 1848 / Märzrevolution
German National Assembly deutsche Nationalversammlung
Frankfurt Assembly / Frankfurt National Assembly Frankfurter Nationalversammlung
provisional government provisorische Regierung
Greater German solution Großdeutsche Lösung
Smaller German solution Kleindeutsche Lösung
Basic Rights of the German People Grundrechte des deutschen Volkes *(1848)*
the tightening of property qualification (in elections) die Verschärfung des Zensuswahlrechts
to place a higher property qualification for voting on sb das Zensuswahlrecht für jdn verschärfen
the demand for national unity die Forderung nach nationaler Einheit
to erect barricades Barrikaden errichten
to convene in St Paul's Church in der Paulskirche zusammenkommen
to form a provisional centralized government eine vorläufige Zentralregierung bilden
to bring about national unity die nationale Einheit herbeiführen
to draw up / to alter a constitution eine Verfassung ausarbeiten / ändern

The Failure of the Revolution

rump parliament *n*	Rumpfparlament
three-class voting system / three-class electoral system / three-class system (of franchise) *n*	Dreiklassenwahlrecht, Dreiklassenwahlsystem
realpolitik / political realism *n*	Realpolitik

March achievements Märzerrungenschaften
imposed constitution oktroyierte Verfassung

SOCIAL REFORMS

encyclical *n* [en'sɪklɪkl]	Enzyklika
employees' sickness fund *n*	Betriebskrankenkasse
pension fund *n*	Pensionskasse
consumer cooperative *n* [kəʊ'ɒprətɪv]	Konsum *(Handelskette)*
company pension / occupational pension *n*	Betriebsrente
eight-hour day *n*	Achtstundentag
Social Insurance Act *n*	Sozialversicherungsgesetz
social legislation *n*	Sozialgesetzgebung
social insurance *n*	Sozialversicherung
health insurance *n*	Krankenversicherung
old-age pensions / pension scheme *n*	Rentenversicherung, Altersversicherung
industrial injuries insurance / workmen's compensation insurance (AE) *n*	Unfallversicherung
industrial accident *n*	Berufsunfall
surviving dependant *n*	Hinterbliebener
disability insurance *n*	Invalidenversicherung, Invaliditätsversicherung

Catholic Journeymen's Association Katholischer Gesellenverein
Kolping House / Kolping Association Kolpinghaus / Kolping-Verein
Caritas Society for Catholic Germany Deutscher Caritasverband *(1897)*
Inner Mission Innere Mission *(1849)*
paid leave bezahlter Urlaub
inability to earn a living Erwerbsunfähigkeit
to establish national health insurance / old-age pensions staatliche Krankenversicherung / Rentenversicherung einführen

SOCIALISM AND COMMUNISM

socialism *n*	Sozialismus
socialist *adj; n*	sozialistisch; Sozialist
private property *n*	Privateigentum
equality *n*	Gleichheit
communism *n*	Kommunismus
communist *adj; n*	kommunistisch; Kommunist
capitalism *n*	Kapitalismus
capitalist *n*	Kapitalist
capitalistic *adj*	kapitalistisch

Marxism *n*	Marxismus
Marxist *adj; n*	marxistisch; Marxist
class *n*	Klasse
class antagonism [æn'tægənɪzm]	Klassengegensatz
bourgeoisie *n*	Bourgeoisie, (Groß)Bürgertum
proletariat(e) *n* [ˌprəʊlɪ'tæriət]	Proletariat
proletarian *adj; n*	proletarisch; Proletarier
labour / manpower *n*	Arbeitskraft
alienation *n*	Entfremdung
transition(al) period *n*	Übergangszeit
surplus value *n*	Mehrwert

Golden Age Goldenes Zeitalter
Communist Party / Communist League Kommunistische Partei / Bund der Kommunisten
the propertied classes / the moneyed classes Besitzende
social justice soziale Gerechtigkeit
the Communist Manifesto das Kommunistische Manifest *(1848)*
means of production (tools / machines / raw materials / money) Produktionsmittel (Werkzeuge, Maschinen, Rohstoffe, Geld)
the dictatorship of the proletariat die Diktatur des Proletariats
classless society klassenlose Gesellschaft
to dispossess entrepreneurs [ˌɒntrəprə'nɜː] Unternehmer enteignen

Workers' Movement

workers' movement / labour movement *n*	Arbeiterbewegung
Social Democrat *n*	Sozialdemokrat
social *adj*	sozial
social legislation	Sozialgesetzgebung
social system	Sozialsystem
social market economy	soziale Marktwirtschaft
social insurance	Sozialversicherung
trade union (BE) / **labor union** (AE) *n*	Gewerkschaft
May Day *n*	der 1. Mai, der Maifeiertag
labourer *n*	(Hilfs)Arbeiter
day labourer	Tagelöhner
factory labourer	Fabrikarbeiter

Labour Party die Labour Partei *(Großbritannien)*
General German Workers' Association Allgemeiner Deutscher Arbeiterverein *(1863)*
Social Democratic Workers' Party Sozialdemokratische Arbeiterpartei (SDAP) *(1869-1875)*
Socialist Workers' Party of Germany Sozialistische Arbeiterpartei Deutschlands (SAPD) *(1875)*
Social Democratic Party Sozialdemokratische Partei Deutschlands (SPD)

THE SECOND GERMAN EMPIRE

Geography and People	
Alsace-Lorraine [æl,sæslɒ'reɪn] –Elsass-Lothringen	**Otto von Bismarck** – Otto von Bismarck
Denmark – Dänemark	**William I** – Wilhelm I.
Prussia ['prʌʃə] – Preußen	**William II** – Wilhelm II.

duumvirate *n* [dju'ʌmvɪrət]	Duumvirat
Trias idea / German Trias *n* ['traɪæs]	Triasidee
prince regent *n*	Prinzregent, regierender Fürst
army conflict *n*	Heereskonflikt
army reform *n*	Heeresreform

the Second German Empire das Zweite Deutsche Kaiserreich
the United Diet Vereinigter Landtag *(Preußen 1847)*

The German Wars of Unification

constitutional conflict *n*	Verfassungskonflikt
indemnity *n* [ɪn'demnəti]	Entschädigung; Indemnität, Straflosigkeit
indemnity bill / indemnity act	Indemnitätsvorlage
gap theory *n*	Lückentheorie

(German) Wars of Unification Einigungskriege
German-Danish War Deutsch-Dänischer Krieg *(1864)*
Convention of Gastein / Gastein Convention Gasteiner Konvention, Konvention von Gastein *(1865)*
Austro-Prussian War / the Seven Weeks' War Österreichisch-Preußischer Krieg, Preußisch-Österreichischer Krieg *(1866)*
the North German Confederation der Norddeutsche Bund

the foundation of the North German Confederation die Gründung des Norddeutschen Bundes *(1867)*
Ems Telegram / Ems Despatch Emser Depesche *(1870)*
German-French War / Franco-Prussian War Deutsch-Französischer Krieg *(1870 / 71)*
Battle of Sedan Schlacht bei Sedan *(1870)*
Sedan Day [sɪˈdæn] Sedanstag *(2. September)*
to form a secret defensive and offensive alliance ein geheimes Schutz- und Trutzbündnis schließen

Foundation of the German Empire

armistice *n* [ˈɑːmɪstɪs]	Waffenstillstand
peace treaty *n*	Friedensvertrag
place of coronation *n*	Krönungsort
Imperial Proclamation *n*	Kaiserproklamation
reserved rights *n*	Reservatrechte
treaty of accession *n*	Beitrittsvertrag
war indemnity / reparations *n pl*	Kriegsentschädigungen, Reparationszahlungen
traditional enemy *n*	Erbfeind
traditional enmity *n*	Erbfeindschaft

the dissolution of the German Confederation die Auflösung des Deutschen Bundes
the accession of the southern German states to the North German Confederation Beitritt der süddeutschen Staaten zum Norddeutschen Bund
the foundation of the German Empire die Reichsgründung *(1871)*
the Hall of Mirrors at Versailles der Spiegelsaal von Versailles
the proclamation of the Second German Reich / the proclamation of the German Empire die Reichsproklamation von Versailles *(18.01.1871)*
the ceding of Alsace-Lorraine die Abtretung Elsass-Lothringens
Commune of Paris Pariser Kommune *(1871)*

Constitution

hereditary monarchy *n*	Erbmonarchie
suffrage *n* [ˈsʌfrɪdʒ]	Wahlrecht
manhood suffrage / male suffrage	Wahlrecht (für Männer)

King of Prussia König von Preußen
the Iron Chancellor der Eiserne Kanzler *(Otto von Bismarck)*

Institutions and Offices

the Kaiser – der Kaiser
the Chancellor of the German Reich [ˈtʃɑːnsələ] – Reichskanzler
minister-president – Ministerpräsident
Reichstag / lower house of the federal parliament / Imperial Parliament – Reichstag
(German) Bundesrat / Federal Council – Bundesrat
Bundesstaat / federal state – Bundesstaat

Political Parties

Conservative Party – Konservative Partei
Free Conservative Party – Freikonservative Partei
National Liberal Party – Nationalliberale Partei
Progressive Party – Fortschrittspartei
Centre Party – Zentrum
Social Democratic Party of Germany – Sozialdemokratische Partei Deutschlands (SPD)
German Free Thought Party – Deutsche Freisinnige Partei

Domestic Policy

authoritarian state *n*	Obrigkeitsstaat
ultramontane *adj* [ˌʌltrəˈmɒnteɪn]	ultramontan
education act *n*	Schulgesetz
civil marriage *n*	Zivilehe

dogma of the infallibility of the Pope [ɪnˌfæləˈbɪləti] Unfehlbarkeitsdogma *(1870)*
pulpit paragraph Kanzelparagraph *(1871)*
cultural struggle / struggle for civilization Kulturkampf *(1873-1887)*
law against socialists Sozialistengesetz *(1878-1890)*
to push back the influence of the church on the culture and education system den Einfluss der Kirche im Kultur- und Bildungswesen zurückdrängen

Economy

period of promoterism / founding era *n*	Gründerzeit, Gründerjahre
the boom years *n pl*	Gründerboom
economic slump *n*	Gründerkrise, Wirtschaftskrise
world economic crisis *n*	Weltwirtschaftskrise
free trade *n*	Freihandel

protective duty / protective tariff *n*	Schutzzoll
policy of protective duties	Schutzzollpolitik

Bismarck's System of Alliances

Three Emperors' League / League of the Three Emperors – Dreikaiserabkommen, Dreikaiserbund *(1873)*
Dual Alliance / German-Austrian Alliance – Zweibund *(1879)*
Three Emperors' Alliance / the Second Three Emperors' League – Dreikaiserabkommen, Dreikaiserbund, Dreikaiserbündnis *(1881)*
Triple Alliance – Dreibundvertrag, Dreibund *(1882)*
Reinsurance Treaty – Rückversicherungsvertrag *(1887)*

The Wilhelmine Era

dismissal *n*	Entlassung

the Wilhelmine Era die Wilhelminische Ära, das Wilhelminische Zeitalter *(1888-1918)*
year of the Three Emperors Dreikaiserjahr *(1888)*
German Civil Code Bürgerliches Gesetzbuch *(1900)*
the Pan-German League der Alldeutsche Verband
Bismarck's dismissal by William II die Entlassung Bismarcks durch Wilhelm II. *(1890)*
The pilot leaves the ship. Der Lotse geht von Bord.
to dismiss sb jdn entlassen

Foreign Policy 1870 – 1914

global politics *n pl*	Weltpolitik

war-in-sight crisis Krieg-in-Sicht Krise *(1872)*
Orient Crisis Orientkrise *(1876-1878)*
Congress of Berlin Berliner Kongress *(1878)*
Entente Cordiale [ˌɑ̃ːntɑ̃ːntkɔːdiɑl] *frz* Entente Cordiale *(1904)*
an honest broker ein ehrlicher Makler
to be satiated [ˈseɪʃieɪtɪd] saturiert sein
to feel surrounded / isolated [ˈaɪsəleɪtɪd] sich eingekreist / isoliert fühlen
to protect the status quo den Status quo sichern

Naval Policy

naval policy *n*	Flottenpolitik
risk fleet *n*	Risikoflotte

frigate *n* ['frɪgət]	Fregatte, Kreuzerfregatte
the German High Seas Fleet	die deutsche Hochseeflotte

CONFLICTS IN THE EARLY 20TH CENTURY

Moroccan *adj; n* [mə'rɒkən]	marokkanisch; Marokkaner

Russo-Japanese War Russisch-Japanischer Krieg *(1904 / 05)*
Morocco Crisis / Moroccan Crisis 1. Marokkokrise *(1905; 1911)*
Algeciras Conference [ˌældʒɪ'sɪərəs] Konferenz von Algeciras *(1906)*
Young Turk Revolt Aufstand der Jungtürken *(1908 / 1909)*
Balkan Crisis Balkankrise *(1908)*
Italian-Turkish War Italienisch-Türkischer Krieg *(1911 / 1912)*
Balkan Wars ['bɔ:lkən] Balkankriege *(1912 / 1913)*

THE AGE OF IMPERIALISM

imperialism *n* [ɪm'pɪəriəlɪzm]	Imperialismus, Weltmachtpolitik, Weltmachtstreben
imperialist *adj; n*	imperialistisch; Imperialist, Verfechter imperialistischer Grundsätze
imperialistic *adj*	imperialistisch
arms race *n*	Wettrüsten
colony *n*	Kolonie
colonial *adj*	kolonial, aus den Kolonien stammend
colonialism *n*	Kolonialismus; Kolonialsystem, Kolonialpolitik
colonial power *n*	Kolonialmacht
racism *n*	Rassenhass, Rassismus, Rassenkult
savage *n* ['sævɪdʒ]	Wilder
Kaffir *n* ['kæfə]	Kaffer
disarmament conference *n* [dɪ'sɑ:məmənt]	Abrüstungskonferenz
arms limitation *n*	Rüstungsbeschränkung

the Age of Imperialism das Zeitalter des Imperialismus *(1880-1914)*
Berlin Africa Conference / Congo Conference Berliner Afrika-Konferenz / Kongokonferenz *(1884 / 1885)*
Hague Peace Conferences [heɪg] Haager Friedenskonferenzen *(1899; 1907)*
the acquisition of colonies as markets der Erwerb von Kolonien als Absatzmärkte
colonies as suppliers of raw materials Kolonien als Rohstofflieferanten
the Scramble for Africa der Wettlauf um Afrika
to establish an international court to mediate in international disputes einen internationalen Gerichtshof zur Schlichtung zwischenstaatlicher Streitigkeiten einrichten

Germany

colonial policy *n*	Kolonialpolitik
merchants *n pl*	Kaufleute
trading post / factory *n*	Faktorei
colonial troops / protective troops *n pl*	Schutztruppe

Society for German Colonization Gesellschaft für deutsche Kolonisation *(1884)*
a place in the sun ein Platz an der Sonne

England

colonist *n* ['kɒlənɪst]	Kolonist, Bewohner einer Kolonie
colonization *n* [ˌkɒlənaɪ'zeɪʃn]	Besiedlung, Kolonisation
colonizer *n*	Kolonisator
naval power *n*	Seemacht
trading nation *n*	Handelsmacht
triangular trade *n* [traɪ'æŋgjələ]	Dreieckshandel
Suez Canal *n* [ˌsuːɪzkə'næl]	Suezkanal
Boer *n* [bəʊə]	Bure
Boer War	Burenkrieg *(1899-1902)*

Suez Canal Company Suez-Kanal-Gesellschaft
the Great Trek der Große Trek *(1830er Jahre)*
Empress of India Kaiserin von Indien *(Königin Viktoria von England 1877)*

France

cultural imperialism *n*	Kulturimperialismus

Fashoda Incident Faschoda-Krise *(1898)*

❖ MODERN TIMES

WORLD WAR I

arms race *n*	Wettrüsten
militarism *n*	Militarismus
assassin *n* [əˈsæsɪn]	Attentäter
assassination *n* [əˌsæsɪˈneɪʃn]	Ermordung
ultimatum *n* [ˌʌltɪˈmeɪtəm]	Ultimatum
enthusiasm for war *n*	Kriegsbegeisterung
(wartime) volunteer *n*	(Kriegs)Freiwilliger
mobilization *n*	Mobilisierung, Mobilmachung
general mobilization	Generalmobilmachung
declaration of war *n*	Kriegserklärung
multinational state *n*	Vielvölkerstaat
neutrality *n* [njuːˈtræləti]	Neutralität

increasing readiness for war wachsende Kriegsbereitschaft
Sarajevo Assassination Attentat von Sarajevo *(28. Juni 1914)*
July Crisis Julikrise
blank cheque Blankovollmacht
Schlieffen Plan Schlieffen-Plan
World War I / the Great War 1. Weltkrieg *(1914-1918)*
the outbreak of World War I der Ausbruch des 1. Weltkriegs
civil peace / national truce [truːs] Burgfrieden
Independent Social Democratic Party of Germany Unabhängige Sozialdemokratische Partei Deutschlands (USPD)
to issue / to deliver an ultimatum ein Ultimatum stellen / übermitteln
to mediate vermitteln
to assassinate sb jdn ermorden
to violate a country's neutrality die Neutralität eines Landes verletzen

War

war credits *n pl*	Kriegskredite
war of movement *n*	Bewegungskrieg
static warfare *n* [ˈstætɪk]	Stellungskrieg
trench warfare *n*	Grabenkrieg, Stellungskrieg
two-front war / war on two fronts *n*	Zweifrontenkrieg
war of attrition *n* [əˈtrɪʃn]	Abnutzungskrieg, Zermürbungskrieg
barrage / drumfire *n* [ˈbærɑːʒ]	Trommelfeuer

tank *n*	Panzer
tank trap / anti-tank obstacle	Panzersperre
gas *v; n*	mit Gas töten, vergasen, vergiften; Gas
chlorine gas ['klɔ:ri:n]	Chlorgas
gas mask	Gasmaske
poison gas	Giftgas
mustard gas	Senfgas
gassed *adj*	vergast, vergiftet
front experience *n*	Fronterlebnis
trench *n*	Schützengraben
hero's death / death of a hero *n*	Heldentod
naval blockade / sea blockade *n*	Seeblockade
War Ministry *n*	Kriegsministerium
victorious peace / peace of annexation *n*	Siegfrieden
negotiated peace *n*	Verständigungsfrieden
dictated peace *n*	Diktatfrieden
Maginot Line *n* ['mæʒɪnəʊ]	Maginotlinie
shell shock *n*	Schützengraben-, Bombenneurose

Big Bertha (siege artillery) Dicke Berta (42-cm-Mörser)
Battles of the Marne Marneschlachten
the "miracle of the Marne" das „Wunder an der Marne" *(September 1914)*
Battle of the Somme die Schlacht an der Somme *(1916)*
the German High Command / Supreme Command of the Army / the Army High Command die Oberste Heeresleitung (OHL)
fortress of Verdun Festung von Verdun
to be shell-shocked an einer Schützengraben- oder Bombenneurose leidend

The Home Front

home front *n*	Heimatfront
care-packages *n pl*	Liebesgaben
foraging jaunt *n* [ˌfɒrɪdʒɪŋ'dʒɔ:nt]	Hamsterfahrt
black market *n*	Schwarzmarkt
letters from the front *n pl*	Feldpostbriefe
food *n*	Nahrung, Speise
food rationing	Lebensmittelrationierung
food shortage	Lebensmittelknappheit
staple food / basic food	Grundnahrungsmittel
ration *v; n* ['ræʃn]	rationieren; Ration, festes Quantum, Zuteilung
(food) ration card / ration book	Lebensmittelkarte
meat ration	Fleischration
off the ration list	markenfrei

turnip winter Kohlrübenwinter *(1916 / 1917)*
to go on a foraging jaunt hamstern

The Year 1917

peace initiative *n*	Friedensinitiative

unrestricted submarine warfare uneingeschränkter U-Boot-Krieg *(1917)*
violation of international law Verletzung des Völkerrechts
the Russian Revolution die Russische Revolution *(1917)*
the American entry into the war der amerikanische Kriegseintritt *(6. April 1917)*
the peace resolution of the German Reichstag die Friedensresolution des deutschen Reichstags *(Juli 1917)*

The End of the War and the Peace Conference at Versailles

spring offensive *n*	Frühjahrsoffensive
ceasefire / armistice *n* ['si:sfaɪə / 'ɑ:mɪstɪs]	Waffenstillstand
armistice negotiations	Waffenstillstandsverhandlungen
ceasefire agreement / armistice agreement	Waffenstillstandsabkommen
peace treaty *n*	Friedensvertrag
conclusion of a peace treaty	Friedensschluss
reparations / reparation payments / war indemnities *n pl*	Reparationen
league *n* [li:g]	Liga, Bund, Bündnis

the Fourteen Points / the Fourteen-Point Program die 14 Punkte, Wilsons 14-Punkte-Plan *(1918)*
Treaty of Brest-Litovsk Vertrag von Brest-Litowsk *(1918)*
Versailles / Paris Peace Conference Friedenskonferenz von Versailles / Paris *(1919)*
the Big Three die Großen Drei (*Clemenceau, Wilson und Lloyd George)*
the Council of Four der Rat der Vier
Versailles Treaty Versailler Vertrag *(1919)*
League of Nations Völkerbund *(1920-1946)*
League Assembly / Council / Covenant Völkerbundsversammlung / -rat / -akte
Allied Control Commission Alliierte Kontrollkommission
Polish Corridor Polnischer Korridor
provision (of a treaty) Bestimmung (eines Vertrags)

THE WEIMAR REPUBLIC

soviet republic *n* ['səʊviət]	Räterepublik
soviet system *n*	Rätesystem
soviet government *n*	Räteregierung
soviet congress *n*	Räteversammlung
executive committee *n*	Vollzugsausschuss
Free Corps *n pl* [ˌfriː'kɔː]	Freikorps
volunteer *n* [ˌvɒlən'tiə]	Freiwilliger
volunteer corps	Freiwilligeneinheit
volunteer units	Freiwilligenverbände

Weimar Republic Weimarer Republik *(1918-1933)*
November Revolution Novemberrevolution *(1918)*
the Kiel Mutiny der Kieler Matrosenaufstand *(1918)*
abdication of the emperor Abdankung des Kaisers *(November 1918)*
the proclamation of the republic die Ausrufung der Republik *(9. November 1918)*
Bavarian Soviet Republic Räterepublik Bayern (Baiern) *(April / Mai 1919)*
Workers' and Soldiers' Council Arbeiter- und Soldatenrat
Central Council of the German Socialist Republic Zentralrat der deutschen sozialistischen Republik *(1918-1920)*
Council of People's Commissars / Council of People's Commissioners Rat der Volksbeauftragten *(November 1918 - Januar 1919)*
Spartacus League / Spartacus Association Spartakusbund
to proclaim the republic die Republik ausrufen

The Weimar Constitution

petition for a referendum *n*	Volksbegehren
referendum *n*	Volksentscheid
plebiscite *n* ['plebɪsɪt]	Plebiszit
substitute emperor *n*	Ersatzkaiser
proportional representation *n*	Verhältniswahl(recht), Verhältniswahlsystem
presidential cabinet *n*	Präsidialkabinett
emergency clause / emergency decree *n*	Notverordnung
splinter party *n*	Splitterpartei

National Constituent Assembly Verfassungsgebende Nationalversammlung
the Weimar Constitution die Weimarer Verfassung
female suffrage Frauenwahlrecht, Frauenstimmrecht
a seven-year term (of office) eine siebenjährige Amtszeit
Weimar Coalition Weimarer Koalition *(SPD, DDP, Zentrum)*

to elect the president by popular vote / by direct ballot den Präsidenten direkt wählen

Institutions and Offices

President of the (German) Reich – Reichspräsident
Imperial Chancellor – Reichskanzler
Imperial Minister – Reichsminister
Imperial Government – Reichsregierung
Reichstag / Imperial Parliament – Reichstag
Reichsrat / Imperial Council – Reichsrat
Reichswehr / German Defence Force – Reichswehr

Political Parties

Social Democratic Party – Sozialdemokratische Partei Deutschlands (SPD)
German Democratic Party – Deutsche Demokratische Partei (DDP)
German National People's Party – Deutschnationale Volkspartei (DNVP)
German People's Party – Deutsche Volkspartei (DVP)
Independent Social Democratic Party of Germany – Unabhängige Sozialdemokratische Partei Deutschlands (USPD)
Communist Party of Germany – Kommunistische Partei Deutschlands (KPD)
National Socialist German Workers' Party / National Socialist German Labour Party – Nationalsozialistische Deutsche Arbeiterpartei (NSDAP)
Centre Party – Zentrum, Zentrumspartei
the Progressive Party – die Fortschrittspartei

Years of Crisis

separatist *n* ['sepərətɪst]	Separatist
inflation *n*	Inflation
inflationary *adj*	inflationistisch, inflatorisch, Inflations-
inflationary period	Inflationszeit
inflationism *n*	inflatorische Wirtschaftspolitik
currency reform *n*	Währungsreform
policy of fulfilment *n*	Erfüllungspolitik
war guilt *n*	Kriegsschuld
war guilt clause	Kriegsschuldartikel
problem of war guilt	Kriegsschuldfrage
policy of revision *n*	Revisionspolitik
revisionism *n*	Revisionismus
policy of understanding *n*	Verständigungspolitik
Iron Front *n*	Eiserne Front

November criminal Novemberverbrecher
politician associated with the policy of fulfilment Erfüllungspolitiker
Kapp Putsch Kapp-Lüttwitz-Putsch *(1920)*
Rhenish Republic / Rhineland Republic Rheinrepublik, Rheinische Republik *(1923)*
Palatine Republic Pfälzische Republik *(1923 / 24)*
Ruhr Uprising Ruhrkampf *(1923)*
occupation of the Ruhr / Ruhr occupation Ruhrbesetzung *(1923)*
Ruhr crisis Ruhrkrise *(1923)*
miracle of the Rentenmark / Rentenmark miracle Wunder der Rentenmark
Beer Hall Putsch Hitler-Putsch *(1923)*
stab-in-the-back legend Dolchstoßlegende

The Middle Phase

the Golden Twenties – die Goldenen Zwanziger
Rapallo Treaty / Treaty of Rapallo – Vertrag von Rapallo *(1922)*
Dawes Plan [dɔ:z] – Dawes-Plan *(1924)*
Treaty of Locarno / Locarno Treaty / Locarno Pact – Locarnopakt, Vertrag von Locarno *(1925)*
admission to the League of Nations – Aufnahme in den Völkerbund *(1926)*
Pact of Paris / Kellogg-Briand Pact / agreement to outlaw war – Briand-Kellogg-Pakt, Kellogg-Pakt / Kriegsächtungspakt *(1928)*

The Final Years of the Weimar Republic

worldwide economic crisis / the Great Depression *n*	Weltwirtschaftskrise
slump *n*	Preissturz, Baisse
economic slump	Wirtschaftskrise
reparation payment *n*	Reparationszahlung
reparations moratorium *n*	Reparationsmoratorium
emergency relief tax *n*	Notopfer
cost-cutting policy / austerity policy *n* [ɒs'terɪti]	Sparpolitik
emergency decree *n* [dɪ'kri:]	Notverordnung
presidential system *n*	Präsidialsystem
presidential cabinet *n*	Präsidialregierung, Präsidialkabinett
combat unit *n* ['kɒmbæt]	Kampfverband

Black Friday Schwarzer Freitag *(25. Oktober 1929)*
the Young Plan Young-Plan *(1929)*
Harzburg Front Harzburger Front
Steel Helmet / League of front-line Soldiers Stahlhelm / Bund der Frontsoldaten
Red Front Fighter Rotfrontkämpfer
Red Front Fighter's Association Rotfrontkämpferbund
short-term loans kurzfristige Kredite
Law for the Protection of the Republic Gesetz zum Schutz der Republik
fall / collapse of the republic Zusammenbruch der Republik / Untergang der Republik
the dissolution of the Reichstag die Auflösung des Reichstags
the cabinet of barons das Kabinett der Barone
to recall loans Kredite zurückfordern
to rule by decree mit Hilfe eines Erlasses (einer Notverordnung) regieren
to appoint sb chancellor jdn zum Kanzler ernennen

THE THIRD REICH

totalitarian dictatorship *n* [təˌtælɪˈtæriən dɪkˈteɪtəʃip]	totalitäre Diktatur
one-party state *n*	Einparteienstaat
National Socialism *n*	Nationalsozialismus
National Socialist *adj; n*	nationalsozialistisch; Nationalsozialist
swastika *n* [ˈswɒstɪkə]	Hakenkreuz
swastika flag	Hakenkreuzfahne

the Third Reich das Dritte Reich *(1933-1945)*
the Thousand-year Reich das Tausendjährige Reich
Nazi salute / Heil Hitler salute Hitlergruß

Hitler's Seizure of Power

book burning / burning of books *n*	Bücherverbrennung
expatriate *adj; n* [ɪkˈspætriət]	verbannt, ausgebürgert; Verbannter, Ausgebürgerter
exile *n* [ˈeksaɪl]	Exil, Verbannung; Verbannter
compulsory labour / forced labour *n*	Zwangsarbeit
forced labour camp	Zwangsarbeitslager
forced labourer *n*	Zwangsarbeiter

Reichstag fire Reichstagsbrand *(1933)*
Enabling Act (Bill / Law / Statute) Ermächtigungsgesetz *(1933)*
enforced political conformity Gleichschaltung
the seizure of power (by Hitler) ['si:ʒə] (Hitlers) Machtergreifung
Decree for the Protection of the German People Notverordnung zum Schutz von Volk und Staat *(1933)*
Law for Removing the Distress of People and Reich Gesetz zur Behebung der Not von Volk und Reich *(1933)*
Night of the Long Knives Nacht der langen Messer *(30. Juni 1934)*
to curtail rights [kɜ:'teɪl] **/ to suspend rights** Rechte einschränken / Rechte aufheben
to go into exile ins Exil gehen

Ideology

fascism *n* ['fæʃɪzm]	Faschismus
fascist *adj; n* ['fæʃɪst]	faschistisch; Faschist
leader state / Führer state *n*	Führerstaat
Führer principle / leader principle *n*	Führerprinzip
Weltanschauung / ideology *n*	Weltanschauung
Fellow German / national comrade *n*	Volksgenosse
people's state *n*	Volksstaat
racism *n*	Rassismus
master race *n*	Herrenrasse, Herrenvolk
master class *n*	Herrenschicht
Aryan / non-Aryan *adj n* ['eəriən]	Arier; arisch / Nichtarier; nicht-arisch
Jew *n*	Jude
Jewess *n*	Jüdin
Jewish *adj*	jüdisch
Jewry *n* ['dʒʊəri]	die Juden, das Judentum
anti-Semitism *n*	Antisemitismus
gypsy / gipsy *n*	Zigeuner, Sinti und Roma
anti-Marxism *n*	Antimarxismus
anti-Bolshevism *n*	Antibolschewismus
racial hygiene *n* ['haɪdʒi:n]	Rassenhygiene
euthanasia / 'mercy killing' *n* [ju:θə'neɪziə]	Euthanasie
eugenics *n* [ju:'dʒenɪks]	Eugenik

the Führer / Führer cult der Führer / Führerkult
Lebensraum ideology Lebensraum-Ideologie
community of the people / people's community / racial and national community Volksgemeinschaft
blood and soil Blut und Boden
the Aryan race / the Nordic race die arische Rasse / die nordische Rasse
"sub-human being" „Untermensch"
"not worthy of life" / "not worth living" „lebensunwert"
inferior race minderwertige Rasse
a people without living space ein Volk ohne Lebensraum
the Law for the Prevention of Genetically Diseased Offspring das Gesetz zur Verhinderung erbkranken Nachwuchses *(1933)*
to purge the state bureaucracy and the judiciary of non-Aryans Beamtentum und Richterschaft von Nichtariern „säubern"
to swear an oath of personal loyalty to the Fuehrer den Treueid auf den Führer schwören

Domestic Policy

propaganda *n*	Propaganda
preventive arrest / protective custody *n*	Schutzhaft

Nazi people's radio / People's receiver / People's radio set Volksempfänger
the German Weekly Newsreel Wochenschau
'Degenerate Art' [dɪ'dʒenərət] ‚Entartete Kunst'
National Socialist Party Rally Reichsparteitag
(Nazi Party) district Gau
(party) district leader in charge of a Gau Gauleiter
German Christians Deutsche Christen
Confessing Church Bekennende Kirche
Greater Germany Großdeutschland
German racialists Deutschvölkische
Mother's Cross Mutterkreuz

National Socialist Organizations and Institutions

German Workers' Party – Deutsche Arbeiterpartei
National Socialist German Workers' Party – Nationalsozialistische Deutsche Arbeiterpartei (NSDAP)
Chancellery of the (German) Reich – Reichskanzlei

Ministry of Public Enlightenment and Propaganda – Ministerium für Volksaufklärung und Propaganda
Gestapo / Secret State Police – Geheime Staatspolizei, Gestapo
Reich Cultural Chamber – Reichskulturkammer
People's Court – Volksgerichtshof
Storm Troopers / SA / Brownshirts – Sturmabteilung, SA / Braunhemden
Schutzstaffel / protection squad – Schutzstaffel, SS
Waffen-SS / military branch of the SS – Waffen-SS
National Socialist Womens' Organization – NS-Frauenschaft (NSF)
German Young Folk – Deutsches Jungvolk (DJ)
Hitler Youth / member of the Hitler Youth – Hitlerjugend (HJ) / Hitlerjunge
League of Young Girls – Jungmädel (JM) *(Organisation)*
girl member of the Hitler Youth – Jungmädel
League of German Girls – Bund deutscher Mädel (BDM)
German Labour Front – Deutsche Arbeitsfront (DAF)
Reich Food Estate – Reichsnährstand (RNS)
National Labour Service – Reichsarbeitsdienst (RAD)
National Socialist Public Welfare Organization – NS-Volkswohlfahrt (NSV)
Strength through Joy – Kraft durch Freude (KdF)

Counterculture and Resistance Movement

resistance *n*	Widerstand
resistance movement	Widerstandsbewegung
resistance fighter	Widerstandskämpfer
opponent *n*	Gegner
conspiracy *n* [kən'spɪrəsi]	Verschwörung
conspirator *n* [kən'spɪrətə]	Verschwörer

the Swing Movement die Swing-Bewegung
the Red Orchestra die Rote Kapelle
Edelweiss Pirates Edelweißpiraten
July Plot der Aufstand vom 20. Juli, Hitler-Attentat
Kreisau Circle Kreisauer Kreis
the White Rose die Weiße Rose
active / passive resistance aktiver / passiver Widerstand

Foreign Policy

appeasement *n* [ə'pi:zmənt]	Beruhigung, Befriedigung, Beschwichtigung
policy of appeasement / appeasement policy	Beschwichtigungspolitik, Erfüllungspolitik
axis powers *n pl* ['æksɪs]	Achsenmächte

territorial cession *n* Gebietsabtretung
territorial gain *n* Landgewinn

Anglo-German Naval Agreement Deutsch-Englisches Flottenabkommen *(1935)*
the Axis die Achse, Achse Berlin-Rom
Rome-Berlin Axis agreement Achsenbündnis *(1936)*
Anti-Comintern Pact Antikominternpakt *(Deutschland und Japan 1936)*
the remilitarization of the Rhineland / the occupation of the Rhineland der Einmarsch in das / Besetzung des entmilitarisierte(n) Rheinland(s) *(1936)*
annexation of Austria Anschluss Österreichs *(1938)*
the Munich Conference die Münchner Konferenz *(1938)*
Munich Agreement / Munich Pact Münchner Abkommen *(1938)*
Sudeten(land) German / Sudeten crisis Sudetendeutscher / Sudetenkrise *(1938)*
the annexation (invasion) of the Sudetenland [ˌænekˈseɪʃn] die Annexion des Sudetenlands (der Einmarsch in das Sudetenland) *(1938)*
Protectorate of Bohemia and Moravia / Bohemia and Moravia Protectorate Reichsprotektorat Böhmen und Mähren
German-Soviet Non-Aggression Pact / German-Soviet Pact / Hitler-Stalin Pact Deutsch-Sowjetischer Nichtangriffspakt / Hitler-Stalin-Pakt *(1939)*
Siegfried Line Siegfriedlinie, Siegfriedstellung, Westwall
Pact of Steel / Steel Pact Stahlpakt *(1939)*
the dismemberment of Czechoslovakia [ˌtʃekeləʊˈvækiə] die Zerschlagung der Tschechoslowakei *(1939)*
to claim / to cede a territory / country ein Gebiet / Land beanspruchen / abtreten

THE HOLOCAUST

Holocaust *n* Holocaust
shoah *n* [ʃəʊə] Shoah
Aryan *n* [ˈeəriən] Arier
proof of Aryan ancestry [ˈænsestri] Ariernachweis
Aryan Paragraph Arierparagraph
concentration camp *n* Konzentrationslager
roll call *n* Appell
roll call square Appellplatz
death march *n* Todesmarsch
collection point *n* Umschlagplatz
genocide *n* [ˈdʒenəsaɪd] Genozid, Völkermord
mass murder *n* Massenmord
mass shootings *n pl* Massenerschießungen

ghetto *n*	Ghetto
extermination *n*	Ausrottung, Vernichtung
mobile extermination squads / killing squads [skwɒdz]	Einsatzgruppen
gas *v; n*	mit Gas töten, vergasen, vergiften; Gas
gas chamber	Gaskammer
gassed *adj*	vergast, vergiftet
gassing *n*	Vergasen

Nuremberg Laws / Law for the Protection of German Blood and German Honour Gesetz zum Schutze des deutschen Blutes und der deutschen Ehre, Nürnberger (Rassen)Gesetze *(1935)*
the "Jewish Problem" / the "Jewish Question" die „Judenfrage"
Night of the Broken Glass / "Crystal Night" Reichspogromnacht, „Reichskristallnacht" *(9. November 1938)*
confiscation of property Enteignung
mandatory Aryanization [ˈmændətri ˌeəriənaɪˈzeɪʃn] Zwangsarisierung
the "final solution" of the Jewish question die „Endlösung" der Judenfrage
Wannsee Conference Wannseekonferenz *(1942)*
Special Duty Section Sonderdienst (SD)
curfew for Jews Ausgangssperre für Juden
the Warsaw Ghetto [ˌwɔːsɔːˈgetəʊ] das Warschauer Ghetto
Warsaw Ghetto Uprising Aufstand des Warschauer Ghettos *(1943)*
systematic extermination systematische Vernichtung
extermination camp / death camp Vernichtungslager, Todeslager
resettlement in the East Umsiedlung im Osten
to deport sb / to transport sb / sth jdn deportieren / transportieren, befördern
to be transported to deportiert werden nach
to deprive the Jews of citizens' rights den Juden das Bürgerrecht entziehen
to force the Jews to wear a Star of David (badge) die Juden zwingen den Davidstern zu tragen
to "cleanse" Germany of Jews [klenz] Deutschland von den Juden „säubern"
to seal / liquidate a ghetto ein Ghetto abriegeln / vernichten

WORLD WAR II

World War II

invasion *n*	Invasion, Überfall
Wehrmacht *n*	Wehrmacht
German Navy *n*	Kriegsmarine
German Air Force *n*	Luftwaffe
blitzkrieg / "lightning war" *n*	Blitzkrieg

the Blitz	Bombenkrieg gegen England
war of destruction *n*	Vernichtungskrieg
Phoney War *n*	Sitzkrieg
total war *n*	totaler Krieg
eastern campaign / eastern offensive *n*	Ostfeldzug
Volkssturm / Nazi militia *n* [mɪˈlɪʃə]	Volkssturm
air raid *n*	Luftangriff
air-raid shelter	Luftschutzraum, Luftschutzkeller, Luftschutzbunker, Bunker
endsieg / final victory *n*	Endsieg
flak / anti-aircraft gun *n*	Flak, Fliegerabwehrkanone, Fliegerabwehr
prisoner *n*	Gefangener
prisoner of war	Kriegsgefangener
prisoner-of-war camp / P.O.W. camp	Kriegsgefangenenlager

the invasion of Poland der Überfall auf Polen
Katyn massacre Massaker von Katyn *(1940)*
Battle of Britain Luftschlacht um England *(1940)*
Battle of the Atlantic Atlantikschlacht
(North) African Campaign (Nord)Afrikafeldzug *(1941-1943)*
(German) Africa Corps (Deutsches) Afrikakorps
Russian Campaign Russlandfeldzug *(1941-1945)*
Battle of Stalingrad Schlacht von Stalingrad *(1942 / 1943)*
Pocket of Stalingrad Kessel von Stalingrad
Operation Overlord militärische Operation der Alliierten mit dem Ziel, Nordfrankreich zu befreien
D-Day 6. Juni 1944, Tag der Landung der Alliierten Truppen in der Normandie
Ardennes Campaign Ardennenoffensive *(1944)*
Battle of the Bulge die Ardennenschlacht *(1944)*
Normandy Campaign Schlacht in der / um die Normandie *(1944)*
Dresden raid / firebombing of Dresden Luftangriff auf Dresden *(13. / 14.2.1945)*
anti-Hitler coalition Anti-Hitler-Koalition
the strategy of scorched earth / scorched-earth policy die Strategie / Politik der verbrannten Erde

War Conferences

war conference *n*	Kriegskonferenz
the Allied Powers / the Allies *n pl* [ˌælaɪdˈpaʊəz / ðiˈælaɪz]	die Alliierten

Atlantic Charter Atlantik-Charta *(1941)*
Tehran Conference [teə'rɑːn] Konferenz von Teheran *(1943)*
Yalta Conference die Konferenz von Jalta, Krim-Konferenz *(1945)*
Yalta Agreement Jalta-Abkommen *(1945)*
Potsdam Conference Konferenz von Potsdam *(1945)*
the Potsdam Accord / the Potsdam Agreement das Potsdamer Abkommen *(1945)*

The End of the War

atomic bomb / A-bomb *n* [ə'tɒmɪk]	Atombombe
displaced person, D.P. *n*	Verschleppter, ausländischer Zwangsarbeiter, D.P.
expulsion *n* [ɪks'pʌlʃn]	Vertreibung
flight *n*	Flucht
refugee *n* [ˌrefjuː'dʒiː]	Flüchtling
refugee camp	Flüchtlingslager

unconditional surrender bedingungslose Kapitulation
VE day Tag des Sieges der Alliierten in Europa *(8. Mai 1945)*
VJ Day Tag des Sieges der Alliierten über Japan *(15. August; 2. September 1945)*
United Nations Charter Charta der Vereinten Nationen *(1945)*
Geneva Convention [dʒə'niːvə] Genfer Konvention *(1949)*
the expulsion of the Germans die Vertreibung der Deutschen
expellee from former East German and Sudeten territories [ˌɪks'pe'liː] Heimatvertriebener
to have sb expelled from a country [ɪks'peld] jdn aus einem Land ausweisen lassen
to expel vertreiben

❖ CONTEMPORARY HISTORY

POSTWAR GERMANY

great power *n*	Großmacht
the Great Powers	die Großmächte
position as a Great Power	Großmachtstellung
(great-)power politics	Großmachtpolitik
great-power policy	Großmachtpolitik (einer Nation)
occupation *n*	Besatzung
occupation period / occupation era	Besatzungszeit
occupying power	Besatzungsmacht
occupation statute	Besatzungsstatut
sector *n*	Sektor
sector boundary	Sektorengrenze
checkpoint *n*	Sektorenübergang
currency *n* [ˈkʌrənsi]	Währung
currency reform / monetary reform	Währungsreform
zone of occupation *n*	Besatzungszone
Soviet Zone *n* [ˈsəʊviət]	Sowjetzone
Eastern Zone *n*	Ostzone
war criminal *n*	Kriegsverbrecher
war crime *n*	Kriegsverbrechen
War Crimes Tribunal [traɪˈbjuːnl]	Kriegsverbrechertribunal
collective responsibility / collective guilt *n*	Kollektivschuld
denazification *n* [ˌdiːnɑːtsifɪˈkeɪʃn]	Entnazifizierung
re-education *n*	Umerziehung
dismantlement *n*	Demontage, Schleifung
dismantling program(me) *n*	Demontage

post-war Germany Nachkriegsdeutschland
the Zero Hour die Stunde Null
Allied Control Council (ACC) Alliierter Kontrollrat
Allied Forces Alliierte Streitkräfte
Nuremberg Trials Nürnberger Prozesse *(1945-1949)*
Marshall Aid Marshallplanhilfe
Marshall Plan / European Recovery Program (ERP) Marshallplan
the Berlin Blockade Berlin-Blockade *(1948-49)*
Berlin Airlift Berliner Luftbrücke *(1948-49)*

"raisin bomber" „Rosinenbomber"
Soviet Occupation Zone Sowjetische Besatzungszone (SBZ)
Soviet Military Administration (SMAD) Sowjetische Militäradministration
Bizone / Bizonia ['baɪzəʊn] Bizone *(1947)*
German People's Congress for Unity and a Just Peace Deutscher Volkskongress für Einheit und einen gerechten Frieden *(1947)*
All-German Conference of Minister Presidents Münchener Ministerpräsidentenkonferenz *(1947)*
Six-Power Conference Sechsmächtekonferenz *(1948)*
Trizone / Trizonia ['traɪzəʊn] Trizone *(1949)*
Parliamentary Council Parlamentarischer Rat
denazification certificate „Persilschein"
to commit crimes against humanity Verbrechen gegen die Menschlichkeit / Menschheit begehen
to undertake a currency reform eine Währungsreform durchführen
to airlift essential supplies lebenswichtige Güter einfliegen
to dismantle sth demontieren, abbauen, niederreißen

Everyday Life

care package *n*	Carepaket
black market *n*	Schwarzmarkt
black-market prices	Schwarzmarktpreise
black-market dealer / black marketeer [ˌblækmɑːkə'tiə]	Schwarzhändler
housing shortage *n*	Wohnungsmangel
serious housing shortage	Wohnungsnot
rebuilding *n*	Wiederaufbau

Cooperative for American Remittances to Europe CARE-Organisation
makeshift dwelling Behelfswohnung, Behelfsunterkunft
Nissen hut Nissenhütte
Trummerfrau / rubble woman Trümmerfrau
to buy / sell something on the black market etw. auf dem Schwarzmarkt kaufen / verkaufen
to blackmarket Schwarzhandel treiben, auf dem Schwarzmarkt vertreiben
to deal in the black market Schwarzhandel treiben

FEDERAL REPUBLIC OF GERMANY

Institutions and Offices

federalist *adj* [ˈfedrəlɪst]	föderalistisch
federalism *n* [ˈfedrəlɪzm]	Föderalismus
Federal Minister *n*	Bundesminister
Federal Government *n*	Bundesregierung
Federal Law *n*	Bundesrecht

(Federal) President Bundespräsident
Federal Chancellor / German Chancellor [ˈtʃɑːnsələ] Bundeskanzler
Bundestag / Federal Diet / Lower House of German Parliament Bundestag
Bundesrat / Upper House of German Parliament / Federal Council of Germany Bundesrat
Federal Assembly Bundesversammlung
(German) Federal Constitutional Court Bundesverfassungsgericht
Foreign Minister Außenminister
Foreign Ministry Außenministerium
Minister of the Interior Innenminister
Ministry of the Interior Innenministerium
Minister of Finance / Finance Minister Finanzminister
Ministry of Finance / Finance Ministry Finanzministerium
Federal Republic of Germany Bundesrepublik Deutschland
Land (of the Federal Republic of Germany) / federal state Bundesland
Federal Law takes precedence over the law of a Land. Bundesrecht bricht Landesrecht.

Political Parties

Christian Democrat *n*	Christdemokrat
Christian democratic *adj*	christdemokratisch
Social Democrat *n*	Sozialdemokrat
social democratic *adj*	sozialdemokratisch
Free Democrat *n*	Freidemokrat
liberal *adj*	liberal, freidemokratisch
Green *adj; n*	grün; Grüner

Christian Democratic Union Christlich-Demokratische Union (CDU)
Christian Social Union Christlich-Soziale Union (CSU)
Social Democratic Party Sozialdemokratische Partei (SPD)
Free Democratic Party Freie Demokratische Partei (FDP)
Bündnis 90 / the Greens Bündnis 90 / die Grünen
fundamentalist / radical Green Fundi
realist / pragmatic Green Realo

The Federal Republic up to 1990

the Saarland *n*	das Saarland, das Saargebiet
economic miracle *n*	Wirtschaftswunder
migrant worker *n* [ˌmaɪgrənt'wɜ:kə]	Wanderarbeiter; Gastarbeiter
guest worker *n*	Gastarbeiter
recession *n*	Rezession, Wirtschaftsflaute
financial compensation *n*	Wiedergutmachung
student protest movement *n*	Studentenbewegung
student unrest *n*	Studentenunruhen
left-wing extremist *adj; n*	linksextremistisch; Linksextremer
left-wing extremism *n*	Linksextremismus
right-wing extremist *adj; n*	rechtsextremistisch; Rechtsextremer
right-wing extremism *n*	Rechtsextremismus
women's movement *n*	Frauenbewegung
peace movement *n*	Friedensbewegung
conscientious objector *n* [kɒnʃiˌenʃəs əb'dʒektə]	Kriegsdienstverweigerer
Easter (Peace) March *n*	Ostermarsch
xenophobia *n* [ˌzenə'fəʊbiə]	Ausländerfeindlichkeit
xenophobic *adj* [ˌzenə'fəʊbɪk]	ausländerfeindlich
asylum *n* [ə'saɪləm]	Asyl, Zufluchtsort
right of asylum	Asylrecht
asylum seeker	Asylant
asylum seekers' hostel	Asylantenwohnheim

the Brussels Treaty Brüsseler Pakt, Brüsseler Vertrag *(1948)*
Basic Law (of the Federal Republic of Germany) Grundgesetz *(1949)*
Allied High Commission Alliierte Hohe Kommission (AHK) *(1949-1955)*
German Treaty Deutschlandvertrag *(1952)*
Western European Union (WEU) Westeuropäische Union (WEU) *(1954)*
Paris Treaties Pariser Verträge *(1954)*
Saar Statute Saarstatut *(1954)*

Saar Agreement Saarabkommen, Saarvertrag *(1956)*
social market economy soziale Marktwirtschaft
Auschwitz Trial Auschwitz-Prozess *(1963-1966)*
equalization of burdens / the Equalization of Burdens Act [ˌiːkwəlaɪˈzeɪʃn] Lastenausgleich / Lastenausgleichsgesetze
Grand Coalition Große Koalition *(1966-1969)*
Emergency Laws Notstandsgesetze *(1968)*
the Social-Liberal-Coalition die sozial-liberale Koalition *(1969-1982)*
ban on the employment of civil servants with extreme political views Radikalenerlass *(1972)*
German Autumn der Deutsche Herbst *(1977)*
Baader-Meinhof Gang Baader-Meinhof-Bande
the Red Army Faction die Rote Armee Fraktion
NATO twin-track decision NATO-Doppelbeschluss *(1979)*
the Christian-Liberal Coalition die christlich-liberale Koalition *(1982-1998)*
constructive vote of no confidence konstruktives Misstrauensvotum
extra-parliamentary opposition außerparlamentarische Opposition (APO)
emigrant of German origin from Eastern Europe / (ethnic) German repatriate Spätaussiedler
to integrate the Federal Republic of Germany into the Western security system die Bundesrepublik Deutschland in das westliche Sicherheitssystem integrieren
to ask for political asylum um politisches Asyl bitten
to grant (give) sb political asylum jdm politisches Asyl gewähren

THE GERMAN DEMOCRATIC REPUBLIC

Institutions and Offices

East German Parliament / Peoples' Chamber Volkskammer
Provincial Chamber Länderkammer
Chairman of the Council of State Staatsratsvorsitzender
Council of Ministers Ministerrat
Council of State Staatsrat
Ministry for State Security Ministerium für Staatssicherheit (MfS)
State Security Service Staatssicherheitsdienst, Stasi
Politburo [ˈpɒlɪtˌbjʊərəʊ] Politbüro
National People's Army Nationale Volksarmee (NVA)
the German Democratic Republic (GDR) die Deutsche Demokratische Republik (DDR)
Free German Youth Freie Deutsche Jugend (FDJ)

the Young Pioneers / the Pioneer Organization Ernst Thälmann die Jungen Pioniere
Free German Trade Union Federation Freier Deutscher Gewerkschaftsbund (FDGB)
Association of Publicly Owned Enterprises Vereinigung Volkseigener Betriebe (VVB)
People's Congress Volkskongress
People's Council Volksrat
hammer and compass [ˈkʌmpəs] Hammer und Zirkel
informal collaborator [kəˈlæbəreɪtə] Informeller Mitarbeiter (IM)
People's Police Volkspolizei, Vopo

Political Parties

Socialist Unity Party of Germany Sozialistische Einheitspartei Deutschlands (SED)
Christian Democratic Union Christlich-Demokratische Union Deutschlands (CDU)
Liberal Democratic Party Liberaldemokratische Partei Deutschlands (LDPD)
Democratic Peasant's Party Demokratische Bauernpartei Deutschlands (DBD)
National Democratic Party Nationaldemokratische Partei Deutschlands (NDPD)
single list (of candidates) / unified list (of candidates) Einheitsliste
Party Congress Parteikongress

The German Democratic Republic up to 1990

Eastern Zone *n*	Ostzone
planned economy *n*	Planwirtschaft
shoot-to-kill order *n*	Schießbefehl
antifascism *n* [ˌæntɪˈfæʃɪzm]	Antifaschismus
antifascist *adj; n*	antifaschistisch; Antifaschist
class enemy *n*	Klassenfeind
class struggle *n*	Klassenkampf

the special German road to socialism der besondere deutsche Weg zum Sozialismus *(1946)*
real socialism real existierender Sozialismus
state-guided economy staatlich gelenkte Wirtschaft
the (Berlin) Wall die (Berliner) Mauer *(1961-1989)*
East-West trade innerdeutscher Handel
Round Table Runder Tisch
antifascist protective wall antifaschistischer Schutzwall
deserting the republic / fleeing the republic Republikflucht
swords into ploughshares [ˈplaʊʃeəz] Schwerter zu Pflugscharen

THE REUNIFICATION OF GERMANY

reunification *n* [ˌriːjuːnɪfɪˈkeɪʃn]	Wiedervereinigung
transition	die Wende
East-West conflict *n*	Ost-West-Konflikt
East-West relations *n pl*	Ost-West-Beziehungen
policy of rapprochement *n* [ræˈprɒʃmɑ̃ːŋ]	Annäherungspolitik
détente *n* [ˈdeɪtɑ̃ːnt]	Entspannung

Iron Curtain [ˌaɪənˈkɜːtən] Eiserner Vorhang
the German Question die Deutsche Frage
Stalin Note Stalin-Note *(1952)*
Hallstein Doctrine / the Federal Republic's claim to sole representation Hallsteindoktrin / der Alleinvertretungsanspruch der Bundesrepublik *(1955)*
the Grand Coalition die Große Koalition *(1966)*
peaceful coexistence friedliche Koexistenz
Ostpolitik / Eastern Policy Ostpolitik *(1970s)*
the Eastern Treaties Ostverträge *(1970-1972)*
Moscow Treaty [ˈmɒskəʊ] Moskauer Vertrag *(1970)*
Warsaw Treaty [ˈwɔːsɔː] Warschauer Vertrag *(1970)*
Four-Power Agreement / Quadripartite Agreement Viermächteabkommen *(1971)*
Basic Treaty Grundlagenvertrag *(1972)*
Transit Agreement Transitabkommen *(1972)*
Two-Plus-Four Talks / Treaty Zwei-Plus-Vier-Gespräche / -Vertrag *(1990)*
Party of Democratic Socialism Partei des Demokratischen Sozialismus (PDS)
reciprocal recognition of the two German states [rɪˈsɪprəkəl] gegenseitige Anerkennung der beiden deutschen Staaten
the collapse of communism in East Germany der Zusammenbruch des Kommunismus in Ostdeutschland

the fall of the Wall der Fall der Mauer *(9.11.1989)*
the reunification of Germany die deutsche Wiedervereinigung
the Day of German Unity der Tag der Deutschen Einheit *(3.10.1990)*
to acknowledge the postwar borders as inviolable [ɪn'vaɪələbl] die Unverletzlichkeit der Nachkriegsgrenzen anerkennen
to install permanent diplomatic missions ständige Vertretungen einrichten
to normalize relations between East Germany and West Germany die Beziehungen zwischen Ost- und Westdeutschland normalisieren
to promise flourishing landscapes / a flourishing economy ['flʌrɪʃɪŋ] blühende Landschaften versprechen

POLITICAL, ECONOMIC AND MILITARY INTEGRATION OF EUROPE

currency *n* ['kʌrənsi]	Währung
euro *n* ['jʊərəʊ]	Euro
monetary union *n* [ˌmʌnɪtri'juːniən]	Währungsunion

Parliamentary Assembly Parlamentarische Versammlung
Council of Ministers der Ministerrat
European Commission Europäische Kommission
the single European currency die europäische Einheitswährung
European Central Bank Europäische Zentralbank (EZB)
the Single (European) Market der Europäische Binnenmarkt
Organization for European Economic Cooperation (OEEC) Organisation für die europäische wirtschaftliche Zusammenarbeit *(1948)*
Council of Europe Europarat *(1949)*
North Atlantic Treaty Organization (NATO) Nordatlantikpakt, Atlantikpakt *(1949)*
European Coal and Steel Community (ECSC) Europäische Gemeinschaft für Kohle und Stahl (EGKS), Montanunion *(1951)*
European Defence Council Europäische Verteidigungsgemeinschaft (EVG) *(1952)*
Paris Treaties Pariser Verträge *(1954)*
Western European Union (WEU) Westeuropäische Union (WEU) *(1955)*
European Atomic Energy Community (EURATOM) Europäische Atomgemeinschaft *(1955)*
Treaties of Rome Römische Verträge *(1957)*
European Court of Justice Europäischer Gerichtshof *(1957)*
European Economic Community (EEC) / Common Market Europäische Wirtschaftsgemeinschaft *(1958)*
European Parliament Europäisches Parlament *(1958)*
European Free Trade Association (EFTA) Europäische Freihandelsassoziation / Freihandelszone *(1960)*

Organization for Economic Cooperation and Development (OECD) Organisation für wirtschaftliche Zusammenarbeit und Entwicklung *(1961)*
European Community (EC) Europäische Gemeinschaft (EG) *(1967)*
European Council Europäischer Rat *(1974)*
European Currency Unit (ECU) Europäische Währungseinheit *(1975)*
Schengen Agreement Schengener Abkommen *(1985)*
Maastricht Treaty Vertrag von Maastricht *(1992)*
European Union Europäische Union (EU) *(1993)*
European Economic and Monetary Union Europäische Wirtschafts- und Währungsunion (EWWU)
to put a supranational institution in charge of the entire coal and steel production die Kohle- und Stahlproduktion einer supranationalen Institution unterstellen
the eastward expansion of the European Community die Erweiterung der Europäischen Gemeinschaft nach Osten / die Osterweiterung der Europäischen Gemeinschaft

DECOLONIZATION

decolonization *n*	Entkolonialisierung
emerging country / developing country *n*	Entwicklungsland
population *n*	Bevölkerung, Einwohnerschaft; Bevölkerungs-, Einwohnerzahl
population explosion	Bevölkerungsexplosion
population statistics	Bevölkerungsstatistik
population growth	Bevölkerungswachstum
independence movement *n*	Unabhängigkeitsbewegung
non-alignment *n* [ˌnɒnəˈlaɪnmənt]	Blockfreiheit, Bündnisfreiheit
non-alignment policy	Neutralitätspolitik
foreign aid *n*	Entwicklungshilfe
apartheid *n* [əˈpɑːtaɪt]	Apartheid
Afrikaner / Boer *n* [ˌæfrɪˈkɑːnə / bəʊə]	Bure
Truth and Reconciliation Commission *n*	Wahrheits- und Versöhnungskommission

North-South divide das Nord-Süd-Gefälle
North-South conflict Nord-Süd-Konflikt
Third World Dritte Welt
African National Congress (ANC) Afrikanischer Nationalkongress
to decolonize entkolonialisieren

THE MIDDLE EAST

Zionism *n* ['zaɪənɪzm]	Zionismus
Zionist *n* ['zaɪənɪst]	Zionist
mandate *n* ['mændeɪt]	Mandat, vorläufige Herrschaft; Mandatsgebiet
mandate system	Mandatssystem
territory under mandate / mandated territory / mandated area	Mandatsgebiet
Palestinian *adj; n* [ˌpæləs'tɪniən]	palästinensisch; Palästinenser
Intifada *n*	Intifada *(Widerstand in den von Israel besetzten Gebieten)*
right to self-determination *n*	Selbstbestimmungsrecht
Hezbollah / Hizbullah *n* [ˌhɪzbɒ'lɑː]	Hisbollah
Hamas *n* [hæ'mæs]	Hamas
suicide attack / suicide bombing *n*	Selbstmordanschlag, Selbstmordattentat

Balfour Declaration ['bælfə] Balfour-Deklaration *(1917)*

Arab League / League of Arab States ['ærəb] Arabische Liga *(1945)*

First Arab-Israeli War / Israeli War of Independence 1. Israelisch-Arabischer Krieg, Unabhängigkeitskrieg *(1948 / 1949)*

Second Arab-Israeli War / (Sinai-)Suez War / Sinai Campaign ['saɪnaɪ] 2. Israelisch-Arabischer Krieg, Sinaifeldzug *(1956)*

Third Arab-Israeli War / Six-Day War 3. Israelisch-Arabischer Krieg, Sechstagekrieg *(1967)*

Black September Schwarzer September *(September 1970)*

Palestine Liberation Organization (PLO) Palästinensische Befreiungsorganisation

Fourth Arab-Israeli War / Yom Kippur War [ˌjɒmkɪ'pʊə] **/ October War** 4. Israelisch-Arabischer Krieg, Jom-Kippur-Krieg, Oktoberkrieg *(1973)*

Iran-Iraq War [ɪ'rɑːn‿ɪ'rɑːk] 1. Golfkrieg *(1980-1988)*

Operation Peace for Galilee 1982 / the 1982 War / Lebanon War Libanonkrieg, Invasion im Libanon *(1982)*

Gulf War Golfkrieg *(1991)*

Iraq War Irak-Krieg *(2003)*

IV. Selected Countries

❖ CHINA

Chinese *adj; n*	chinesisch; Chinese, Chinesin; Chinesisch
silk *n*	Seide
porcelain / china *n* ['pɔ:slɪn]	Porzellan
magnetic compass *n* ['kʌmpəs]	Magnetkompass
paper making *n*	Papierherstellung
gunpowder *n*	Schießpulver
extraterritoriality *n* [ˌekstrəˌteritɔ:ri'æləti]	Exterritorialität
State Council *n*	Staatsrat
Politburo *n* ['pɒlɪtˌbjʊərəʊ]	Politbüro
Secretary General *n*	Generalsekretär
policy of collectivization *n* [kəˌlektɪvaɪ'zeɪʃn]	Kollektivierungspolitik
owner of a large estate *n*	Großgrundbesitzer
counterrevolution *n*	Konterrevolution
counterrevolutionary *n*	konterrevolutionär
people's commune *n*	Volkskommune

the Silk Road die Seidenstraße
the Great Wall (of China) die Chinesische Mauer
(Anglo-Chinese) Opium War Opiumkrieg *(1840-1842)*
the Unequal Treaties die Ungleichen Verträge
Taiping Rebellion Taiping-Rebellion *(1851)*
the Sino-Japanese War [ˌsaɪnəʊˌdʒæpə'ni:z] der Chinesisch-Japanische Krieg *(1894 / 95)*
the Hundred Days Reform die Hundert-Tage-Reform *(1898)*
the Boxer Rebellion der Boxeraufstand *(1900)*
the Republican Revolution / the Chinese Revolution of 1911 die Republikanische Revolution *(1911)*
Kuomintang [ˌkwəʊmɪn'tæŋ] Kuomintang *(1912)*
National People's Party Nationale Volkspartei, Nationalpartei
May Fourth Movement Vierter-Mai-Bewegung *(1919)*
the Red Army die Rote Armee
the Long March der Lange Marsch *(1934 / 1935)*
National People's Congress Nationaler Volkskongress
the First Five-Year Plan der 1. Fünfjahresplan *(1953-57)*
the Hundred Flowers Campaign die Hundert-Blumen-Bewegung (1956/57)

the Great Leap Forward der Große Sprung nach vorn *(1958)*
the Three Bitter Years die Drei Bitteren Jahre *(1959-1962)*
Cultural Revolution Kulturrevolution *(1965-1971)*
the Red Guards die Roten Garden
Gang of Four Viererbande
Democracy Movement Demokratiebewegung
Tiananmen Square [tiˌænənmɪn'skweə] Platz des Himmlischen Friedens
to cede / return Hong Kong to China Hongkong an China abtreten / zurückgeben
to become a special administrative region of the Chinese Republic
Sonderverwaltungszone der Volksrepublik China werden (1997)

❖ ENGLAND

Geography and People

England – England
Great Britain – Großbritannien
Ireland – Irland
Jorvik ['jɔ:vɪk] – York
London – London
Scotland – Schottland
Wales – Wales

the Venerable Bede [ˌvenərəbl'bi:d] – Beda Venerabilis, der ehrwürdige Beda
Canute [kə'nju:t] – Knut
Charles – Karl
Edward the Confessor – Edward der Bekenner
Oliver Cromwell – Oliver Cromwell
Edward – Edward
Elizabeth – Elisabeth
George – Georg
Henry – Heinrich
Jacob ['dʒeɪkəb] – Jakob
John Lackland – Johann Ohneland
Mary Queen of Scots – Maria, Königin von Schottland, Maria Stuart
Richard Lionheart – Richard Löwenherz
Victoria – Viktoria
William the Conqueror ['kɒŋkərə] – Wilhelm der Eroberer
William of Orange – Wilhelm von Oranien

EARLY HISTORY

crannog / lake dwelling *n*	Pfahlbau
Celt *n* [kelt]	Kelte
Pict *n*	Pikte
war paint *n*	Kriegsbemalung
tattoo *n*	Tätowierung
Caledonian *n*	Kaledonier

Briton *n*	Britannier
Scot *n*	Skote

THE ROMANS

Hadrian's Wall *n*	Hadrianswall *(122-132 n. Chr.)*
Antonine's Wall [ˌæntənaɪnzˈwɔːl] *n*	Antoninuswall *(142-144 n. Chr.)*

MEDIEVAL ENGLAND

The Anglo-Saxons

Anglo-Saxon *adj; n*	angelsächsisch; Angelsachse
the Angles *n pl*	die Angeln
Anglian *adj; n*	anglisch; Angehöriger des Volksstammes der Angeln
Saxon *adj; n*	sächsisch; Sachse
Jute *n* [dʒuːt]	Jüte
Jutish *adj* [ˈdʒuːtɪʃ]	jütisch
Viking *adj; n* [ˈvaɪkɪŋ]	Wikinger-, wikingisch; Wikinger
Viking invasions	Einfälle der Wikinger
longboat *n*	großes Beiboot; Wikingerboot
Offa's Dyke *n*	Offas Dyke *(Schutzwall zwischen England und Wales)*

conquest and settlement of a country	Landnahme

The Danes

Dane *n*	Däne
Danish *adj*	dänisch
Danelaw *n* [ˈdeɪnlɔː]	dänisches Recht; Gebiet unter dänischem Recht
Danegeld *n* [ˈdeɪngeld]	Danegeld *(Steuer, die dazu benutzt wurde, die Dänen von Raubzügen in England abzuhalten)*

the Viking kingdom of York / the Kingdom of York	das Königreich von York

The Norman Conquest

Norman *adj; n*	normannisch; Normanne
Norman French / Anlgo-Norman	Anglofranzösisch; Anglonormannisch *(Sprache)*

the Norman Conquest	der normannische Eroberungszug *(1066)*
Battle of Hastings	Schlacht von Hastings *(1066)*
Bayeux Tapestry [baɪˈjɜː]	Teppich von Bayeux
Domesday Book [ˈduːmzdeɪ]	Reichsgrundbuch Englands *(1085/86)*

The Plantagenets

Plantagenet *n* [plænˈtædʒənɪt]	Plantagenet
parliament *n*	Parlament
Lollard *n*	Lollard

Magna Carta	Magna Charta *(1215)*
the Hundred Years' War	der Hundertjährige Krieg *(1337-1453)*
the House of York	das Haus York
the House of Lancaster	das Haus Lancaster

EARLY MODERN TIMES

The Tudors

Anglican *adj; n*	anglikanisch; Anglikaner
the Anglican Church	die anglikanische Kirche
Elizabethan *adj; n* [ɪˌlɪzəˈbiːθn]	elisabethanisch; Elisabethaner, Zeitgenosse Elisabeths I. von England

the Wars of the Roses	die Rosenkriege *(1455-1485)*
the dissolution of the monasteries	die Auflösung der Klöster
Act of Succession	Nachfolgegesetz *(1534)*
Act of Supremacy [suːˈpreməsi]	Suprematsakte *(1535)*
the defeat of the Spanish Armada	die Niederlage der spanischen Armada *(1588)*
the Virgin Queen	die jungfräuliche Königin *(Elisabeth I.)*
to promote voyages of discovery	Entdeckungsreisen fördern
to set up a merchant fleet	eine Handelsflotte aufbauen

The Stuarts

Presbyterian *adj; n* [ˌprezbɪˈtɪəriən]	presbyterianisch; Presbyterianer
personal union *n*	Personalunion

Petition of Rights Petition of Rights, Antrag auf Bestätigung der überkommenen Rechte *(1628)*
Pride's Purge *Vertreibung von ca. 140 Mitgliedern des Unterhauses, die eine Verständigung mit den Royalisten befürworteten, durch eine Truppe unter Oberst Pride (1648)*
Long Parliament Langes Parlament *(1640-1660)*
the Great Rebellion Kampf des Parlaments gegen Karl I. *(1642-1649)*
Rump Parliament / the Rump Rumpfparlament
Barebones Parliament Parlament der Heiligen *(1653)*
the Protectorate das Protektorat unter Oliver Cromwell *(1653-1659)*
the Merry Monarch Karl II. *(1660-1685)*
the Great Fire of London der Große Brand von London *(1666)*
Test Act Testakte *(1673; Gesetz zum Ausschluss von Nonkonformisten und Katholiken von öffentlichen Ämtern)*
Habeas Corpus Act Habeaskorpusakte, Schutz vor willkürlicher Verhaftung *(1679)*
Popish Plot Papistische Verschwörung *(1678)*
Society of Friends Quäker, Gesellschaft der Freunde
Act of Union Unionsakte *(1707)*
the conflict between Crown and Parliament der Kampf zwischen Krone und Parlament
the breach between King and Parliament der Bruch zwischen König und Parlament

Oliver Cromwell

Puritan *adj; n*	puritanisch; Puritaner
dissenter *n*	Abweichler, Dissenter
leveller *n*	Gleichmacher
Cavalier *n* [ˌkævəˈlɪə]	Kavalier, Royalist
Roundhead *n*	Roundhead, Rundkopf
Lord Protector *n*	Lordprotektor
military dictatorship *n*	Militärdiktatur
Commonwealth *n*	Republik, Commonwealth
purges *n pl* [ˈpɜːdʒəz]	„Säuberungen"

Navigation Act Navigationsakte *(1651)*
to prohibit (theatrical) performances / cockfights / visits to the pub / dances
Theateraufführungen / Hahnenkämpfe / Wirtshausbesuche / Tanzvergnügungen verbieten
to control Sunday observance die Sonntagsruhe überwachen

Glorious Revolution

Glorious Revolution	Glorreiche Revolution *(1688)*
Bill of Rights	Gesetz über die Rechte des englischen Parlaments, Bill of Rights *(1689)*
Act of Toleration	Toleranzakte *(1689)*

THE HOUSE OF HANOVER

the House of Hanover	das Haus Hannover
South Sea Bubble	Südseeschwindel *(1720)*
War of Independence	Unabhängigkeitskrieg *(1775-1783)*
Coalition Wars	Koalitionskriege *(1792-1806/07)*

THE BRITISH EMPIRE

naval power / maritime power ['mærɪtaɪm] **/ sea power** *n*	Seemacht
trading nation *n*	Handelsmacht
freedom of trade *n*	Handelsfreiheit
colonial empire *n*	Kolonialreich
colonial power *n*	Kolonialmacht
monopoly *n* [mə'nɒpəli]	Monopol
slave trade *n*	Sklavenhandel

the British Empire	das Britische Imperium / Weltreich

THE 19TH CENTURY (→ INDUSTRIALIZATION)

Chartism *n* ['tʃɑ:tɪzm]	Chartismus *(1830er Jahre)*
Chartist *n*	Chartist
Luddite *n* ['lʌdaɪt]	Maschinenstürmer
dominion *n*	Dominion, autonome Kolonie
suffragette *n* [ˌsʌfrə'dʒet]	Suffragette, Frauenrechtlerin

Great Exhibition / World Fair	Weltausstellung *(1851)*
Crimean War [kraɪ'mi:ən]	Krimkrieg *(1853-1856)*

THE 20TH CENTURY (→ WORLD WAR I / II)

Suez Crisis [ˌsuːɪzˈkraɪsɪs] Suezkrise *(1956)*
Falklands War [ˌfɔːkləndzˈwɔː] Falklandkrieg *(1982)*
the Iron Lady die Eiserne Lady *(Margaret Thatcher)*

POLITICAL AND SOCIAL STRUCTURE (→ GOVERNMENT AND POLITICS)

peer *n*	Gleicher, Ebenbürtiger; Peer, Adliger
peerage *n*	Adelsstand; Peers; Peerage, Peerswürde
peerdom *n*	Peerswürde, Adelsstand
earl *n*	Earl, Graf
earldom *n*	Grafschaft, Grafentitel, Grafenwürde
gentry *n*	Gentry, niederer Adel
the landed gentry	der Landadel
bourgeoisie *n* [ˌbɔːʒwɑːˈziː]	Bourgeoisie, Bürgertum
Whig *adj; n*	Whig-; Whig
Tory *adj; n*	Tory-, konservativ; Tory, Konservativer
borough *n* [ˈbʌrə]	befestigter Ort, Burg(flecken); Wahlbezirk

close / pocket borough Wahlkreis, dessen Wähler unter dem Einfluss eines Großgrundbesitzers standen
rotten borough Wahlkreis mit nur geringer Wählerzahl

❖ FRANCE

People

Joan of Arc – Jeanne d'Arc
Louis – Ludwig
Cardinal Mazarin – Kardinal Mazarin

MEDIEVAL FRANCE

nation state *n*	Nationalstaat
Capetian *n* [kəˈpiːʃn]	Kapetinger
right of aubaine *n* [əʊˈbeɪn]	Heimfallrecht
dauphin *n* [ˈdɔːfɪn]	Dauphin, französischer Thronfolger
dauphine / dauphiness *n* [ˈdɔːfiːn / ˌdɔːfɪˈnes]	Dauphine

the Capetian dynasty / the Capetians die (Dynastie der) Kapetinger *(987-1328)*
the Hundred Years' War der Hundertjährige Krieg *(1337-1453)*
the House of Valois das Haus der Valois *(1328-1589)*
the Battle of Agincourt die Schlacht bei Azincourt *(1415)*
the strengthening of the central power die Stärkung der Zentralgewalt

THE AGE OF ABSOLUTISM

Bourbon *n; adj* ['bʊəbən]	Bourbone; bourbonisch
lever *n* ['leveɪ]	das Lever, die Morgenaufwartung
coucher *n* ['ku:ʃeɪ]	das Coucher, das Zubettgehen
canopied bed *n*	Baldachinbett, Himmelbett
canopy *n* ['kænəpi]	Baldachin, Betthimmel, Thronhimmel
intendant *n* [ɪn'tendənt]	Intendant, Oberaufseher, Verwalter
clergy *n* ['klɜ:dʒi]	Klerus
nobility *n*	Adel
bourgeoisie *n* [ˌbɔ:ʒwɑ:'zi:]	Bürgertum
peasantry *n* ['pezntri]	Bauerntum, die Bauern

the Sun King der Sonnenkönig
the court at Versailles der Hof von Versailles
the first / second / third estate der erste / zweite / dritte Stand
War of Devolution Devolutionskrieg *(1667/1668)*
the Dutch War Krieg gegen die niederländischen Generalstaaten *(1672-1678)*
War of the League of Augsburg / War of the Grand Alliance / War of the Palatinate Krieg der Augsburger Liga, Krieg der Liga von Augsburg, Krieg gegen die Pfalz *(1688/89-1697)*

CHURCH POLICY

Jansenism *n*	Jansenismus
Jansenist *n; adj*	Jansenist; jansenistisch
Huguenot *n; adj* ['hju:gənəʊ]	Hugenotte; hugenottisch

Huguenot Wars / French Wars of Religion Hugenottenkriege, Französische Religionskriege *(1562-1598)*
St Bartholomew's Eve / Massacre of St Bartholomew / St Bartholomew's Day Massacre Bartholomäusnacht, Pariser Bluthochzeit *(23./24.8.1572)*
Edict of Nantes Edikt von Nantes *(1598)*
persecution of the Huguenots Hugenottenverfolgung
Gallican liberties gallikanische Freiheiten *(1682)*
the revocation of the Edict of Nantes die Aufhebung des Edikts von Nantes *(1685)*

POLICY OF HEGEMONY

hegemony *n* [hɪ'gemənɪ]	Hegemonie, Vorherrschaft
policy of hegemony / hegemonial policy	Hegemonialpolitik
predatory war *n* ['predətri]	Raubkrieg

Peace of the Pyrenees [ˌpɪrə'ni:z] Pyrenäenfriede *(1659)*
balance of power Gleichgewicht der Kräfte, Gleichgewicht der Mächte, politisches Gleichgewicht
the War of the Spanish Succession der Spanische Erbfolgekrieg *(1701-1714)*

THE FRENCH REVOLUTION

revolutionary *adj; n*	revolutionär; Revolutionär
economic / social crisis *n*	Wirtschafts- / Sozialkrise
expenditure *n*	Staatsausgaben
national debt *n* [det]	Staatsschulden
indebtedness of the state *n*	Staatsverschuldung
reign of mistresses *n* [reɪn]	Mätressenwirtschaft
estate *n*	Stand
clergy *n*	Geistlichkeit, Klerus
nobility *n*	(Hoch)Adel; Adel, Edle(s); Adelsstand
bourgeoisie *n* [ˌbɔ:ʒwɑ:'zi:]	Bourgeoisie, Bürgertum
exemption from taxation *n* [ɪg'zempʃn]	Steuerbefreiung

the French Revolution die Französische Revolution *(1789)*
a serious financial crisis eine schwere Finanzkrise
the Third Estate der Dritte Stand
to be exempt from all direct taxes [ɪg'zempt] von allen direkten Steuern befreit sein
to enjoy privileges / tax exemption Privilegien / Steuerfreiheit genießen
to receive income and services from dependent peasants Einkünfte und Dienstleistungen von den abhängigen Bauern erhalten

THE CONSTITUTIONAL MONARCHY

the States General *n pl*	Generalstände
assembly of the States General	Generalständeversammlung
Notables *n*	Notabeln
Assembly of Notables	Notabelnversammlung
National Assembly *n*	Nationalversammlung

the Bastille *n*	die Bastille
assignat *n* [ˌæsɪnˈjɑː]	Assignate *(Papiergeld)*
civil marriage *n*	Ziviltrauung, standesamtliche Trauung, Zivilehe
civic guard(s) / militia *n*	Bürgerwehr
national guard *n*	Nationalgarde
national guardsman *n*	Nationalgardist
royalist *adj; n*	royalistisch, königstreu; Königstreuer

National Constituent Assembly / Constituency Assembly Konstituante *(1788-1791)*

the abolition of the feudal system by decree die Abschaffung des Feudalsystems per Dekret *(1789)*

the abolition of feudal rights / of the tithe die Aufhebung der Feudalrechte / des Zehnten

Declaration of the Rights of Man and the Citizen die Erklärung der Menschen- und Bürgerrechte *(1789)*

vote by heads / estates Abstimmung nach Köpfen / Ständen

Tennis Court Oath Ballhausschwur *(20. Juni 1789)*

the Great Fear die Große Furcht, Grande Peur *(Juli / August 1789)*

expropriation / sale of church property Enteignung / Verkauf des Kirchenbesitzes, von Kirchengütern

the controversy over the mode of voting der Streit um den Abstimmungsmodus

the storming of the Bastille [bæsˈtiːl] der Sturm auf die Bastille *(14. Juli 1789)*

Bastille Day französischer Nationalfeiertag *(14. Juli 1789)*

to call the States General die Generalstände einberufen *(1789)*

to abolish the privileges / the tax privilege of the nobility and clergy die Privilegien / das Steuerprivileg des Adels und der Geistlichkeit abschaffen

to relax press censorship die Pressezensur lockern

to take an oath on the constitution einen Eid auf die Verfassung ablegen

THE RADICAL PHASE OF THE REVOLUTION

Jacobin *n* [ˈdʒækəʊbɪn]	Jakobiner
Jacobinic / Jacobinical *adj*	jakobinisch
Jacobinism *n*	Jakobinismus, Jakobinertum
liberty cap *n*	Jakobinermütze
the Centre / the Plain *n*	die Gemäßigten, die Prärien
the Gironde *n frz*	die Gironde
Girondist *n*	Girondist
sans-culotte *n frz* [ˌsænzkjʊˈlɒt]	Sansculotte
cockade *n*	blau-weiß-rote Kokarde
tricolour *n* [ˈtrɪkələ, ˈtraɪˌkʌlə]	Trikolore

political club politischer Klub
Jacobin Club Club der Jakobiner, Jakobinerklub
the Marseillaise die Marseillaise
the Tuileries Palace Tuilerien-Palast, die Tuilerien
cannonade of Valmy Kanonade von Valmy *(1792)*

THE REIGN OF TERROR

republic *n*	Republik
guillotine *v; n* [ˈgɪləti:n]	guillotinieren; Guillotine, Fallbeil
revolutionary tribunal *n* [traɪˈbju:nl]	Revolutionstribunal
the Directors *n pl*	die Direktoren
the Directory *n*	das Direktorium
constitution of the Directory	Direktorialverfassung
the National Convention *n*	der Nationalkonvent, der Konvent

the Reign of Terror / the Terror die Schreckensherrschaft
September Massacres Septembermorde *(1792)*
Committee of Public Safety Wohlfahrtsausschuss
the Revolutionary Wars die Revolutionskriege *(1792-1802)*
the citizen Louis Capet der Bürger Ludwig Capet
the abolition of the monarchy die Abschaffung der Monarchie
separate peace with Prussia Sonderfriede mit Preußen in Basel *(1795)*
to declare / proclaim a republic eine Republik ausrufen

THE FIGHT FOR HEGEMONY IN EUROPE

hegemony *n* [hɪˈgeməni]	Hegemonie, Oberherrschaft
satellite state *n*	Satellitenstaat
overseas markets *n pl*	Märkte in Übersee
smuggle *v; n*	schmuggeln; Schmuggel
smuggler *n*	Schmuggler
economic war(fare) *n*	Wirtschaftskrieg

Coalition Wars Koalitionskriege *(1792-1806/07)*
Battle of Trafalgar Schlacht bei Trafalgar *(1805)*
Battle of Austerlitz Schlacht bei Austerlitz, Dreikaiserschlacht *(1805)*
the Continental System / the Continental Blockade Kontinentalsystem / Kontinentalsperre
loss of sales on the continent Absatzverluste auf dem Kontinent

RISE AND RULE OF NAPOLEON

Mameluke *n* ['mæmɪlu:k]	Mameluck
coup (d'etat) *n frz*	Staatsstreich
plebiscite *n* ['plebɪsɪt]	Plebiszit, Volksabstimmung
the Consulate *n*	die Konsulatsregierung *(1799-1804)*
the Constitution of the Consulate	Konsulatsverfassung
concordat *n* [kɒn'kɔ:dæt]	Konkordat
Code Napoléon / Code Civil *n*	Code Civil, napoleonisches Gesetzbuch
code of civil law *n*	Zivilgesetzbuch
personal freedom *n*	persönliche Freiheit
private property *n*	Privateigentum
measures of censorship *n*	Zensurmaßnahmen
ban on newspapers *n*	Zeitungsverbote
satellite state *n*	Satellitenstaat

consul for life Konsul auf Lebenszeit
commander-in-chief of the French forces in Italy Oberbefehlshaber über die französischen Truppen in Italien
victory over the Mamelukes Sieg über die Mamelucken
separation of church and state Trennung von Kirche und Staat
equality before the law Gleichheit vor dem Gesetz
arbitrary ['ɑ:bɪtrəri] **/ random arrests** willkürliche Verhaftungen
to depose the Directory das Direktorium absetzen
to crown oneself sich selbst die Krone aufs Haupt setzen

THE DECLINE OF NAPOLEON'S RULE

guerrilla *n* [gə'rɪlə]	Guerillakämpfer
guerrilla warfare / partisan warfare *n*	Guerillakrieg, Partisanenkrieg
occupying power *n*	Besatzungsmacht
national hero *n*	Volksheld
supply difficulties *n pl*	Versorgungsschwierigkeiten
change of front *n*	Frontenwechsel
abdication *n*	Abdankung

the Grand Army / the Great Army die Grande Armée, die Große Armee *(Napoleons I.)*
Franco-Russian War Russlandfeldzug *(1812)*
the (German) Wars of Liberation die Befreiungskriege *(1813-1815)*
Battle of Leipzig / Battle of (the) Nations Völkerschlacht bei Leipzig *(1813)*
Battle of Waterloo Schlacht bei Waterloo *(1815)*
national insurrections nationale Erhebungen
the twin battles of Jena and Auerstädt / the battle of Jena-Auerstädt die Doppelschlacht bei Jena und Auerstädt *(1806)*
the crossing of the Beresina die Überquerung des Flusses Beresina
to abdicate verzichten auf, abdanken

THE 19TH CENTURY

the restoration of the Bourbons [ˈbʊəbən] die Restauration der Bourbonen *(1814-1848)*
Hundred Days die Herrschaft der hundert Tage *(1815)*
the Revolution of 1830 die Revolution von 1830
July Revolution Julirevolution
Citizen King Bürgerkönig *(Louis Philippe, Herzog von Orléans, 1830-48 König von Frankreich)*
the (French) Foreign Legion die (französische) Fremdenlegion *(1831)*
the Revolution of 1848 die Revolution von 1848
the Second (French) Republic die Zweite Republik *(1848-1851)*
Crimean War [kraɪˈmiːən] Krimkrieg *(1853-1856)*
Dreyfus Affair [ˈdreɪfəs] Dreyfusaffäre *(1890er Jahre)*

THE 20TH CENTURY

Vichy France / Vichy regime [reɪˈʒiːm] Vichy Frankreich / Vichy Regime *(1940-1944)*
the Third (French) Republic die Dritte Republik *(1870-1940)*
the Fourth (French) Republic die Vierte Republik *(1944-1958)*
the Fifth (French) Republic die Fünfte Republik *(1958-)*

❖ RUSSIA

Geography and People

Armenia – Armenien
Azerbaijan [ˌæzəbaɪ'dʒɑ:n] – Aserbeidschan
the Baltic states – die baltischen Staaten
Belarus [ˌbelə'ru:s] – Weißrussland
Black Sea – Schwarzes Meer
Estonia – Estland
Georgia – Georgien
Kazakhstan [ˌkæzæk'stɑ:n] – Kasachstan
Kiev – Kiew
Kyrgyzstan [ˌkɜ:gɪ'stɑ:n] – Kirgisistan
Latvia ['lætviə] – Lettland
Lithuania [ˌlɪθju'eɪniə] – Litauen
Moldova [mɒl'dəʊvə] – Moldawien
Moscow ['mɒskəʊ] – Moskau
Russia – Russland
Siberia [saɪ'bɪəriə] – Sibirien
Tajikistan [tɑ:'dʒi:kɪˌstɑ:n] – Tadschikistan
Turkmenistan [tɜ:kˌmenɪ'stɑ:n] – Turkmenistan
Ukraine [ju:'kreɪn] – Ukraine
Union of Soviet Socialist Republics (USSR) – Union der Sozialistischen Sowjetrepubliken (UdSSR)
Uzbekistan [ʊzˌbekɪ'stɑ:n] – Usbekistan

Alexander [ˌælɪg'zɑ:ndə] – Alexander
Leonid Brezhnev ['breʒnev] – Leonid Breschnew
Lev Davidovich Bronstein / Leon Trotsky – Lew Dawidowitsch Bronstein / Trotzki
Catherine the Great – Katharina die Große
Iosif Vissarionovich Dzhugashvili [dʒu:'gæʃvɪlɪ] / **Joseph Stalin** – Iossif Wissarionowitsch Dschugaschwili / Stalin
Genghis Khan [ˌgengɪs'kɑ:n] – Dschingis Khan, Tschingis Khan
Mikhail Gorbachev [ˌmɪkaɪl 'gɔ:bətʃɒf] – Michail Gorbatschow
Nikita Khrushchev [nɪ'ki:tə krʊst'tʃɒf] – Nikita Chruschtschow
Ivan the Great [i:'vɑ:n] – Iwan III., der Große
Ivan the Terrible – Iwan IV., der Schreckliche
Kublai Khan [ˌku:blə'kɑ:n] – Kublai Khan, K(h)ubilai Khan
Peter the Great – Peter der Große
Vladimir Ilich Ulyanov / Lenin – Wladimir Iljitsch Uljanow / Lenin

Indo-European *adj; n*	indoeuropäisch; Indoeuropäer
Varangian *adj; n*	Waräger-; Waräger
Slav *adj; n* [slɑ:v]	slawisch; Slawe
Slavic tribe	Slawenstamm

THE KIEVAN EMPIRE

Kievan state *n* ['ki:evən]	Kiewer Reich
Kiev Rus *n* [ˌki:ev'ru:s]	Kiever Rus
patriarch *n* ['peɪtriɑ:k]	Patriarch
patriarchate / patriarchy *n*	Patriarchat
apostle of the Slavs *n*	Slawenapostel
icon *n* ['aɪkən]	Ikone
Russian-orthodox priest / Greek-orthodox priest *n*	Pope
Russian-orthodox *adj*	russisch-orthodox
metropolitan *n*	Metropolit
Cyrillic [se'rɪlɪk] **script**	kyrillische Schrift

TATAR RULE (1240-1480)

Tatar *n* ['tɑ:tə]	tatarisch; Tatar
steppe *n*	Steppe
nomad *n*	Nomade
nomadic *adj*	nomadisch
khan *n* [kɑ:n]	Khan
yurt *n* [jɜ:t]	Jurte
tribute (money) *n*	Tribut, Abgabe
Mongol / Mongolian *adj; n* ['mɒŋgəl / mɒŋ'gəʊliən]	mongolisch; Mongole, Mongolisch
Mongol horde	Mongolenhorde

the Mongol Empire das Mongolenreich
the Golden Horde die Goldene Horde
to be under the dominion of the Mongols unter der Herrschaft der Mongolen stehen
to be cut off from Western Europe during the Mongol period – während der Mongolenherrschaft von Westeuropa abgeschnitten sein
to free oneself from the Mongol yoke sich vom Mongolenjoch befreien

THE MUSCOVITE EMPIRE

autocracy *n* [ɔ:'tɒkrəsi]	Autokratie, Alleinherrschaft
autocrat *n*	Autokrat, Alleinherrscher
grand duke *n*	Großfürst
czar / tzar *n* [zɑ: / tsɑ:]	Zar
czarina *n* [zɑ:'rɪ:nə]	Zarin
czarevitch *n* ['zɑ:rəvɪtʃ]	Zarewitsch *(Sohn eines Zaren)*
czarevna *n* [zɑ:'revnə]	Zarewna *(Tochter eines Zaren)*

czardom *n* ['zɑ:dəm]	Zarenreich; Zarenwürde
czarism *n* ['zɑ:rɪzm]	Zarismus, Zarentum
czarist *adj*	zaristisch
boiar / boyar / boyard *n* ['bɔɪə]	Bojar
Cossack *n* ['kɒsæk]	Kosak
penal colony *n* ['pi:nəl]	Strafkolonie
Holy Synod *n* ['sɪnəd]	Heiliger Synod
Kremlin *n*	Kreml

Russian Empire Russisches (Zaren)Reich
the Romanov dynasty die Romanow-Dynastie, das Herrscherhaus der Romanows
ice-free / warm-water port eisfreier Hafen
the development of Siberia die Erschließung Sibiriens
access to the Baltic Sea / Black Sea Zugang zur Ostsee / zum Schwarzen Meer
(the Great) Nordic War / the Great Northern War / the Second Northern War Großer Nordischer Krieg, 2. Nordischer Krieg *(1700-1721)*
Emancipation Act / emancipation of the peasantry Bauernbefreiung *(1861)*

THE RUSSIAN REVOLUTION

Russian *adj; n*	russisch; Russe
City Duma / City Council *n*	Stadtduma, Stadtrat
State Duma *n*	Staatsduma, Parlament
intelligentsia *n*	Intelligenz, Intellektuelle
general strike *n*	Generalstreik
order to fire *n*	Schießbefehl
soviet / Soviet *adj; n* ['səʊviət]	sowjetisch, Sowjet-; Sowjet, Arbeiter- und Soldatenrat
agrarian reform [ə'greəriən] / **land reform** *n*	Bodenreform, Agrarreform
dual government *n*	Doppelherrschaft
Bolshevik, *pl* **Bolsheviks / Bolsheviki** *adj; n*	bolschewistisch; Bolschewik Bolschewist
Bolshevism *n*	Bolschewismus
Menshevik *n*	Menschewik
Menshevist *adj*	menschewistisch
Menshevism *n*	Menschewismus
Red Guard(s) *n*	Rote Garde
civil war *n*	Bürgerkrieg *(1918-1920)*
Red Army *n*	Rote Armee
counter-revolution *n*	Gegenrevolution
counter-revolutionary *adj*	gegenrevolutionär

Russo-Japanese War Russisch-Japanischer Krieg *(1904/05)*
October Manifesto Oktobermanifest *(1905)*
Bloody Sunday Petersburger Blutsonntag *(1905)*
Russian Revolution Russische Revolution *(1917)*
April Theses Aprilthesen *(1917)*
the February / October Revolution die Februar- / Oktoberrevolution *(1917)*
abdication of the czar Abdankung des Zaren
All power to the Soviets. Alle Macht den Räten.
Council of People's Commissars Rat der Volkskommissare
Military Revolutionary Committee Militärrevolutionäres Komitee
provisional government provisorische Regierung
Treaty of Brest-Litovsk Vertrag von Brest-Litowsk *(1918)*
conflict between different nationalities Nationalitätenkonflikt

THE USSR

famine *n* ['fæmɪn]	Hungersnot
Marxism *n*	Marxismus
Marxist *adj; n*	marxistisch; Marxist
Leninism *n*	Leninismus
mausoleum *n* [ˌmɔːsə'liːəm]	Mausoleum
agitation *n* [ˌædʒɪ'teɪʃn]	Agitation
mass agitation	Massenagitation
agitator *n* ['ædʒɪteɪtə]	Agitator, Aufwiegler
Stalinism *n*	Stalinismus
Stalinist *adj; n*	stalinistisch; Stalinist
five-year plan *n*	Fünfjahresplan
output target *n*	Plansoll
kolkhoz [ˌkɒl'kɒz] / **collective farm** *n*	Kolchose
sovkhoz *n* [ˌsɒv'kɒz]	Sowchose
expropriation *n*	Enteignung
collectivization *n*	Kollektivierung
show trial *n*	Schauprozess
totalitarian *adj*	totalitär
totalitarianism *n*	Totalitarismus
atheism *n* ['eɪθiɪzm]	Atheismus, Gottesleugnung
atheist *n* ['eɪθiɪst]	Atheist, Gottesleugner; Gottloser
atheistic *adj* [ˌeɪθi'ɪstɪk]	atheistisch, gottesleugnerisch

Comintern Komintern, Kommunistische Internationale *(1919)*
New Economic Policy (NEP) Neue Ökonomische Politik *(1921-1928)*
Great Purge Große Säuberung *(1930er Jahre)*
farm collectivization Kollektivierung der Landwirtschaft
the Cheka / the Soviet Secret Police die Tscheka / die sowjetische Geheimpolizei
Supreme Soviet Oberster Sowjet
totalitarian regime totalitäres Regime
to expropriate sb – jdn enteignen

THE USSR AS A WORLD POWER

general secretary *n*	Generalsekretär
central committee *n*	Zentralkomitee
nomenklatura *n* [ˌnəʊmənklətuːrə]	Nomenklatur
gerontocracy *n* [ˌdʒerɒnˈtɒkrəsi]	Gerontokratie, Greisenherrschaft
destalinization *n*	Entstalinisierung
dissident *n*	Dissident
perestroika *n*	Perestroika *(Umgestaltung)*
glasnost *n*	Glasnost *(Offenheit)*

the Communist Party of the Soviet Union die Kommunistische Partei der Sowjetunion (KPdSU)
Brezhnev Doctrine Breschnew-Doktrin *(1968)*
Afghan-Soviet War / Afghanistan War Afghanisch-Sowjetischer Krieg, Afghanistankrieg *(1979-1989)*
to install Communist governments kommunistische Regierungen einsetzen
to destalinize entstalinisieren

THE EASTERN BLOC

Eastern Bloc *n*	Ostblock
Eastern Bloc state / Eastern Bloc country	Ostblockstaat
satellite state *n*	Satellitenstaat
non-aligned *adj* [ˌnɒnəˈlaɪnd]	blockfrei
sovietization *n*	Sowjetisierung
ethnic *adj*	ethnisch, völkisch
ethnic group	Volksgruppe

Two-Camp theory Zwei-Lager-Theorie
Warsaw Pact Warschauer Pakt *(1955-1991)*
Solidarnosc / Solidarity Solidarnosc *(polnische Gewerkschaft)*
COMECON / Council for Mutual Economic Assistance Rat für Gegenseitige Wirtschaftshilfe (RGW)
non-aligned nations blockfreie Staaten
"ethnic cleansing" [ˈklenzɪŋ] „ethnische Säuberungen" *(z.B. auf dem Balkan in den 1990ern)*

UPRISINGS

the People's Rebellion of June 17, 1953 der Volksaufstand vom 17. Juni *(1953)*
the Polish October der Polnische Oktober *(1956)*
the Hungarian (Up)Rising / the Hungarian Revolution der ungarische Volksaufstand *(1956)*
the Prague Spring [prɑːg] der Prager Frühling *(1968)*

THE COMMONWEALTH OF INDEPENDENT STATES (CIS)

Commonwealth of Independent States (CIS) Gemeinschaft Unabhängiger Staaten (GUS) *(1991)*
the dissolution of the Soviet Union die Auflösung der Sowjetunion (1991)

❖ THE UNITED STATES OF AMERICA

EARLY HISTORY

land bridge *n*	Landbrücke
Clovis culture *n* [ˈkləʊvɪs]	Cloviskultur
mound *n*	künstlicher Erdhügel
burial mound [ˈberɪəl]	Grabhügel
Viking *n* [ˈvaɪkɪŋ]	Wikinger
Norman *adj; n*	normannisch; Normanne

COLONIZING NORTH AMERICA

colonial history *n*	Kolonialgeschichte
settler *n*	Siedler
log cabin *n*	Blockhütte

American Indian / Red Indian *n*	Indianer
colony *n*	Kolonie
proprietary colony *n* [prəˈpraɪətəri]	Eigentümerkolonie
crown colony *n*	Kronkolonie
general assembly *n*	allgemeine Versammlung
governor *n*	Gouverneur
council *n*	Rat
Pilgrim Fathers *n pl*	Pilgerväter
Puritan *adj; n*	puritanisch; Puritaner
indentured servant *n*	Vertragsknecht
slave *n*	Sklave
enslaved *adj*	leibeigen, versklavt
enslavement *n*	Sklaverei, Versklavung

Lost Colony of Roanoke Island [ˈrəuənəʊk] die verlorene Kolonie von Ronaoke Island *(1587)*
Jamestown Jamestown *(1607; erste dauerhafte britische Siedlung in Nordamerika)*
Mayflower Mayflower *(1620)*
Plymouth Plantation [ˈplɪməθ] Plymouth Plantation, Siedlung von Plymouth *(1620)*
Salem witch trials [ˈseɪləm] Salemer Hexenprozesse *(1692)*
to rely on the natives for survival zum Überleben auf die Eingeborenen angewiesen sein
to found a colony eine Kolonie gründen
to enslave sb jdn zum Sklaven machen, versklaven

THE STRUGGLE FOR INDEPENDENCE

independence *n*	Unabhängigkeit
independent *adj*	unabhängig
representation *n*	Vertretung; Verkörperung
minuteman *n* [ˈmɪnɪtmæn]	Freiwilliger im amerikanischen Unabhängigkeitskrieg
Hessian *adj; n*	hessisch; hessischer Soldat, Söldner

French and Indian War Siebenjähriger Krieg in Nordamerika *(1756-1763)*
Sons of Liberty Söhne der Freiheit *(1765)*
Stamp Act Stempelakte *(1765)*
Boston Massacre [ˈmæsəkə] Blutbad von Boston *(1770)*
Boston Tea Party Boston Tea Party *(1773)*

Continental Congress Kontinentalkongress *(1774; 1775)*
War of Independence Unabhängigkeitskrieg *(1775-1783)*
Independence Day Unabhängigkeitstag *(4. Juli)*
Declaration of Independence Unabhängigkeitserklärung *(4. Juli 1776)*
Articles of Confederation Bundesartikel *(1777)*
Peace of Paris Frieden von Paris *(1783)*
the Constitution of the United States of America die Verfassung der Vereinigten Staaten von Amerika *(1787)*
No taxation without representation keine Besteuerung ohne politische Mitsprache
to declare one's independence die Unabhängigkeit erklären
an amendment to the constitution ein Zusatzartikel zur Verfassung

BEFORE THE CIVIL WAR

antebellum *adj Lat* — Vorkriegs- *(bezogen auf den amerikanischen Bürgerkrieg)*

the Louisiana Purchase [ˈpɜːtʃɪs] der Kauf von Louisiana *(1803)*
the War of 1812 der Krieg von 1812
Missouri Compromise Missourikompromiss *(1820)*
Monroe Doctrine Monroedoktrin *(1823)*
the Battle of the Alamo [ˈæləməʊ] Schlacht von Alamo *(1836 in San Antonio, Texas)*
the Mexican-American War Amerikanisch-Mexikanischer Krieg *(1846-1848)*
Kansas-Nebraska Act Kansas-Nebraska-Gesetz *(1854)*
Underground Railroad Geheimorganisation zum Durchschleusen flüchtiger Sklaven aus den Südstaaten der USA nach Kanada

THE SLAVE TRADE

triangular trade *n* [traɪˈæŋgjʊlə] — Dreieckshandel
Middle Passage *n* — Mittelpassage
slave auction *n* — Sklavenauktion
plantation *n* — Plantage
sugar plantation — Zuckerplantage

THE AMERICAN CIVIL WAR (1861-1865)

abolition *n* [ˌæbəˈlɪʃn] — Abschaffung, Aufhebung
abolitionism *n* [ˌæbəˈlɪʃənɪzm] — Abolitionismus *(Bewegung zur Abschaffung der Sklaverei)*

abolitionist *n*	Abolitionist, Verfechter der Sklavenbefreiungsidee
Confederate *adj; n* [kən'fedərət]	zu den Konföderierten Staaten von Amerika gehörig; Konföderierter, Anhänger oder Soldat der Konföderierten Staaten von Amerika

American Civil War / War of Secession / War Between the States Amerikanischer Bürgerkrieg, Sezessionskrieg *(1861-1865)*

Gettysburg Address Rede von Gettysburg *(1863)*

Emancipation Proclamation Proklamation zur Sklavenbefreiung *(1863)*

Mason-Dixon Line / Mason and Dixon's Line Mason-Dixon-Linie

Confederate States of America / Confederacy Konföderierte Staaten von Amerika

Commander-in-Chief of the Confederate Forces Oberbefehlshaber der konföderierten Streitkräfte *(General Robert E. Lee)*

Commander-in-Chief of the Union Armies Oberbefehlshaber der Unionstruppen *(Ulysses S. Grant)*

to abolish slavery / the abolition of slavery [ə'bɒlɪʃ / ˌæbə'lɪʃn] die Sklaverei abschaffen / die Abschaffung der Sklaverei

AFTER THE CIVIL WAR

Reconstruction *n*	Rekonstruktion *(Neuordnung der politischen Verhältnisse in den Südstaaten)*
Reconstruction Acts	Rekonstruktionsgesetze
lynching *n*	Lynchen
stagecoach *n*	Postkutsche
manifest *adj* ['mænɪfest]	offenkundig, offenbar
frontier *n* [frʌn'tɪə]	Grenzland, Gebiet an der Siedlungsgrenze
frontier spirit	Pioniergeist
Homesteader *n*	Heimstättenbesitzer; Siedler
squatter *n* ['skwɒtə]	Squatter, Siedler auf Land der Regierung
trapper *n*	Trapper, Fallensteller
gold rush *n*	Goldrausch
Native American *n*	Indianer
chief *n*	Häuptling
buffalo, *pl* **buffalo(e)s** *n*	Büffel
reservation *n*	Reservat, Indianerreservation
industrialization *n*	Industrialisierung
assembly line *n*	Fließband
immigrant *n; adj*	Einwanderer; eingewandert
immigration *n*	Einwanderung, Einwandererzahl

Trail of Tears Pfad der Tränen *(1838)*
Manifest Destiny *Überzeugung vieler Amerikaner im 19. Jahrhundert, dass es der offenkundige Wille Gottes sei, dass sie den amerikanischen Kontinent in Besitz nehmen.*
the opening-up of the West die Erschließung des Westens
Homestead Act erstes Heimstättengesetz *(1862)*
Alaska Purchase Kauf von Alaska *(1867)*
Battle of the Little Bighorn Schlacht am Little Bighorn River *(1876)*
Wounded Knee Massacre Massaker am Wounded Knee Creek *(1888)*
the sinking of the battleship U.S.S. Maine die Versenkung des Schlachtschiffs U.S.S. Maine *(1898)*
Spanish-American War Spanisch-Amerikanischer Krieg *(1898)*
the myth of the Wild West der Mythos vom Wilden Westen
the transcontinental railroad die transkontinentale Eisenbahnlinie *(1869)*
the destruction of the buffalo herds die Vernichtung der Büffelherden
the extermination of the buffalo die Ausrottung der Büffel
the closing of the frontier Aufhebung der Siedlungsgrenze, Schließung des Hinterlandes
Statue of Liberty Freiheitsstatue
to lynch lynchen
to immigrate (into) einwandern (in)
to work in sweatshops ['swetʃɒps] in Ausbeuterbetrieben arbeiten
to work on the assembly line am Fließband arbeiten

THE TWO WORLD WARS AND BETWEEN THE WARS

neutrality *n*	Neutralität
isolationism *n* [ˌaɪsə'leɪʃənɪzm]	Isolationismus
prohibitionist *adj; n*	Prohibitions-; Prohibitionist
speakeasy *n*	„Flüsterkneipe"; unkonzessionierter Alkoholausschank
bootlegger *n*	(Alkohol)Schmuggler
Okie *n* ['əʊki]	Wanderarbeiter aus Oklahoma
Hooverville *n*	aus Hütten bestehendes Elendsviertel am Rande von Städten
migrant worker ['maɪgrənt]	Wanderarbeiter
relocation camp *n*	Lager *(für Amerikaner japanischer Abstammung)*
invasion *n*	Invasion
atomic bomb *n*	Atombombe
nuclear power *n*	Nuklearmacht

the Fourteen Points / the Fourteen-Point Program die 14 Punkte, das Vierzehn-Punkte-Programm *(1918)*
Prohibition / the Prohibition era die Prohibition *(1920-1933)*
Black Friday Schwarzer Freitag *(25. Oktober 1929)*
the Great Depression Weltwirtschaftskrise
New Deal New Deal, Politik des New Deal *(1933-1938)*
the Dust Bowl die Dust Bowl, „Staubschüssel" *(1930er Jahre)*
the Japanese attack on Pearl Harbor der japanische Überfall auf Pearl Harbor *(1941)*
Lend-Lease Act / Lend-Lease Program / Lend-Lease Agreement [liːs] Leih-Pacht-Abkommen / Leih-Pacht-Gesetz *(1941)*
most-favored-nation clause Meistbegünstigungsklausel
the European Theatre der europäische Kriegsschauplatz
the Pacific Theatre der Kriegsschauplatz Pazifik
the invasion of Europe at Normandy die Invasion Europas in der Normandie *(1944)*
Morgenthau Plan Morgenthauplan *(1944)*

THE POST-WAR ERA AND THE COLD WAR

world / super power *n*	Welt- / Supermacht
containment *n*	Eindämmung
Cold War *n*	Kalter Krieg
anticommunism *n*	Antikommunismus
anticommunist *adj; n*	antikommunistisch; Antikommunist
Korean *n; adj* [kəˈriːən]	Koreaner, Koreanisch; koreanisch
arms race *n*	Wettrüsten, Rüstungswettlauf
deterrence *n* [dɪˈterəns]	Abschreckung
stalemate	Patt-Situation

Truman Doctrine Truman-Doktrin *(1947)*
the formation of the North Atlantic Treaty Organization die Gründung der NATO *(1949)*
Korean War Koreakrieg *(1950-1953)*
the Sputnik shock der Sputnikschock *(1957)*
Eisenhower Doctrine Eisenhowerdoktrin *(1957)*
Bay of Pigs Invasion Invasion in der Schweinebucht *(1961)*
Cuban (Missile) Crisis Kuba-Krise *(1962)*
Moscow Treaty Moskauer Vertrag *(1963)*
Apollo programme Apollo-Programm *(1963-1972)*
the 38th parallel der 38. Breitengrad
Containment Policy Eindämmungspolitik, Politik des Containment

balance of terror Gleichgewicht des Schreckens
Mutually Assured Destruction (MAD) Gleichgewicht des Schreckens *(wörtlich: wechselseitig gesicherte Zerstörung)*
domino theory Dominotheorie
roll-back policy Politik des Roll-back, Roll-back-Politik
East-West conflict / East-West relations Ost-West-Konflikt / Ost-West-Beziehungen
limitation of nuclear / atomic weapons tests Einschränkung der Kernwaffenversuche
to deploy missiles Raketen in Stellung bringen
to reconnoitre (BE) [ˌrekəˈnɔɪtə] erkunden, erforschen, aufklären

DISARMAMENT EFFORTS

Strategic Arms Limitation Talks (SALT) Gespräche über Begrenzung der strategischen Rüstung *(1969-1979)*
Treaty on the Non-Proliferation of Nuclear Weapons / Nuclear Non-Proliferation Treaty Atomwaffensperrvertrag, Nichtweiterverbreitungs-vertrag *(1970)*
Conference on Security and Cooperation in Europe (CSCE) Konferenz über Sicherheit und Zusammenarbeit in Europa (KSZE) *(1973-1975)*
Mutual Balanced Forces Reduction (MBFR) Verhandlungen über beiderseitige Reduzierung von Streitkräften und Rüstungen und damit zusammenhängende Maßnahmen in Mitteleuropa *(1973-1989)*
the Helsinki Final Act die Schlussakte von Helsinki *(1975)*
Strategic Arms Reduction Talks (START) Gespräche über den Abbau strategischer Rüstungen *(1982-1993)*
Treaty on Conventional Armed Forces in Europe Vertrag über Konventionelle Streitkräfte in Europa, KSE-Abkommen *(1990)*

THE CIVIL RIGHTS MOVEMENT

race *n*	Rasse
race conflict / racial conflict	Rassenkonflikt
race hatred / racial hatred	Rassenhass
racial unrest *n*	Rassenunruhen
racial discrimination *n*	Rassendiskriminierung
racism / racialism *n*	Rassismus
racist / racialist *n*	Rassist
civil rights *n pl*	Bürgerrechte
civil rights movement	Bürgerrechtsbewegung
human rights *n pl*	Menschenrechte
human rights activist	Menschenrechtler

racial segregation *n*	Rassentrennung
desegregation *n*	Aufhebung der Rassentrennung
busing / bussing *n*	Busbeförderung von Schulkindern in andere Bezirke, um Rassentrennung zu verhindern
Jim Crowism *n* [ˌdʒɪm'krəʊɪzm]	Rassendiskriminierung
Jim Crow Laws *n pl* [ˌdʒɪmˌkrəʊk'lɔ:z]	Rassengesetze
Ku Klux Klan (KKK) *n*	Ku-Klux-Klan
Klansman / Klanswoman	Mitglied des Ku-Klux-Klan
Black Power *n*	Black Power
Black Panther ['pænθə]	Black Panther

the March on Washington der Marsch auf / nach Washington *(1963)*
Civil Rights Act Bürgerrechtsgesetz *(1964)*
an integrated school eine Schule ohne Rassentrennung

THE VIETNAM WAR

Vietnam War *n* ['vi:etnɑ:m'wɔ:]	Vietnamkrieg *(1964-1975)*
Indochina / Indo-China *n*	Indochina
Cambodia *n*	Kambodscha
Vietcong *n*	Vietcong
Vietminh *n*	Vietminh
boat people *n*	Bootsflüchtlinge

Tet Offensive Tetoffensive *(1968)*
My Lai massacre Massaker von My Lai *(1968)*
chemical defoliation with herbicides chemische Entlaubung durch Herbizide

THE LATE 20TH CENTURY AND BEYOND

oil crisis *n*	Ölkrise
impeachment *n*	Amtsenthebungsverfahren
resignation *n* [ˌrezɪg'neɪʃn]	Rücktritt

the Watergate affair die Watergate Affäre *(1972)*
President Nixon's resignation der Rücktritt Präsident Nixons *(1974)*
to resign [rɪ'ʒaɪn] zurücktreten
Iran Hostage Crisis Teheraner Geiselkrise *(1979/80)*
the overthrow of the Shah regime der Sturz des Schah-Regimes *(1979)*
the Islamic revolution in Iran die islamische Revolution im Iran *(1979)*
Strategic Defense Initiative (SDI) weltraumgestütztes Raketenabwehrsystem *(1983)*
Irangate scandal Irangate-Skandal *(1986)*

the (Persian) Gulf War der Golfkrieg *(1990/1991)*
Operation Desert Storm Operation Wüstensturm *(1991)*
Los Angeles Riots / Rodney King Riots die Rodney-King-Unruhen *(1992)*
the Oklahoma City Bombing der Anschlag von Oklahoma City *(1995)*
to tap the telephones of the Democratic National Committee die Telefone des demokratischen Nationalkomitees abhören
to impeach sb ein Amtsenthebungsverfahren gegen jdn einleiten
to institute impeachment proceedings against President Nixon das Verfahren zur Amtsenthebung Präsident Nixons anstrengen

THE EARLY 21ST CENTURY

9 /11 (nine eleven) der 11. September 2001 *(Anschlag auf das World Trade Center in New York)*
Uniting and Strengthening America by Providing Appropriate Tools Required to Intercept and Obstruct Terrorism Act of 2001 / USA PATRIOT Act 2001 Gesetz zur Einigung und Stärkung Amerikas durch die Bereitstellung der geeigneten und erforderlichen Instrumente zur Abwehr und Verhinderung des Terrorismus
the War on Terrorism der Krieg gegen den Terrorismus
Operation Enduring Freedom Operation dauerhafte Freiheit *(2001)*
Operation Iraqi Freedom Operation Irakische Freiheit *(2003)*

POLITICAL STRUCTURE AND POLITICAL PARTIES

sovereignty of the people *n* ['sɒvrənti]	Volkssouveränität
checks and balances *n pl*	Gewaltenkontrolle, gegenseitige Kontrolle der Verfassungsorgane
federalism *n*	Föderalismus
basic rights / fundamental rights *n pl*	Grundrechte
inaugural *adj* [ɪ'nɔːgjərəl]	Einführungs-, Einweihungs-, Antritts-
inaugural speech	Antrittsrede
inauguration *n*	(feierliche) Amtseinsetzung, Amtseinführung

the Federalist Party die Föderalistische Partei
the Whig Party die Whig-Partei, die Whigs
the Democratic Party die Demokratische Partei
the Republican Party / the Grand Old Party / the GOP die Republikanische Partei
Inauguration Day Tag des Amtsantritts des Amerikanischen Präsidenten *(20. Januar)*
the White House das Weiße Haus

INSTITUTIONS AND OFFICES (-> GOVERNMENT AND POLITICS)

Congress Kongress
House of Representatives Repräsentantenhaus
Senate ['senət] Senat
Supreme Court Oberstes Bundesgericht
Department of Homeland Security Ministerium für innere Sicherheit
Secretary of Homeland Security Minister für innere Sicherheit

AMERICAN SOCIETY

Hispanic *adj; n*	hispanisch; Hispano-Amerikaner
melting pot *n*	Schmelztiegel
affirmative action *n*	Förderungsmaßnahmen zugunsten von Minderheiten
Social Security *n*	Sozialversicherung *(USA)*

WASP (White Anglo-Saxon Protestant) weißer angelsächsischer Protestant
Ivy League Eliteuniversitäten der USA
Pledge of Allegiance Treueschwur auf die amerikanische Flagge

V. Deutsch-englisches Wörterverzeichnis

abdanken	to abdicate
Abdankung	abdication
Abendglocke	curfew bell, evening bell ['kɜːfjuː]
Abendmahl	Eucharist, the Lord's Supper
Abfallgrube	rubbish pit
Abgaben	dues *pl*
Ablass	indulgence [ɪn'dʌldʒəns]
Ablassbrief	letter of indulgence
Ablasshändler	pardoner
Ablasshandel	sale of indulgences
Ablassprediger	indulgence preacher
Ablassstreit	indulgence controversy
Abnutzungskrieg	war of attrition [ə'trɪʃn]
Abolitionismus	abolitionism [ˌæbə'lɪʃənɪzm]
Abolitionist	abolitionist [ˌæbə'lɪʃənɪst]
Abrüstungskonferenz	disarmament conference [dɪ'sɑːməmənt]
Abschaffung	abolition [ˌæbə'lɪʃn]
Abschreckung	deterrence [dɪ'terəns]
absetzen *(Herrscher)*	to depose
Absetzung	deposition
Absolutismus	absolutism ['æbsəluːtɪzm]
absolutistisch	absolutistic, absolutist ['æbsəluːtɪst]
Abstammung	lineage ['lɪniɪdʒ], ancestry ['ænsestri]
Abstimmung	poll [pəʊl]
Abt	abbot ['æbət]
Abtei	abbey ['æbi]
Abweichler	dissenter
Achsenmächte	axis powers *pl* ['æksɪs]
Acht	ban
Achterschiff	stern
Ackerbaugesellschaft	agricultural society
Ackerboden	arable land ['ærəbl]
Ackerfurche	furrow
Ackergesetzgebung	agrarian laws *pl*
Ackerland	farmland
Adel	nobility
Adeliger	aristocrat ['ærɪstəkræt], nobleman
Adelsherrschaft	aristocracy [ˌærɪs'tɒkrəsi]
Adelsrat	council
jdn zur **Ader lassen**	to bleed sb
Aderlass	bleeding, bloodletting
Admiralität	admiralty ['ædmɪrəlti]
Adoptivkaiser	adoptive / adopted emperor
Äbtissin	abbess ['æbes]
Ädil, *pl* **Ädilen**	aedile, *pl* aediles *lat* ['iːdaɪl(z)]
Ämterkauf	simony ['saɪməni]
Afterlehen	subinfeudation
Afterlehnsherr	mesne lord ['miːnlɔːd]
Aftervasall	va(l)vasor, rear vassal
Agitation	agitation [ˌædʒɪ'teɪʃn]
Agora	agora
Agrar-	agrarian [ə'greəriən]
Agrarreform	agrarian reform [ə'greəriən], land reform
Agrarstaat	agrarian state [ə'greəriən]
Ahn(e)	ancestor ['ænsestə], forebear, forefather
Ahnfrau	ancestress ['ænsestres]
Ajatollah	ayatollah [ˌaɪə'tɒlə]
Akklamation	acclamation [ˌæklə'meɪʃn]
Akropolis	acropolis [ə'krɒpəlɪs]

Aktiengesellschaft	public limited company (BE), stock corporation (AE)
Alane	Alan ['ælæn]
alanisch	Alan ['ælæn]
Albigenser	Albigensian [ˌælbɪ'dʒensiən]
albigensisch	Albigensian [ˌælbɪ'dʒensiən]
Alchemie	alchemy ['ælkəmi]
Alemannen	Alemanni *pl* [ˌælə'mænaɪ]
Allah	Allah ['ælə]
Alleinherrschaft	autocracy [ɔ'tɒkrəsi]
Alleinherrscher	autocrat
Allianz	alliance [ə'laɪəns]
die Alliierten	the Allied Powers / the Allies *pl* [ˌælaɪd'paʊəz / ði'ælaɪz]
Alliierter Kontrollrat	Allied Control Council (ACC)
Alliierte Streitkräfte	Allied Forces
Allmende	commons *pl*
Allod(ium)	allod, allodium, *pl* allodia
allodial	allodian
Allodialgut	allodial land
Almosen	alms *pl* [ɑːmz]
Almosenspender	almsgiver
Altar	altar ['ɔːltə]
Altarraum	chancel
Altes Testament	Old Testament
Altsteinzeit	Old Stone Age
altsteinzeitlich	pal(a)eolithic
Amboss	anvil ['ænvɪl]
Amphitheater	amphitheatre ['æmfɪˌθiːətə]
Amtseinsetzung	inauguration
Amtsenthebungsverfahren	impeachment
Amtsinhaber *(bei einer Wahl)*	incumbent
Amtszeit	term
Anabaptismus	Anabaptism [ˌænə'bæptɪzm]
Anabaptist, anabaptistisch	Anabaptist
Anbetung	worship ['wɜːʃɪp]
Angeklagter	defendant, the accused
die Angeln	the Angles *pl*
Angelsachse	Anglo-Saxon
angelsächsisch	Anglo-Saxon
Anglikaner	Anglican
anglikanisch	Anglican
Anglikanismus	Anglicanism
anglisch	Anglian
Anglofranzösisch	Norman French
Anglonormannisch	Anglo-Norman
Angriff	assault [ə'sɔːlt], attack
Angriffskrieg	war of aggression
Angriffstruppen	assault troops
Anhänger	follower
anheimfallen	to escheat [ɪs'tʃiːt]
Anhörung	audience ['ɔːdɪəns]
Annäherungspolitik	policy of rapprochement [ræ'prɒʃmɑ̃ːŋ]
Annalen	annals *pl* ['ænəlz]
Annaten	annates, annats *pl*
ansteckend	infectious, contagious
Antichrist	anti-Christ ['æntɪkraɪst]
Antifaschismus	antifascism [ˌæntɪ'fæʃɪzm]
Antigoniden	Antigonids *pl* [æn'tɪgənɪdz]
Antike	antiquity [æn'tɪkwəti]
Antisemitismus	anti-Semitism
Antoninuswall	Antonine's Wall [ˌæntənaɪnz'wɔːl]
Antritt	accession [ək'seʃn]
Antrittsrede	inaugural speech
anwerben *(Soldaten)*	to enlist (soldiers)
Äol(i)er	Aeolian [iː'əʊliən]
äolisch	Aeolian [iː'əʊliən]
Apanage	ap(p)anage ['æpənɪdʒ]
Apartheid	apartheid [ə'pɑːtaɪt]
Apostasie	apostasy [ə'pɒstəsi]

Apostat	apostate [ə'pɒsteɪt]
Apostel	apostle [ə'pɒsl]
Appell	roll call
Apsis	apse [æps]
Aquädukt	aqueduct ['ækwɪdʌkt]
Aramäer, aramäisch	Aramaean [ˌærə'miːən]
Arbeiterbewegung	workers' movement, labour movement
Arbeitsdisziplin	work discipline
Arbeitslosigkeit	unemployment
Arbeitsschutz	safety provisions for workers *pl*
Arbeitsteilung	division of labour
Archäologe	archaeologist [ˌɑːki'ɒlədʒɪst]
Archäologie	archaeology [ˌɑːki'ɒlədʒi]
archäologisch	archaeological [ˌɑːkiə'lɒdʒɪk(əl)]
Architekt	architect ['ɑːkɪtekt]
Archon(t)	archon ['ɑːkən]
Areopag	Areopagus [ˌæri'ɒpəgəs]
Arianer, arianisch	Arian ['eəriən]
Arianismus	Arianism
Arier, arisch	Aryan ['eəriən]
Ariernachweis	proof of Aryan ancestry ['ænsestri]
Arierparagraph	Aryan Paragraph
Aristokratie	aristocracy [ˌærɪs'tɒkrəsi]
aristokratisch	aristocratic
Aristoteles	Aristotle ['ærɪstɒtl]
Armee	army
Armenhäusler(in)	beadsman, beadswoman
Armenhaus	almshouse ['ɑːmzhaʊs]
Armschiene	vambrace, bracer ['væmbreɪs]
Arsenal	arsenal, armoury ['ɑːsnl]
Artefakt	artefact (BE), artifact (AE)
Artes liberales	liberal arts *pl*
Artillerie	artillery [ɑː'tɪləri]
Artilleriefeuer	artillery fire
Artillerist	artilleryman
Askese	asceticism [ə'setɪsɪzm]
Asket, asketisch	ascetic [ə'setɪk]
Assignate *(Papiergeld)*	assignat [ˌæsɪn'jɑː]
Assyrer, assyrisch	Assyrian
Astrolabium	astrolabe ['æstrəʊleɪb]
Astronom	astronomer [ə'strɒnəmə]
Asyl	asylum [ə'saɪləm]
Asylant	asylum seeker
Asylrecht	right of asylum
Atheismus	atheism ['eɪθiɪzm]
Atheist	atheist ['eɪθiɪst]
atheistisch	atheistic [ˌeɪθi'ɪstɪk]
Athen	Athens ['æθənz]
Athener, athenisch	Athenian [ə'θiːniən]
Atlantik-Charta	Atlantic Charter
Atombombe	atomic bomb, A-bomb [əˌtɒmɪk'bɒm]
Atom-U-Boot	atomic / nuclear-powered submarine
Attentäter	assassin [ə'sæsɪn]
attisch	Attic
Attisch-Delischer Seebund	Delian League
Audienz	audience ['ɔːdɪəns]
Auferstehung	resurrection [ˌrezə'rekʃn]
aufgeklärter Absolutismus	enlightened absolutism
aufheben *(ein Gesetz)*	to repeal a law
Aufhebung der Rassentrennung	desegregation
Aufklärung	enlightenment
auflösen *(die Regierung)*	to dissolve (the government) [dɪ'zɒlv]
Auflösung	dissolution
Aufseher	foreman
Aufwiegler	agitator ['ædʒɪteɪtə]
Augur	augur ['ɔːgə]
augusteisch	Augustan

Ausbruch *(Vulkan)*	eruption
Ausbruch *(Revolution)*	outbreak
Ausfallpforte	postern gate
Ausgangssperre	curfew
Ausgrabung	excavation [ˌekskəˈveɪʃn], dig
Ausgrabungsstätte	excavation site [ˌekskəˈveɪʃn]
Ausgräber	excavator [ˈekskəveɪtə]
ausländerfeindlich	xenophobic [ˌzenəˈfəʊbɪk]
Ausländerfeindlichkeit	xenophobia [ˌzenəˈfəʊbiə]
auspeitschen	to flog
Auspizium	auspice, *pl* auspices [ˈɔːspɪs(ɪz)]
Ausräucherung	fumigation
Ausrottung	extermination
Ausrufer	(town) crier
Aussätziger	leper [ˈlepə]
Außenminister	foreign minister, foreign secretary (BE), Secretary of State (AE)
Außenministerium	foreign ministry, Foreign Office (BE), State Department (AE)
Außenpolitik	foreign policy
Außenwerk	barbican [ˈbɑːbɪkən]
Austrasien, Austrien	Austrasia
auswandern	to emigrate, to migrate
Autokrat	autocrat
Autokratie	autocracy [ɔːtɒkrəsi]
Aware, awarisch	Avar [ˈɑːvɑː]
Axt	axe [æks]
Azteke, aztekisch	Aztec [ˈæztek]
Babylon	Babylon [ˈbæbɪlɒn]
Babylonier, babylonisch	Babylonian
Badehaus	bathhouse
Bader	barber surgeon
Baldachin	canopy [ˈkænəpi]
Baldachinbett	canopied bed
Ballhausschwur	Tennis Court Oath
Bandkeramik	linear pottery [ˈlɪniə]
bandkeramische Kultur	Linear Pottery Culture
Bankwesen	banking system
Bann	ban
Bannbulle	bull of excommunication
Baptist, baptistisch	Baptist [ˈbæptɪst]
Barbar, barbarisch	barbarian
Barrikaden errichten	to erect barricades
Barrikadenkampf	street fighting
Baron	baron [ˈbærən]
Baronin	baroness [ˈbærənes]
Bartholomäusnacht	St Bartholomew's Day Massacre [bɑːˈθɒləmjuːz]
Basilika	basilica
Bauer	farmer, peasant [ˈpeznt]
bäuerliche Siedlung	agricultural settlement
Bauernaufstand	peasant revolt
Bauernbefreiung	emancipation of the peasantry (from feudalism)
Bauernbewegung	peasant movement
Bauernhaufen	horde of peasants
Bauernhof	farm
Bauernkrieg	Peasants' War
Bauernlegen	expropriation of farmers, peasant clearance
Bauernschaft	peasantry [ˈpezntri]
Bauhütte	(masonic) lodge [məˌsɒnɪkˈlɒdʒ]
Baustil	building style
Baustoff	building material
Bauweise	manner of building
Beamter	civil servant
bearbeiten *(Land)*	to work, to till

Befehl	order
befehlen	to order
befestigte Hügelanlage	hill fort
Befestigungsrecht	right of fortification
Begarde	Beghard
Begine	Beguin(e) [bə'giːn]
Beginenhof	Beguin(e) convent
Begräbnissitte	mortuary practice ['mɔːtʃuəri]
Beinharnisch, Beinschienen	greaves, cuisse(s) ['kwɪs(ɪz)], thigh guard
Beinschutz	leg-protector, greaves
Beisetzung	inhumation
Beitritt	accession
Beitrittsvertrag	treaty of accession
bekehren	to convert
belagern	to besiege, to lay siege to
Belagerungskrieg	siege warfare [siːdʒ]
Belagerungsturm	siege tower [siːdʒ]
jdn belehnen	to invest sb with a fief
Belehnter	feoffee [fiː'fiː]
Belehnung	feoffment ['fiːfmənt], (feudal) investiture, infeudation
Bergbau	mining
Bergfried	keep
Bergregal	mining privilege(s)
Bergwerk	mine
Berufsheer	professional army, regular army
Berufsunfall	industrial accident
Besatzung	occupation
Besatzungsarmee	army of occupation
Besatzungsmacht	occupying power
Besatzungsstatut	occupation statute
Besatzungszeit	occupation period, occupation era
Besatzungszone	zone of occupation
Beschneidung	circumcision
Beschwichtigungspolitik	policy of appeasement, appeasement policy
Besiedlung, Kolonisation	colonization [ˌkɒlənaɪ'zeɪʃn]
in Besitz nehmen	to take possession of
Bestgewand	the serf's best garment
Besthaupt	the serf's best animal
Bestimmung	designation
bestrafen	to punish
Bestrafung	punishment
Betreten von Land *(nach einer Seereise)*	landfall
bettelarmer Mensch	pauper ['pɔːpə]
Bettelmönch	mendicant (friar) ['mendikənt]
betteln	to beg
Bettelorden	begging order
Bettler	beggar
Beulenpest	bubonic plague [bjuːˌbɒnɪk'pleɪg]
Bevölkerung	population
Bevölkerungsexplosion	population explosion
Bevölkerungsstatistik	population statistics
Bevölkerungswachstum	population growth
Bewässerung	irrigation
Bewässerungsgraben	irrigation ditch
Bewegungskrieg	war of movement
die Bibel	the Bible
Biedermeierzeit	Biedermeier period
Bilderstreit *(8./9. Jahrhundert)*	the Iconoclast Controversy [aɪ'kɒnəˌklæst]
Bildersturm	iconoclasm [aɪ'kɒnəˌklæzm]
Bimsstein	pumice ['pʌmɪs]
Binnenzölle	internal duties
Bizone	Bizone, Bizonia ['baɪzəʊn]
Bischof	bishop
Bischofsstab	staff, crosier, crozier ['krəʊziə]
Bistum	bishopric

Blattern	smallpox
Bleiglasfenster	stained-glass window
Blitzkrieg	blitzkrieg, "lightning war"
blockfrei	non-aligned [ˌnɒnəˈlaɪnd]
Blockfreiheit	non-alignment [ˌnɒnəˈlaɪnmənt]
Blockhütte	log cabin
Blutegel	leech
Blutgerichtsbarkeit	blood justice, judgements of blood *pl*
Bluttaufe	baptism of blood
Boden	soil, floor, ground
Bodenprobe	soil sample
Bodenreform	agrarian reform [əˈgreəriən], land reform
Bodenzins	land rent, ground rent
Bogenschütze	archer
Böhmen	Bohemia [bəʊˈhiːmiə]
Bojar	boiar, boyar, boyard [ˈbɔɪə]
Bolschewik	Bolshevik, *pl* Bolsheviks
Bolschewismus	Bolshevism
Bolschewist	Bolshevik, *pl* Bolsheviks
bolschewistisch	Bolshevik
Bombardierung	bombing [ˈbɒmɪŋ]
Bombe	bomb [ˈbɒm]
Bombenneurose	shell shock
Bootsflüchtlinge	boat people
Bosporus	Bosphorus
Botschafter	ambassador [æmˈbæsədə]
Bourbone, bourbonisch	Bourbon [ˈbʊəbən]
Bourgeoisie	bourgeoisie [ˌbɔːʒwɑːˈziː]
Boxen	boxing
Brache	fallow [ˈfæləʊ]
Brachwiese	fallow pasture
Brandbombe	incendiary bomb
brachliegen	to lie fallow, to be fallow
Brandopfer	burnt offering
Brandrodung	slash-and-burn (land clearance)
Brauerei	brewery [ˈbruːəri]
Brigantine	brigandine [ˈbrɪgəndiːn]
Brigg	brig
Britannien	Britannia, Britain
Britannier	Briton
Brite	Briton
Bronze	bronze [brɒnz]
Bronzegießer	bronze founder
Bronzezeit	Bronze Age
Brüderlichkeit	fraternity
Brustharnisch	breast-plate
Brüstung	parapet [ˈpærəpɪt]
Buchdruck	printing
Bücherverbrennung	book burning / burning of books
Bündnis	league [liːg]
Bündnisfreiheit	non-alignment [ˌnɒnəˈlaɪnmənt]
Bündnispolitik	policy of alliances
Bündnissystem	system of alliance(s), alliance system
Bündniswechsel	shifting alliance
Bürger	citizen, townsman, freeman, burgher, burgess [ˈbɜːgə / ˈbɜːdʒəs]
Bürgerkrieg	civil war
Bürgerrecht *(Staatsbürgerschaft)*	citizenship
Bürgerrechte	civil rights *pl*
Bürgerrechtsbewegung	civil rights movement
Bürgertum	bourgeoisie [ˌbɔːʒwɑːˈziː]
Bürgerwehr	civic guard(s), militia
für etw büßen	to atone for sth
Büßerhemd	penitential robe, hair shirt
Bug	bow [baʊ]
Bulle *(Siegel)*	bull
Bund	league [liːg]

Bundesgenosse	ally ['ælaɪ]
Bundesgenossenschaft	alliance [ə'laɪəns]
Bundeslade	ark of the covenant ['kʌvənənt]
Bundesminister	Federal Minister
Bundesrecht	Federal Law
Bundesregierung	Federal Government
Bundschuh	Bundschuh
Buntglasfenster	stained-glass window
Bure	Afrikaner, Boer [ˌæfrɪ'kɑːnə / bəʊə]
Burenkrieg	Boer War
Burgflecken	borough ['bʌrə]
Burgfried	keep
Burgherr	lord of the castle
Burghof	bailey, castle yard
Burgruine	castle ruin
Burgund	Burgundy
Burgunder, burgundisch	Burgundian
Burschenschaft	Burschenschaft, student league
Buße	penance ['penəns]
Byzantiner, byzantinisch	Byzantine ['bɪzəntaɪn]
Byzanz	Byzantium [bɪ'zæntiəm]
Calvinismus	Calvinism
Calvinist	Calvinist
calvinistisch	Calvinist(ic)
Carepaket	care package
Chaldäer, chaldäisch	Chaldean [kæl'diːən]
Charisma	charisma [kə'rɪzmə]
Charta	charter
Chartismus	Chartism ['tʃɑːtɪzm]
Chartist	Chartist
Chirurg	surgeon ['sɜːdʒən]
Chlodwig	Chlovis, Clovis ['kləʊvɪs]
Chlorgas	chlorine gas ['klɔːriːn]
Cholera	cholera ['kɒlərə]
Chor	chorus ['kɔːrəs]
Chor *(Gruppe von Sängern; Altarraum)*	choir ['kwaɪə]
Chorgestühl	choir stalls
Christdemokrat	Christian Democrat
Christenheit	Christendom ['krɪsəndəm]
Christi Himmelfahrt	Ascension Day [ə'senʃn]
Chronik	chronicle ['krɒnɪkl]
Chronist	chronicler, annalist
Chronologie	chronology
Cloviskultur	Clovis culture ['kləʊvɪs]
Code Civil	Code Napoléon, Code Civil
Contubernium	contubernium, *pl* contubernia *lat*
Cro-Magnon Mensch	Cro-Magnon man
Dämpfe	fumes *pl*
Damm	dike
Dampfmaschine	steam engine
Dampfschiff	steamship
Danegeld	Danegeld ['deɪngeld]
Datierung	dating, age determination
Dauersiedlung	permanent settlement
Dauphin	dauphin ['dɔːfɪn]
Dauphine	dauphine, dauphiness ['dɔːfiːn / ˌdɔːfɪ'nes]
Decemvir, *pl* **Decemvirn**	decemvir, *pl* decemvirs, decemviri *lat* [dɪ'semvə]
Deich	dike
Dekretal	decretal [dɪ'kriːtəl]
Demagoge	demagogue ['deməgɒg]
Demarkationslinie	demarcation line
Deme	deme ['diːm]
demographisch	demographic
Demokratie	democracy [dɪ'mɒkrəsi]

Demontage	dismantling program(me), dismantlement
demontieren	to dismantle
Demos	deme ['diːm]
Dendrochronologie	dendrochronology [ˌdendrəʊkrɒ'nɒˌlədʒi], tree-ring dating
dendrochronologisch	dendrochronological [ˌdendrəʊkrɒnɒˌ'lɒdʒɪkəl]
deportieren	to deport
Deserteur	deserter
Desertion	desertion
designieren	to designate
designierter König	king-elect
Dezimalsystem	decimal system
Diadochen	Diadochi *pl* [daɪ'ædəkaɪ]
Diakon	diacon ['daɪəkən]
Dienstzeit	(period of) service
Diktatfrieden	dictated peace
Diktator	dictator *lat*
Diktatur	dictatorship
Diözese	diocese ['daɪəsɪs]
Diphtherie	diphtheria [dɪf'θɪəriə]
Diplomat	diplomat ['dɪpləmæt]
Diplomatie	diplomacy [dɪ'pləʊməsi]
diplomatisch	diplomatic
Direktorialverfassung	constitution of the Directory
Diskus	discus
Disputation	disputation
Dissident	dissident
Dogma	dogma
Doktrin	doctrine ['dɒktrɪn]
Dolch	dagger
Dolchstoßlegende	stab-in-the-back legend
Dolmen	dolmen ['dɒlmen]
Dominotheorie	domino theory
Domkapitel	chapter house
Domkapitular	canon ['kænən]
Donaumonarchie	Habsburg monarchy, Danubian monarchy [dæn'juːbiən]
Doppelaxt	double-headed axe
Doppelherrschaft	dual government
Doppelkrone	double crown
Dorfgemeinschaft	village community
Dorfschulze	(village) mayor
Dorer	Dorian
dorisch	Doric, Dorian
Dreieckshandel	triangular trade [traɪ'æŋgjʊlə]
Dreifaltigkeitsfest	Trinity Sunday
Dreifelderwirtschaft	three-field system
Dreifuß	tripod ['traɪpɒd]
Dreiklassenwahlrecht	three-class voting system
Dreikönigsfest	Epiphany [ɪˌpɪfəni], Twelfth Day
Dreiruderer	trireme ['traɪriːm]
Dreißigjähriger Krieg	Thirty Years' War
dreschen	to thresh
Dreschflegel	flail
das Dritte Reich	the Third Reich
Druckerfarbe	printing ink, printer's ink
Druckerpresse	printing press
Drucktype	type
Drucktypen aus Metall	metal letters *pl*
Druide	druid
Dschihad	jihad [dʒɪ'hæd]
Dschingis Khan	Genghis Khan [ˌgengɪs'kɑːn]
Dualismus	dualism
Duell	duel ['djuːəl]
Duodezfürst	petty prince
Duodezfürstentum	petty princedom
Durchlaucht	(Serene) Highness
Duumvirat	duumvirate [dju'ʌmvɪrət]
Earl	earl
Edikt	edict ['iːdɪkt]
Eigenbesitz	demesne [dɪ'meɪn]

Eigenkirche	proprietary church [prə'praɪətəri]
Eigenkloster	proprietary monastery
Eigentümerkolonie	proprietary colony [prə'praɪətəri]
Einäscherung	cremation
einbalsamieren	to embalm [ɪm'bɑːm]
Einbalsamierer	embalmer [ɪm'bɑːmə]
Einbalsamierung	embalming [ɪm'bɑːmɪŋ]
Einbaum	dugout canoe [ˌdʌgaʊtkə'nu□]
Eindämmung	containment
Eindämmungspolitik	Containment Policy
Einflusssphäre	sphere of influence
einführen *(jdn in ein Amt)*	to invest sb
Einheit	unity
Einigungskriege	Wars of Unification
einkerkern	to incarcerate
Einkerkerung	imprisonment, incarceration
Einparteienstaat	one-party state
Einsatzgruppen	mobile extermination squads, killing squads [skwɒdz]
Einsiedler	hermit, eremite, recluse ['hɜːmɪt / 'erɪmaɪt / rɪ'kluːs]
Einsiedlerklause	anchorage ['æŋkərɪdʒ]
Einweihungs-	inaugural [ɪ'nɔːgjərəl]
Einwohnerschaft	population
Eisen	iron
Eisenbahn	railway (BE), railroad (AE)
Eisenerz	iron ore
Eisenschuh	solleret
Eisenzeit	Iron Age
Eiserne Front	Iron Front
Eiserner Vorhang	Iron Curtain [ˌaɪən'kɜːtən]
Eisscholle	floe [fləʊ]
Eiszeit(alter)	ice age, glacial ['gleɪsiəl] period

Ekklesie	ecclesia [ɪ'kliːziə]
elisabethanisch	Elizabethan [ɪˌlɪzə'biːθn]
Elsass-Lothringen	Alsace-Lorraine [ælˌsæslɒ'reɪn]
Emanzipationserklärung *(Sklavenbefreiung)*	Emancipation Proclamation
Empirie	empirical evidence
Empirismus	empiricism [ɪm'pɪrɪsɪzm]
Emser Depesche	Ems Telegram, Ems Despatch
Endsieg	final victory, ultimate victory
Entdecker	discoverer
Entdeckung	discovery
enteignen	to dispossess, to expropriate
Enteignung	expropriation
Enterbrücke	corvus
Entfremdung	alienation
enthaupten	to behead
Entkolonialisierung	decolonization
Entlassung *(Politiker)*	dismissal
Entnazifizierung	denazification [ˌdiːnɑːtsifɪ'keɪʃn]
Entsatzheer	relief army, relief force [rɪ'liːf]
Entschädigung	indemnity [ɪn'demnəti]
Entspannung	détente ['deɪtɑ̃ːnt]
Entstalinisierung	destalinization
Entvölkerung	depopulation
Entwicklungshilfe	foreign aid
Entwicklungsland	emerging country, developing country
Enzyklika	encyclical [en'sɪklɪkl]
Ephebe	ephebe, ephebus ['efiːb / ɪ'fiːbəs]
Ephor	ephor ['efə]
Ephorat, Ephorenamt	ephorate, ephorality

Epidemie, epidemisch	epidemic [ˌepɪˈdemɪk]
Epikuräer	Epicurean [ˌepɪkjʊəˈriːən]
Epiphanias	Epiphany [ɪˌpɪfəni], Twelfth Day
Episkopat	episcopate [ɪˈpɪskəpət]
Epoche	era [ˈɪərə]
Erbe-	hereditary [hɪˈredɪtəri]
Erbe	heir [eə]
erben	to inherit
Erbfeind	traditional enemy
Erbfeindschaft	traditional enmity
Erbfolge	(line of) succession
Erbin	heiress [ˈeəres]
Erbkönigtum	hereditary kingship
Erblehen	hereditary fief [hɪˈredɪtri]
erblich	hereditary [hɪˈredɪtri]
Erbmonarchie	hereditary monarchy [hɪˈredɪtri]
Erbrecht	right of inheritance, right of succession
Erbschaft	heritage [ˈherɪtɪdʒ]
Erbuntertänigkeit	hereditary serfdom, hereditary bondage
Erdhügel	mound
Eremit	hermit, eremite, recluse [ˈhɜːmɪt / ˈerɪmaɪt / rɪˈkluːs]
erfinden	to invent
Erfinder	inventor
Erfindung	invention
Erfüllungspolitik	policy of fulfilment
Erlass *(päpstlicher)*	bull, decretal [dɪˈkriːtəl]
erlassen *(Gesetze)*	to legislate
Erlösung	redemption [rɪˈdempʃn]
Ermächtigungsgesetz	Enabling Act
jdn ermorden	to murder sb, to assassinate sb [əˈsæsɪneɪt]
Ermordung	assassination [əˌsæsɪˈneɪʃn]
Ernennung	appointment, designation
Ernte	harvest
Erntearbeiter	harvester, reaper
ernten	to harvest
Erntedankfest	Thanksgiving; harvest festival
Erntezeit	harvest time
erobern	to conquer [ˈkɒŋkə]
Eroberer	conqueror [ˈkɒŋkərə]
Eroberung	conquest [ˈkɒŋkwest]
Ersatzkaiser	substitute emperor
Erstgeburtsrecht	primogeniture [ˌpraɪməʊˈdʒenɪtʃə]
ersticken	to suffocate
Ertrag	yield
Erzbischof	archbishop
erzbischöflich	archiepiscopal [ˌɑːkiɪˈpɪskəpl]
erzbischöfliche Würde	archiepiscopality [ˌɑːkiɪˌpɪskəˈpælɪti]
Erzbistum	archiepiscopate [ˌɑːkiɪˈpɪskəpət], archbishopric
Erzbischofssitz	arch see
Erzdiakon	archdeacon [ˌɑːtʃˈdiːkən]
Erzdiözese	archdiocese [ˌɑːtʃˈdaɪəsɪs]
Erzeugnis *(Landwirtschaft)*	produce [ˈprɒdjuːs]
Erzherzog	archduke [ˌɑːtʃˈdjuːk]
Erzherzogin	archduchess [ˌɑːtʃˈdʌtʃəs]
Erzherzogtum	archduchy
ethnisch	ethnic
Etrusker, etruskisch	Etruscan
Eucharistie	Eucharist [ˈjuːkərɪst]
Eugenik	eugenics [juːˈdʒenɪks]
Euphrat	Euphrates (River) [juːˈfreɪtiːz]
Euthanasie	euthanasia, “mercy killing” [ˌjuːθəˈneɪziə]
Evangelium	Gospel

Evolutionslehre	doctrine of evolution
Exekution	execution
Exekutive	executive (power) [ɪg'zekjətɪv]
Exil	exile ['eksaɪl]
Exkommunikation	excommunication
jdn exkommunizieren	to excommunicate sb
Exterritorialität	extraterritoriality [ˌekstrəˌterɪtɔːri'æləti]
Fabrik	factory
Fabrikarbeit	factory system
Fabrikarbeiter	factory labourer
Fabrikgesetz	factory law
Fabrikordnung	factory discipline ['dɪsɪplɪn]
Fackel	torch
Fähre	ferry
Fahnenflucht	desertion
fahrender Ritter	errant knight, knight errant
Fährmann	ferryman
Faktorei	trading post, factory
Falke	falcon ['fɔːkn]
Falknerei	falconry
Falle	trap
fallen *(Soldat im Kampf)*	to be killed in action
Fallgatter	portcullis [ˌpɔːt'kʌlɪs]
Familie	kin, gens [dʒenz]
Familienpolitik	family policy
Familienvater	patriarch
Faschismus	fascism ['fæʃɪzm]
Faschist, faschistisch	fascist ['fæʃɪst]
fasten	to fast
Fasten	fast, fasting
Fastentag	fast day, day of fasting
Fastenzeit	Lent, the Lenten Season
Fastnacht	Shrove Tuesday [ʃrəʊv]
Fatwa	fatwa
Faulenzerkönige	"do-nothing" kings
Faustkeil	hand axe
Fehdehandschuh	gauntlet ['gɔːntlət]
Feldfrucht	crop
Feldmarschall	field marshal
Feldpostbriefe	letters from the front *pl*
Feldwebel	sergeant ['sɑːdʒənt]
Fernhandel	trade with far-off places, long-distance trade
Fertigwaren	finished goods *pl*
Festung	fortress
Festungshaft	detention in a fortress
feudal	feudal ['fjuːdl]
Feudalherr	feudal lord, feudal landowner
Feudalismus	feudalism ['fjuːdəlɪzm]
feudalistisch	feudalistic
Feudalsystem	system of feudal tenure, feudal system ['fjuːdəl]
Feuerprobe	ordeal by fire
Feuerstein	flint
Fibel	fibula, *pl* fibulae ['fɪbjələ, 'fɪbjəliː]
Finanzminister	finance minister, Chancellor of the Exchequer (BE) [ɪks'tʃekə], Secretary of the Treasury (AE) ['treʒəri]
Finanzministerium	Treasury (BE), Department of the Treasury (AE) ['treʒəri]
Fischereiregal	fishing right(s)
Flächenbombardierung	saturation bombing
Flachs	flax
Flagellant	flagellant ['flædʒələnt]
Flak	flak, anti-aircraft gun
Flakfeuer	aerial barrage
Fleckfieber	epidemic typhus [ˌepɪ'demɪk 'taɪfəs]
Fleisch geworden	incarnate [ɪn'kɑːnət]
Fliegerabwehr(kanone)	flak, anti-aircraft gun

Fliegeralarm	air alert
Fließband	assembly line
Flotte	fleet
Flottenpolitik	naval policy
Flucht	flight, escape
Flüchtling	refugee [ˌrefjuːˈdʒiː]
Flüchtlingslager	refugee camp
Flüsterkneipe	speakeasy
Flurbereinigung	land consolidation, reallocation of land
Flusstalkultur	river valley agriculture
Föderalismus	federalism [ˈfedrəlɪzm]
föderalistisch	federalist [ˈfedrəlɪst]
Folter	torture [ˈtɔːtʃə]
foltern	to torture [ˈtɔːtʃə]
Forscher	explorer
Fort	fortress
Fortschritt	progress
Fossil	fossil
Fraktion	fraction; parliamentary group / party
Franke	Frank
Franken	Franconia
fränkisch	Frankish
Frauenbewegung	women's movement
Frauenkloster	nunnery; convent [ˈkɒnvənt]
Frauenrechtlerin	suffragette [ˌsʌfrəˈdʒet]
Frauenwahlrecht	female suffrage
Fregatte	frigate [ˈfrɪɡət]
Freibrief	charter
Freidemokrat	Free Democrat
Freigut	allod, allodium, *pl* allodia
Freigutbesitzer	allodiary
Freihandel	free trade
Freiheit	liberty, freedom
Freikorps	Free Corps *pl* [ˌfriːˈkɔː]
Freilassung	manumission
Freimaurer	Freemason, Mason
Freimaurerei	Freemasonry, Masonry
freimaurerisch	Freemasonic [ˌfriːməˈsɒnɪk]
Freimaurerloge	Freemasons' lodge
Freisasse	freeholder
Freiwilligeneinheit	volunteer corps [vɒlənˌtɪəˈkɔː]
Freiwilligenverbände	volunteer units
Freiwilliger	volunteer [ˌvɒlənˈtɪə]
Freiwilliger im amerikanischen Unabhängigkeitskrieg	minuteman [ˈmɪnɪtmæn]
Freizügigkeit	freedom of movement
Friedensbewegung	peace movement
Friedensinitiative	peace initiative
Friedensvertrag	peace treaty
Friedhof	graveyard, churchyard, cemetery [ˈsemətri]
Fries	frieze [friːz]
Friese	Frisian [ˈfriːziən]
Frömmigkeit	devotion
Frondienst	corvée [ˈkɔːveɪ], soccage, statute labour
Fronhof	soc(c)age farm [ˈsɒkɪdʒ], manor [ˈmænə]
Fronleichnam(sfest)	Corpus Christi [ˌkɔːpəsˈkrɪsti]
Frontenwechsel	change of front
Fronterlebnis	front experience
Frontkämpfer	frontline soldier
Frontlinie	frontline
Fruchtbarkeitsgöttin	fertility goddess
Fruchtwechsel	crop rotation
Frühindustrialisierung	early industrialization
Frühjahrsoffensive	spring offensive
Frühmensch	early man
Frühmette	matins *pl* [ˈmætɪnz]
Führerprinzip	Führer principle, leader principle
Führerstaat	leader state / Führerstaat
Fünfjahresplan	five-year plan

Fünfkampf	pentathlon [pen'tæθlɒn]
Fünfstädtebund	pentapolis [pen'tæpəlɪs]
Fürbitter(in)	beadsman, beadswoman
Fürst	prince
Fürst eines Kleinstaates	petty prince
Fürstabt	prince abbot
Fürstbischof	prince bishop
Fürstbistum	ecclesiastical principality *n* [ɪˌkliːzi'æstɪkəl]
Fürstenrat	council of princes
Fürstentum	principality [ˌprɪnsɪ'pælɪti]
Fürstentum; Fürstenwürde	princedom
Fürstin	princess
Fürstprimas	prince-primate ['praɪmeɪt]
Furt	ford
Fußsoldat	foot soldier
G(h)etto	ghetto
Galeere	galley
Galgen	gallows
Gallien	Gaul
Gallier	Celtic Gauls *pl* [ˌkeltɪk'gɔːlz]
Galloromer	Gallo-Roman
galloromanisch	Gallo-Roman
garottieren	to garrotte [gə'rɒt]
Garrotte	garrotte [gə'rɒt]
Gas	gas
Gaskammer	gas chamber
Gasmaske	gas mask
Gastarbeiter	guest worker, migrant worker
Gebet	prayer ['preə]
Gebiet	territory ['terɪtrɪ]
Gebietsabtretung	territorial cession
Geburtenrate	birth rate
Gefängnis	prison, jail, gaol [dʒeɪl]
Gefängniswärter	jailer, gaoler
Gefangenenlager	prison camp
Gefangener	prisoner
Gefechtsbereitschaft	battle readiness
Gefechtsgliederung	battle order, battle array
Gefechtslinie	battle line
Gefolge	following
Gefolgschaft	following
Gefolgsmann	retainer
Gegenkönig	anti-king
Gegenpapst	antipope
Gegenreformation	Counter-Reformation
Gegenrevolution	counter-revolution
gegenrevolutionär	counter-revolutionary
Gegner	opponent, enemy
Gehorsam	obedience
geißeln	to flagellate ['flædʒəleɪt]
Geiß(e)lung	flagellation [ˌflædʒə'leɪʃn]
Geißel	flail
Geißler	flagellant ['flædʒələnt]
geistlich	clerical, spiritual
Geistlicher	clergyman
Geistlichkeit, Klerus	clergy ['klɜːdʒi]
Geldstrafe	fine
Geld(ver)leiher	money lender
Geldwechsler	money changer
Geldwirtschaft	money economy
Gelübde	vow
Gemahl(in) einer Königin (eines Königs)	consort ['kɒnsɔːt]
Gemeinde	congregation, parish
Gemeinwesen	polity
Genealogie	genealogy [ˌdʒiːni'ælədʒi]
genealogisch	genealogic(al) [ˌdʒiːniə'lɒdʒɪk(əl)]
General	general
Generalmobilmachung	general mobilization
Generalsekretär	Secretary General; General Secretary

Generalstab	general staff
Generalstände	the States General *pl*
Generalständeversammlung	assembly of the States General
Generalstreik	general strike
Genfer Konvention	Geneva Convention [dʒəˈniːvə]
Genozid	genocide [ˈdʒenəsaɪd]
Gentry	gentry
Genueser, genuesisch	Genoese [ˌdʒenəʊˈiːz]
Geologe	geologist [dʒiˈɒlədʒɪst]
geozentrisch	geocentric
Gerechtsame	right of exploitation
Gericht des Gutshofs	manorial court
Gerichtsbarkeit	jurisdiction [ˌdʒuərɪsˈdɪkʃən]
Gerichtshof	law court
Gerichtshoheit	jurisdiction [ˌdʒuərɪsˈdɪkʃən]
Gerichtswesen	judiciary [dʒuːˈdɪʃəri]
Germanien	Germania [dʒəˈmeɪniə]
germanisches Recht	Germanic law [dʒəˈmænɪk]
Gerontokratie	gerontocracy [ˌdʒerɒnˈtɒkrəsi]
Gerusia	gerousia [gerʊˈsiːə]
Gesandter	envoy [ˈenvɔɪ]
Gesandter	ambassador extraordinary
Gesangbuch	hymnal
Geschichte	history
Geschichtsschreiber	chronicler, annalist
Geschirr	harness
Geschlecht	sex, gender
Geschlecht *(Familie, Sippenverband)*	kin, gens [dʒenz], lineage [ˈlɪniɪdʒ]
Geschlechtsbestimmung	sexing
Geschütz	gun, cannon
Geschworener	juror
Geselle	journeyman [ˈjɜːnimən]
Gesellenarbeit	journey-work
Gesellenbrief	certificate of apprenticeship
Gesellschaftsvertrag	social contract, social compact
Gesetz	law, act of parliament
Gesetzesinitiative	legislative initiative
Gesetzessammlung des Hammurabi	Code of Hammurabi
Gesetzgeber	lawmaker, lawgiver
Gesindehaus	servants' quarters
Gesindezwangdienst	mandatory domestic labour
Getreide	grain
Getreideüberschuss	grain surplus [ˈsɜːpləs]
jdm etw gewähren	to grant sb sth
Gewaltenkontrolle	checks and balances *pl*
Gewaltenteilung	separation of powers
Gewehr	rifle
Gewerbe	trade, commerce [ˈkɒmɜːs]
Gewerbefreiheit	freedom of trade, economic freedom
Gewerkschaft	trade union (BE), labor union (AE)
Gewinn	profit
Gewinnstreben	profit motive
Gewohnheitsrecht	customary law
Gewölbe	vault [vɔːlt]
Ghetto	ghetto
Ghibelline	Ghibelline [ˈgibəˌliːn]
Gießerei	foundry
Giftgas	poison gas
Gilde	guild [gɪld]
Gilde(n)haus	guild hall [gɪld]
Gilgamesch-Epos	Epic of Gilgamesh
Girondist	Girondist
Gitternetz	grid
Gittersystem	grid system
Gladiator	gladiator [ˈglædieɪtə]

Glasmalerei	stained glass
Glasurziegel	glazed tiles *pl*
Glaube	faith, belief
Glaubenskrise	religious crisis
Glaubensfreiheit	freedom of worship
Glaubens-spaltung	schism [skɪzm]
Glaubenssatz	dogma
Gleichgewicht der Mächte	Balance of Power
Gleichheit	equality
Gleichmacher	leveller
Gleichschaltung	enforced political conformity
Gletscher	glacier ['glæsiə]
Glockenbecher-kultur	Beaker culture, Bell-Beaker culture
Glockenturm	belfry ['belfri]
Gnade	mercy
Goldrausch	gold rush
Gote	Goth [gɒθ]
Gotik, gotisch	Gothic ['gɒθɪk]
Gott	God, god
Gottesdienst	church service, worship ['wɜːʃɪp]
Gottesfriede	Truce of God
Gottesgnadentum	divine right (of kings)
Gottessohn	Son of God
Gottesstaat	theocracy [θi'ɒkrəsi]
Gottesurteil *(durch Zweikampf)*	trial by battle, ordeal [ɔː'diːl]
Gottheit	deity ['deɪɪti]
Göttin	goddess
Gottkönig	god-king
Götzenbild	idol ['aɪdl]
Gouverneur	governor
Grab	tomb [tuːm] / grave
Grabbeigaben	grave goods
Graben	trench, ditch
Grabenkrieg	trench warfare
Grabhügel	burial mound ['berɪəl]
Grabkammer	burial chamber
Grabmal	tomb [tuːm]
Grabräuber	tomb robber, grave robber
Grabtuch	holy shroud [ʃraʊd]
die Gracchen	the Gracchi ['grækaɪ]
Graf	count
Gräfin	countess
Grafschaft *(Verwaltungsbezirk)*	county
Grafschaft	earldom, count's land
Granate	shell, grenade
Grenzkrieg	border war
Grenzmark	border march
Grieche	Greek
griechisch	Grecian ['griːʃn], Greek
griechisch-orthodox	Greek Orthodox
griechisch-römisch	Gr(a)eco-Roman
Großadmiral	Admiral of the Fleet (BE), Fleet Admiral (AE)
Großbürgertum	bourgeoisie [ˌbɔːʒwɑː'ziː]
Großfürst	grand duke
Großgrund-besitzer	owner of a large estate
Großherzog	grand duke
Großherzogin	grand duchess
Großinquisitor	Grand Inquisitor
Großmacht	great power
Großmachtpolitik	(great-)power politics
Großmachtpolitik *(einer Nation)*	great-power policy
Großmacht-stellung	position as a Great Power
Großwesir	grand vizier
Grundbesitz	land tenure ['tenjə]
(freier) **Grundbesitz**	demesne [dɪ'meɪn]
gründen	to found
Gründerboom	the boom years *pl*
Gründerkrise	economic slump
Gründerzeit	period of promoterism, founding era
Grundherr	lord of the manor, manorial lord

Grundherrschaft	manorial system, system of the manor
Grundhöriger	villein [ˈvɪlɪn], thrall, bondsman, serf
Grundhold	villein [ˈvɪlɪn]
Grundnahrungsmittel	staple food, basic food
Grundrecht *(des Grundherrn)*	feudal right (of the landlord)
Grundrechte	civil rights, basic rights
Guerillakämpfer	guerrilla [gəˈrɪlə]
Guerillakrieg	guerrilla warfare, partisan warfare
Guillotine	guillotine [ˈgɪlətiːn]
guillotinieren	to guillotine [ˈgɪlətiːn]
Gusseisen	cast iron
Gutsherr	lord of the manor, manorial lord
Hadrianswall	Hadrian's Wall
Hadsch	hadj [hædʒ]
Händler	trader
Hafen	harbour, port
Haft	imprisonment, incarceration
Hain	grove
Hakenkreuz	swastika [ˈswɒstɪkə]
Hakenkreuzfahne	swastika flag
Hakenpflug	scratch plough [plaʊ]
Halbfreier	half-free peasant
Halbinsel	peninsula [pəˈnɪnsjələ]
Halsberge	hauberk [ˈhɔːbɜːk]
Hamsterfahrt	foraging jaunt [ˌfɒrɪdʒɪŋˈdʒɔːnt]
Handdienst	personal service
Handel	trade, commerce [ˈkɒmɜːs]
Handelsfreiheit	freedom of trade
Handelsgesellschaft	trading company
Handelsherr	merchant [ˈmɜːtʃənt]
Handelsmacht	trading nation
Handelsschiff	trading ship
Handelsvolk	nation of traders
Handfesseln	manacle [ˈmænəkl]
Handgang	act of homage and fealty [ˈfiːlti]
Handmühle	hand mill
Handwebstuhl	hand loom
Handwerker	craftsman, artisan
Handwerkerzunft	craft guild, guild for craftsmen
Hansestadt	Hanse town, Hanseatic town [hæns, ˌhænsɪˈætɪk]
Harnisch	(suit of) armour, harness, coat of mail
Harpune	harpoon
Harz	resin [ˈrezɪn]
Häuptling	chief
Hauptmann	captain
Hausmacht	dynastic power
Hausmeier	mayor of the palace, majordomo [ˌmeɪdʒəˈdəʊməʊ]
Haustier	domestic animal
Hebamme	midwife, *pl* midwives
Hebräer, hebräisch	Hebrew [ˈhiːbruː]
Heck	stern
Hedschra	hegira [ˈhedʒɪrə]
Heer	army
Heerbann	arrière-ban [ˌærieəˈbæn]
Heeresdienst	military service
Heereskonflikt	army conflict
Heeresreform	military reform, army reform
Heerfolge	obligation to perform military service
Hegemonialpolitik	policy of hegemony, hegemonial policy
Hegemonie	hegemony [hɪˈgeməni]
Heide	heathen, pagan [ˈhiːðn / ˈpeɪgən]
Heidelbergmensch	Heidelberg man
heidnisch	heathen, pagan [ˈhiːðn / ˈpeɪgən]
Heilige Lanze	Holy Lance
Heiligenreliquien	saints' relics

Heiligenverehrung	veneration of the saints
Heiliger Krieg	Holy War
das Heilige Römische Reich (Deutscher Nation)	the Holy Roman Empire (of the German Nation)
(Heilige) Schrift	(Holy) Scripture ['skrɪptʃə]
der Heilige Stuhl	the Holy See
Heiliger Synod	Holy Synod ['sɪnəd]
Heiliges Land	Holy Land
Heiligsprechung	canonization [ˌkænənaɪ'zeɪʃn]
Heiligtum	sanctuary ['sæŋktʃʊəri]
Heimatfront	home front
Heimatvertriebener	expellee
Heimfall	escheat [ɪs'tʃiːt]
Heimfall(s)recht	escheatage [ɪs'tʃiːtɪdʒ], right of aubaine [əʊ'beɪn]
Heimindustrie	cottage industry
Heimstättenbesitzer	Homesteader
Heiratsbuße	merchet, marriage tax
Heiratsgeld	merchet, marriage tax
Heiratspolitik	marriage politics
Heldentod	hero's death, death of a hero
Hellebarde	halberd ['hælbəd], battleaxe
Hellene	Hellene, Greek ['heliːn]
hellenisch	Hellenic [hel'iːnɪk]
Hellenismus	Hellenism ['helɪnɪzm]
hellenistisch	Hellenistic [ˌhelɪ'nɪstɪk]
Helm	cassis *lat* / helmet
Helot	helot ['helət]
Henker	hangman, executioner
Herkules	Heracles, Hercules ['herəkliːz / 'hɜːkjəliːz]
Herold	herald
Herrenhaus	manor house, manor seat
Herrenhof	manor ['mænə]
Herrenrasse	master race
Herrenschicht	master class
herrschaftlich	manorial [mə'nɔːriəl]
herrschen	to govern
Herrscher	ruler
Herzog	duke
Herzogin	duchess
Herzogtum	duchy, dukedom ['dʌtʃi]
hessischer Soldat, Söldner	Hessian
Hethiter, hethitisch	Hittite ['hɪtaɪt]
Hexameter	hexameter [hek'sæmɪtə]
Hexe	witch
Hexenjagd	witch hunt
Hexerei	witchcraft
Hieroglyphe	hieroglyph ['haɪərəglɪf]
Hieroglyphen(schrift)	hieroglyphics *pl* ['haɪərəglɪfɪks]
Hildebrandlied	Lay of Hildebrand
Hilfstruppen	auxilia *pl* [ɔːk'sɪlɪə], auxiliaries *pl* [ɔːg'zɪljɪəriz]
hinrichten	to execute
Hinrichtung	execution
Hinterbliebener	surviving dependant
Hinterlader	breech-loader
Hippodrom	hippodrome
Hirte	shepherd
Hisbollah	Hezbollah, Hizbullah [ˌhɪzbɒ'lɑː]
Hochindustrialisierung	high industrialization
Hochkonjunktur	boom
Hochkultur	advanced civilization, advanced culture
Hochofen	(blast) furnace ['fɜːnɪs]
Hochwasser	flood
Höhle	cave

Höhlenbewohner	caveman, cave dweller
Höhlenmalerei	cave drawing, cave painting
Höhlensiedlung	cave dwelling
hörig	in thrall, enslaved
Höriger	serf
Hörigkeit	serfdom, thral(l)dom
Hof	court
Hofamt	appointment at court
Hofbeamter	court official
Hofkapelle	chancellery ['tʃɑːnsəlri]
Hofmarschall	seneschal ['senɪʃl]
Hofnarr	(court) jester
Hoftag	court day
Hoheit	highness
Hoher Priester	high priest
Holocaust	Holocaust
Holz-Erde-Burg	earthwork-and-timber castle
Holzkohle	charcoal
Hominide	hominid
Honoratioren	dignitaries *pl*
Hoplit	hoplite ['hɒplaɪt]
Horde	horde
Horn	horn
Hostie	host [həʊst]
Hügel	mound
Hügelgrab	barrow
Hufeisen	horseshoe
Hugenotte, hugenottisch	Huguenot ['hjuːgənəʊ]
jdm / etw huldigen	to pay homage to sb / sth
Huldigung	(ceremony of) homage ['hɒmɪdʒ]
Humanismus	Humanism ['hjuːmənɪzm]
Humanist, humanistisch	humanist
Hünengrab	megalithic grave, dolmen
Hungerlohn	starvation wages
Hungersnot	famine ['fæmɪn]
Hunne	Hun
Hunnenkönig	king of the Huns
Hunnenreich	Hun empire
Hunnensturm	Hun attack
Hure	prostitute
Hussitenbewegung	Hussite movement
Hussit, hussitisch	Hussite ['hʌsaɪt]
Hussitenkriege	Hussite Wars
Hymne	hymn [hɪm]
Hypokausten	hypocaust ['haɪpəʊkɔːst]
Iambus	iambus [aɪ'æmbəs]
die Iden des März	Ides of March [ˌaɪdzəv'mɑːtʃ]
Ikone	icon ['aɪkən]
Ikonoklasmus	iconoclasm [aɪ'kɒnəˌklæzm]
Ilias	Iliad ['ɪlɪæd]
Illuminaten	Illuminati *pl lat* [ɪˌluːmɪ'nɑːti]
Imam	imam [ɪ'mɑːm]
Imperator	imperator *lat* [ˌɪmpə'rɑːtɔː]
Imperialismus	imperialism [ɪm'pɪəriəlɪzm]
Imperialist	imperialist
imperialistisch	imperialist(ic)
Indemnität	indemnity [ɪn'demnəti]
Indemnitätsvorlage	indemnity bill, indemnity act
Indianer	Native American
Indio	Latin American Indian
Indochina	Indochina, Indo-China
Indoeuropäer, indoeuropäisch	Indo-European
Industrialisierung	industrialization
Industrie	industry
industriell	industrial
Industrielle Revolution	Industrial Revolution
Inflation	inflation
inflationistisch	inflationary
inflatorische Wirtschaftspolitik	inflationism
Infrastruktur	infrastructure

Inhaber einer Pfründe	beneficiary [ˌbenɪ'fɪʃəri]
Initiale	initial (letter)
Initiation	initiation [ɪˌnɪʃi'eɪʃn]
Initiationsritus	initiation rite
Inka-	Incan
Inkaindianer	Incan
Inkarnation	incarnation
Innenminister	minister of the interior, Home Secretary (BE), Secretary of the Interior (AE)
Innenministerium	ministry of the interior, Home Office (BE), Department of the Interior (AE)
Innenpolitik	home affairs (BE), domestic policy (AE)
Inquisitionsgericht	Court of Inquisition, Holy Office
Inquisitionsprozess	trial by inquisition
Inquisitions-richter	Inquisitor [ɪn'kwɪzɪtə]
Insignien	insignia [ɪn'sɪgniə]
Intensivlandwirtschaft	intensive agriculture
Interimsregierung	provisional government
Interkontinentalrakete	ICBM (intercontinental ballistic missile)
Invasion	invasion
Investition	investment
Investitur	investiture [ɪn'vestɪtʃə]
Investiturstreit	Investiture Controversy, Investiture Struggle
ionisch	Ionic [aɪ'ɒnɪk]
Ionier, ionisch	Ionian [aɪ'əʊniən]
Irrationalismus	irrationalism
Islam	Islam ['ɪzlɑːm]
islamisch	Islamic [ɪz'læmɪk]
Isolationismus	isolationism [ˌaɪsə'leɪʃənɪzm]
Israelit	Israelite ['ɪzrɪəlaɪt]
Istambul	Istanbul [ˌɪstæn'bʊl]
Italienzug	Italian campaign
Italiker	Italic peoples
Jagd	hunt, hunting
Jagdregal	hunting right(s)
Jagdverband	hunting unit
Jagdzauber	hunting magic
Jäger	hunter
Jäger und Sammler	hunter-gatherers *pl*
Jahrbücher	annals *pl* ['ænəlz]
Jahresringforschung	dendrochronology [ˌdendrəʊkrɒ'nɒləʤi], tree-ring dating
Jahreszeit	season
Jahrgelder	annates, annats *pl*
Jahwe	Yahveh, Jahveh ['jɑːveɪ]
Jakobiner	Jacobin ['ʤækəʊbɪn]
Jakobinermütze	liberty cap
Jakobinertum	Jacobinism
jakobinisch	Jacobinic(al)
Jakobinismus	Jacobinism
Jakobsstab	Jacob's staff
Janitschar	Janissary, Janizary ['ʤænɪsərɪ]
Jansenismus	Jansenism
Jansenist, jansenistisch	Jansenist
Jauchegrube	cesspit ['sespɪt]
Jesuit	Jesuit ['ʤezjʊɪt]
Jesus Christus	Jesus Christ [ˌʤiːzəs'kraɪst]
Jubiläumsablass	jubilee indulgence [ʤuːbɪ'liː]
Jude	Jew
Judentum	Judaism, Jewry ['ʤʊəri]
Judenviertel	ghetto
Judikative	judicial power [ʤuːˌdɪʃl 'paʊə], judiciary [ʤuː'dɪʃəri]
Jüdin	Jewess
jüdisch	Jewish
Jünger	disciple [dɪ'saɪpl]
Jüte	Jute [ʤuːt]

jütisch	Jutish ['dʒuːtɪʃ]
Jungsteinzeit	New Stone Age, Neolithic Age
jungsteinzeitlich	neolithic [ˌniːə'lɪθɪk]
Junker	Junker, country squire
Junkertum	landed aristocracy, Junkerism
Junkertum	Junkerdom
Jurisdiktion	jurisdiction [ˌdʒuərɪs'dɪkʃən]
Jurte	yurt [jɜːt]
Kaaba	Kaaba ['kɑːbə]
Kabinett	cabinet
Kabinettskrieg	cabinet war
Kadavergehorsam	blind obedience
Kaffer	Kaffir ['kæfə]
Kaiser	emperor ['empərə]
Kaiserin	empress
kaiserlich, Reichs-	imperial
kaiserliche Wahlkapitulation	imperial capitulation
Kaiserpfalz	imperial palace
Kaiserproklamation	Imperial Proclamation
Kajüte	cabin
Kaledonier	Caledonian
Kalender	calendar
Kalif	caliph ['keɪlɪf]
Kalifat	caliphate ['kælɪfeɪt]
Kalter Krieg	Cold War
Kaltzeit	glaciation
Kambodscha	Cambodia
Kamin	fireplace
Kämmerer	treasurer ['treʒərə]
Kammerherr	chamberlain ['tʃeɪmbəlɪn]
Kampfflugzeug	fighter plane
Kampfverband	combat unit ['kɒmbæt]
Kandidat	candidate ['kændɪdət]
bei einer Wahl kandidieren	to run / stand in an election
Kanone	cannon
Kanonier	artilleryman
kanonisches Recht	canon(ic) law, ecclesiastical law
Kanope	canopic jar, canopic vase [vɑːz]
Kanzel	pulpit ['pʊlpɪt]
Kanzelparagraph	pulpit paragraph
Kanzlei	chancellery ['tʃɑːnsəlri]
Kanzler	chancellor ['tʃɑːnsələ]
Kapelle	chapel ['tʃæpəl]
Kapetinger	Capetian [kə'piːʃn]
Kapitalismus	capitalism
Kapitalist	capitalist
kapitalistisch	capitalistic
Kapitell	capital
Kapitol *(Rom)*	Capitoline Hill [kə'pɪtəlaɪn]
Kapitularien	capitularies *pl* [kə'pɪtjʊləriz]
Kapitulation	capitulation, surrender
bedingungslose Kapitulation	unconditional surrender
Karavelle	caravel ['kærəvel]
Kardinal	cardinal
Kardinalskollegium	council of cardinals
Karfreitag	Good Friday
Karl der Große	Charlemagne ['ʃɑːləmeɪn]
Karlsbader Beschlüsse	Carlsbad Decrees
Karolinger, karolingisch	Carolingian [ˌkeərəʊ'lɪndʒiən]
Karthager, karthagisch	Carthaginian [ˌkɑːθə'dʒɪniən]
Karthago	Carthage ['kɑːθɪdʒ]
Kartierung	mapping
Kartoffelfäule	potato blight
Kartograph	mapmaker, cartographer
Kartographie	mapmaking, cartography
Kartusche	cartouch(e) [kɑː'tuːʃ]
Karwoche	Holy Week
Kastell	castel(l)et, castellum *lat*
Kastellan	castellan [kæ'stelən]

Katakombe	catacomb ['kætəkuːm]
Katapult	catapult
Katarakt	cataract ['kætərækt]
Katechismus	catechism ['kætəkɪzm]
Katharer	Cathar(ist) ['kæθə(rɪst)]
Kathedrale	cathedral [kə'θiːdrəl]
Katholik, katholisch	Catholic
Katholische Liga	Catholic League
Katholizismus	Catholicism [kə'θɒlɪsɪzm]
Kaufleute	merchants *pl*
Kavalier	Cavalier [ˌkævə'lɪə]
Keilschrift	cuneiform writing, cuneiform (script) ['kjuːnɪfɔːm]
Keilschriftzeichen	cuneiform signs, cuneiform characters
Kelte	Celt [kelt]
keltisch	Celtic ['keltɪk]
Kemenate	bower ['baʊə]
Keramik	ceramic [sə'ræmɪk]
Kerker	dungeon ['dʌndʒən]
Kettenhemd, Kettenpanzer	chain mail
Ketzer	heretic ['herətɪk]
Ketzerei	heresy ['herəsi]
Keuschheit	chastity ['tʃæstɪti]
Khan	khan [kɑːn]
Kiever Rus	Kiev Rus [ˌkiːev'ruːs]
Kiewer Reich	Kievan state ['kiːevən]
Kimbern	Cimbri *pl* ['sɪmbriː, 'kɪmbriː]
Kinderarbeit	child labour
Kinderkreuzzug	Children's Crusade
Kindstaufe	infant baptism
Kinnschutz	beaver
Kirchenbann	ban
Kirchenfürst	Prince of the Church
Kirchenherr	advowee, patron [əd'vaʊiː / 'peɪtrən]
Kirchenjahr	church year
Kirchenlied	hymn [hɪm]
Kirchenpatron	advowee, patron [əd'vaʊiː / 'peɪtrən]
Kirchenrecht	ecclesiastical law [ɪˌkliːzi'æstɪkəl]
Kirchenregiment	church government
Kirchenschiff	nave, transept
Kirchenstaat	Papal States
Kirchenzucht	church discipline, ecclesiastical discipline
Kirchgänger	churchgoer, worshipper
(kirchlicher) Feiertag	church festival
kirchliches Patronat	advowson [əd'vaʊzn]
Kithara	kithara ['kɪθərə]
Kläger	plaintiff
Klan	clan
Klassenfeind	class enemy
Klassengegensatz	class antagonism [æn'tægənɪzm]
Klassenkampf	class struggle
Kleiderordnung	sumptuary law / dress regulations *pl*
Kleinasien	Asia Minor
Kleinbürger, kleinbürgerlich	petit / petty bourgeois [ˌpeti'bɔːʒwɑː]
Kleinbürgertum	petite / petty bourgeoisie [ˌpetiˌbɔːʒwɑː'ziː]]
Kleinstaat	petty princedom
Kleinstaaterei	particularism [pə'tɪkjʊlərɪzm]
klerikal	clerical
Klerus	clergy ['klɜːdʒi]
Klient	cliens *lat*, client ['kliːəns / 'klaɪənt]
Klientel	clientele [ˌkliːən'tel]
Klima	climate ['klaɪmət]
klösterlich	monastic [mə'næstɪk]
Kloster	monastery ['mɒnəstri]
Klostergarten	monastery garden, convent garden
Klosterkirche	minster
Klosterleben	monasticism [mə'næstɪsɪzm]

Klosterschule	monastic school, monastery school
Knappe	squire ['skwaɪə]
Knecht	farm labourer
Knechtschaft	serfdom, thral(l)dom
Knochenharpune	bone harpoon
Kodex	codex, *pl* codices *lat*
Königstreuer, königstreu	royalist
jdn köpfen	to behead sb
Koexistenz	coexistence
Kogge	cog
Kohlrübenwinter	turnip winter
Kohorte	cohort ['kəʊhɔːt]
Kokarde	cockade
Koks	coke
Kolchose	kolkhoz [ˌkɒl'kɒz], collective farm
Kollektivierung	collectivization [kəˌlektɪvaɪ'zeɪʃn]
Kollektivierungspolitik	policy of collectivization
Kollektivschuld	collective responsibility, collective guilt
Koller	jack
kolonial	colonial
Kolonialge-schichte	colonial history
Kolonialhandel	colonial trade
Kolonialherrschaft	colonial rule
Kolonialismus	colonialism
Kolonialmacht	colonial power
Kolonialpolitik	colonial policy, colonialism
Kolonialreich	colonial empire
Kolonie	colony
Kolonisator	colonizer
Kolonist	colonist ['kɒlənɪst]
Kolosseum	coliseum, colosseum [ˌkɒlə'siːəm]
Kommunion	communion
Kommunismus	communism
Kommunist, kommunistisch	communist
das Kommunistische Manifest	Communist Manifesto

Kompass	compass ['kʌmpəs]
Komplet	compline ['kɒmplɪn]
Konfession	denomination [dɪˌnɒmɪ'neɪʃn]
Konföderierter	Confederate [kən'fedərət]
Königinmutter	Queen Mother
Königinwitwe	Queen Dowager ['daʊədʒə]
königlich	regal ['riːgəl]
königliches Hoheitsrecht	regal, *pl* regalia ['riːgl, rɪ'geɪliə]
Königreich	kingdom
Königsboten	missi dominici *pl lat* [ˌmɪsi dɒ'mɪnɪki]
Königsgut	demesne of the crown, royal demesne [dɪ'meɪn]
Königsheil	charisma [kə'rɪzmə]
Königsmantel	pallium, pall, royal robe
Königsrechte	regalian rights *pl*
Königssalbung	royal unction
Königsvasall	tenant-in-chief [ˌtenənt ɪn'tʃiːf]
Königswahl	election of a king
konfiszieren	to confiscate
Konkordat	concordat [kɒn'kɔːdæt]
konservieren	to preserve
Konsistorium	consistory [kən'sɪstəri]
Konstantin	Constantine ['kɒnstəntaɪn]
Konstantinopel	Constantinople [ˌkɒnstæntɪ'nəʊpl]
Konsul	consul *lat*
Konsulatsverfassung	the Constitution of the Consulate
Konterrevolution	counterrevolution
konter-revolutionär	counter-revolutionary
Kontor	trading station / office
Konzentrationslager	concentration camp
Konzilsbewegung	conciliar movement

Kopernikanische Wende	Copernican Revolution
Kopfbedeckung	headdress
Koran	Koran, Quran [kɒ'rɑːn]
Kornscheuer	granary ['grænəri]
Kosak	Cossack ['kɒsæk]
Kranz aus Olivenzweigen	olive wreath
Kreml	Kremlin
Kreta	Crete
Kreter	Cretan ['kriːtən]
Kreuzdatierung	cross dating
Kreuzfahrer	crusader
Kreuzfahrerheer	army of crusaders
Kreuzgang	ambulatory, cloister
Kreuzigung	crucifixion [ˌkruːsə'fɪkʃn]
Kreuzzug	crusade [kruː'seɪd]
Kreuzzugsbulle	crusade bull
Krieg	war, warfare
Krieger	warrior
Kriegsanleihe	war bond
Kriegsbemalung	war paint
Kriegsdienstverweigerer	conscientious objector [kɒnʃiˌenʃəs əb'dʒektə]
Kriegsentschädigungen	war indemnity, reparations *pl*
Kriegserklärung	declaration of war
Kriegsführung	warfare
Kriegsgefangenenlager	prisoner-of-war camp, P.O.W. camp
Kriegsgefangener	prisoner of war
Kriegskonferenz	war conference
Kriegskredite	war credits *pl*
Kriegsmarine	navy
Kriegsmaschine	war engine
Kriegsministerium	War Ministry
Kriegsrecht	martial law
Kriegsschuld	war guilt
Kriegsschuldartikel	war guilt clause
Kriegsschulden	war debts *pl*
Kriegsschuldfrage	problem of war guilt
Kriegsschuldverschreibung	war bond
Kriegsverbrechen	war crime
Kriegsverbrecher	war criminal
Kriegsverbrechertribunal	War Crimes Tribunal [traɪ'bjuːnl]
Krimkrieg	the Crimean War [kraɪ'miːən]
jdn krönen	to crown sb
Krongut	crown land, royal demesne [dɪ'meɪn]
Kronkolonie	crown colony
Krönung	coronation
Krönungsmantel	pallium, pall, royal robe
Kronvasall	tenant-in-chief [ˌtenənt ɪn'tʃiːf]
Kronprinz	crown prince
Krummstab	crook [krʊk]
Krypta	crypt, undercroft
Kuba-Krise	Cuban (Missile) Crisis
Kugel- und Kettenfessel	ball and chain
Ku-Klux-Klan	Ku Klux Klan (KKK)
Kulthandlung	ritual act
Kulturimperialismus	cultural imperialism
Kummet	horse collar
künstlicher Erdhügel	mound
Kupfer	copper
Kuppelgrab	domed tomb, domed grave
Kurfürst	(prince) elector
Kurfürstenrat	council of electors, electoral council
Kuriatkomitien	Curiate Assembly
Kurwürde	electorate [ɪ'lektərət]
Kurzschwert	gladius *lat* ['glædiəs]
Lager	camp
Laienbruder	lay brother
Laieninvestitur	lay investiture
Laienkelch	lay chalice ['tʃælɪs]
Landadel	landed gentry
Landarbeit	agricultural labour
Landarbeiter	agricultural labourer
Landbrücke	land bridge

Landesherr	sovereign ['sɒvrɪn], territorial ruler
Landflucht	migration from the land [maɪ'greɪʃn]
Landgewinn	territorial gain
Landgraf	landgrave ['lændgreɪv]
Landgräfin	landgravine ['lændgrəviːn]
Landgrafschaft	landgraviate [ˌlænd'greɪviət]
Landreform	land reform
Landsasse	freeholder
Landschenkung an die Kirche	frankalmoigne, frankalmoin
Landsknecht	lansquenet ['lænskəˌnet], mercenary foot soldier
Landstände	estates of the country
Landung	disembarkment, landfall, landing
Landvermesser	surveyor [sə'veɪə]
Landwirtschaft	agriculture ['ægrɪkʌltʃə], farming, husbandry
landwirtschaftlich	agricultural [ˌægrɪ'kʌltʃərəl]
Langbogen	longbow
Langobarde	Langobard, Lombard
langobardisch	Langobardic, Lombard
Lanze	lance
Latein, lateinisch	Latin
lateranisch	Lateran ['lætərən]
Laterankonzil	Lateran Council ['lætərən]
Latiner	Latin
Latinischer Städtebund	Latin alliance
Latrine	latrine [lə'triːn], cesspit ['sespɪt]
Laudes	lauds *pl* [lɔːdz]
Lazarett	military hospital
Leben nach dem Tode	life after death, afterlife
Lebensmittelkarte	(food) ration card, ration book
Lebensmittelknappheit	food shortage
Lebensmittelrationierung	food rationing
legendär	legendary
Legende	legend ['ledʒənd]
Legierung	alloy ['ælɔɪ]
Legion	legion ['liːdʒən]
Legionär	legionary, legionnaire ['liːdʒənri / ˌliːdʒə'neə]
Legislative	legislature, legislative power ['ledʒɪsleitʃə / 'ledʒɪslətɪv]
Legitimität	legitimacy [lɪ'dʒɪtɪməsi]
Lehen	fief [fiːf], fiefdom, feud
Lehensdienst	feudal service
Lehensherr	liege [liːdʒ], liege lord, feudal lord
Lehensherrschaft	feudal rule, feudal lordship
Lehensmann	liegeman, vassal ['væsəl]
Lehenspflicht	feudal duty, feudal obligation, feudality
Lehenspyramide	feudal pyramid
Lehensrecht	feudal law
Lehenstreue	feudal allegiance [ə'liːdʒəns], fealty ['fiːlti]
Lehensverfassung	feudal system
Lehensverhältnis	feoffment ['fiːfmənt], (feudal) investiture, infeudation
Lehnbarkeit	feudality
Lehngut	manor ['mænə]
Lehnseid	oath of fealty ['fiːlti]
Lehnsherr	feoffor, feoffer ['fiːfə]
Lehnsmann	feudatory, feudal tenant
Lehnsverhältnis	vassalage ['væsəlɪdʒ]

Lehnswesen	feudalism ['fjuːdəlɪzm], system of feudal tenure, feudal system
Lehre *(Lehrsatz, Doktrin)*	doctrine ['dɒktrɪn]
Lehre (*Ausbildung***)**	apprenticeship
Lehrkanon	canon ['kænən]
Lehrling	apprentice [ə'prentɪs]
Lehrzeit	(period of) apprenticeship
leibeigen	in thrall, enslaved
Leibeigener	thrall, bondsman, serf
Leibeigenschaft	serfdom, thral(l)dom
Leibherr	lord of a serf
Leichenverbrennung	cremation
Leihezwang	obligation of the king to grant a fief
Leinen	linen, linen cloth ['lɪnən]
Lendenschurz	loin cloth, groin guard
Leninismus	Leninism
Lepra	leprosy ['leprəsi]
Leprakranker	leper ['lepə]
(bewegliche) Letter	(movable) type
Leutnant	lieutenant [lef'tenənt; AE: luː'tenənt]
liberal	liberal
Liberalismus	liberalism
Liebesgaben	care-packages *pl*
Liga	league [liːg]
Liktor	lictor *lat*
Limes	limes *lat* ['laɪmiːz]
Linear B Schrift	Linear B script, Linear B writing
Linksextremismus	left-wing extremism
linksextremistisch	left-wing extremist
Liturgie	liturgy ['lɪtədʒi]
Livius	Livy ['lɪvɪ]
Logbuch	logbook
Lollard	Lollard
Lombarde	Langobard, Lombard
die lombardische Liga	the Lombard League
Lorbeerkranz	laurel wreath [riːθ]
Lordprotektor	Lord Protector
Lossagung	apostasy [ə'pɒstəsi]
Lothringen	Lorraine, Lotharingia [lə'reɪn / ˌləʊθə'rɪndʒə]
Lückentheorie	gap theory
Luftabwehr	aerial defence
Luftalarm	air alert
Luftangriff	air raid, aerial attack ['eəriəl]
Luftaufklärung	aerial reconnaissance [ˌeəriəlrɪ'kɒnɪsəns]
Luftbildarchäologie	aerial archaeology ['eəriəl]
Luftbrücke	airlift
Luftkampf	aerial combat [ˌeəriəl'kɒmbæt]
Luftschutzraum	air-raid shelter
Luftsperrfeuer	aerial barrage [ˌeəriəlbæ'rɑːʒ]
Luftüberlegenheit	air dominance, air superiority
Luftwaffe	air force
Lutheraner, lutherisch	Lutheran
jdn lynchen	to lynch sb
Lyra	lyre
Machtanspruch	claim to power
Machtergreifung	the seizure of power ['siːʒə]
Machtübernahme	accession to power
Märtyrer	martyr ['mɑːtə]
Märzfeld	Campus Martius ['mɑːʃəs], Field of Mars
Märzforderungen	March demands *pl*
Märzminister	March minister
Mätressenwirtschaft	reign of mistresses [reɪn]
Magd	farmgirl, maidservant
Maginotlinie	Maginot Line ['mæʒɪnəʊ]
Magnetkompass	magnetic compass ['kʌmpəs]
Mahlstein	quern

Maifeiertag	May Day
Major	major
Makedonien	Macedon, Macedonia
Makedonier, makedonisch	Macedonian
Makkabäer	Maccabee ['mækəbiː]
makkabäisch	Maccabean [ˌmækə'biːən]
Malaria	malaria
Mameluck	Mameluke ['mæmɪluːk]
Mammut	mammoth
Mandat	mandate ['mændeɪt]
Mandatsgebiet	mandate ['mændeɪt], territory under mandate
Mandatssystem	mandate system
Manipel	maniple ['mænɪpl]
Manufaktur	manufacture
Manuskript, Handschrift	manuscript
Marine	navy
Marionetten-könig	puppet king
Mark *(Grenzgebiet)*	march, mark
markenfrei	off the ration list
Markgraf	margrave ['mɑːgreɪv]
Markgrafentum	dignity of a margrave
Markgräfin	margravine ['mɑːgrəviːn]
Markgrafschaft	margravate, margraviate [ˌmɑː'greɪviət]
Marktfrieden	market peace
Marktordnung	market organization, marketing regulations *pl*
Marktrecht	right to hold a market
Markttag	market day
Marktwirtschaft	market economy
Marokkaner, marokkanisch	Moroccan [mə'rɒkən]
Marsch *(Gangart)*	march
Marsch *(Schwemmland)*	marsh
Marschall	marshal
Marschflugkörper	cruise missile
Marschlager	marching camp
Marsfeld	Campus Martius ['mɑːʃəs], Field of Mars
Marxismus	Marxism
Marxist, marxistisch	Marxist
Maschinen-gewehr	machine gun
Maschinenstürmer	Luddite ['lʌdaɪt]
Massenerschießungen	mass shootings *pl*
Massenmord	mass murder
Massentaufe	mass baptism
Massenwahn	mass hysteria
Mastaba	mastaba
matriarchalisch	matriarchal [ˌmeɪtrɪ'ɑːkəl]
Matriarchat	matriarchy ['meɪtrɪɑːki]
Matriarchin	matriarch ['meɪtrɪɑːk]
Matutin	matins *pl* ['mætɪnz]
Mausoleum	mausoleum [ˌmɔːsə'liːəm]
Meder	Mede ['miːd]
mediatisieren	to mediatize
Mediatisierung	mediatization [ˌmiːdiətaɪ'zeɪʃn]
medisch	Mede [miːd]
Meerenge	strait
Megalith	megalith ['megəlɪθ]
megalithisch	megalithic
Megalithkultur	Megalith culture
Mehrheitswahlrecht	majority vote, first-past-the-post (system)
Mehrwert	surplus value
Meister	master
Menhir	menhir ['menhɪə]
Menschenbild	conception of man
Menschenopfer	human sacrifice
Menschenrechte	human rights *pl*
Menschenrechtler	human rights activist
Menschewik	Menshevik

Menschewismus	Menshevism
Merkantilismus	mercantilism, mercantile system ['mɜːkəntaɪl]
Merowech	Merovech ['merəvek]
Merowinger, merowingisch	Merovingian
Mesolithikum	Mesolithic Age; Middle Stone Age
Mesopotamien	Mesopotamia [ˌmesəpə'teɪmiə]
Messdiener	server, altar boy
Messe *(Warenmarkt)*	fair
Messe *(Messfeier)*	mass
Messias	Messiah [mə'saɪə]
Metallverarbeitung	metal processing ['prəʊsesɪŋ]
Methodist, methodistisch	Methodist ['meθədɪst]
Metöke	metic
Metropolit	metropolitan
Metrum	metre
(das) Militär	the military
Militärbündnis	military alliance
Militärdienst	military service
Militärdiktatur	military dictatorship
militärisch	military
Militarismus	militarism
Militärputsch	military putsch [pʊtʃ]
Militärregierung	military government
Minderheit	minority [maɪ'nɒrəti]
Miniatur	miniature ['mɪnɪtʃə]
Ministerialer	ministerial, estate official
Ministerium	ministry
Minnedienst	courtly love
Minnesang	minnesong, minnesang
Minnesänger	wandering minstrel, minnesinger
Minoer, minoisch	Minoan
Minotaurus	Minotaur ['maɪnətɔː]
Minuskel	minuscule ['mɪnəskjuːl]
Miserikordie	misericord [mɪ'zerɪkɔːd]
Missernte	poor harvest
Mission	mission
Missionar	missionary
Mitglied des Ku-Klux-Klan	Klansman, Klanswoman
Mitkaiser	co-emperor
Mittelmeer	Mediterranean Sea
Mittelpassage	Middle Passage
mittelsteinzeitlich	mesolithic [ˌmezə'lɪθɪk]
Mittelstreckenrakete	intermediate-range missile
mittlere Steinzeit	Middle Stone Age, Mesolithic Age
Mobilmachung	mobilization
Mönch	monk, friar [mʌŋk / fraɪə]
mönchisch	monastic [mə'næstɪk]
Mönchsorden	monastic order, religious order
Mönchstum	monasticism
Mönchszelle	cell
Mörser	mortar
Monarch	monarch ['mɒnək]
Monarchie	monarchy ['mɒnəki]
Mongole, mongolisch	Mongol, Mongolian ['mɒŋgəl / mɒŋ'gəʊliən]
Mongolenhorde	Mongol horde
Monopol	monopoly [mə'nɒpəli]
Monotheismus	monotheism ['mɒnəʊθiːɪzm]
Morgenstern	morning star
Mosaik	mosaic [məʊ'zeɪɪk]
Mosaiksteinchen	tessera, *pl* tesserae *lat* ['tesərə, 'tesəriː]
Moschee	mosque [mɒsk]
Moskau	Moscow ['mɒskəʊ]
Moslem, moslemisch	Muslim, Moslem ['mʊzlɪm]
Mühle	mill
Münster	minster
Münzanstalt	mint

	coinage prerogative [prɪ'rɒgətɪv], minting privilege
M…	minting privilege(s)
Muezzin	muezzin [mu'ezɪn]
Mufti	mufti ['mʌfti]
Mulla(h)	mullah ['mʊlə]
Mumie	mummy
mumifizieren	to mummify
Mumifizierung	mummification
Mundschenk	cupbearer
Muskete	musket ['mʌskɪt]
Muslim, muslimisch	Muslim, Moslem ['mʊzlɪm]
Mykene	Mycenae [maɪ'siːni]
Mykener, mykenisch	Mycenaean [maɪ'siːniən]
Mysterienkult	mystery cult
Mystik	mysticism
Mystiker	mystic
Mystizismus	mysticism
Nachfolgedynastie	successor dynasty
Nachfolger	successor
Nachfolgestaat	successor kingdom
Nachhut	rearguard ['rɪəgaːd]
Nachlehen	rear fief
Nachtwache	prayer vigil [ˌpreə'vɪdʒɪl]
Nachtwächter	night watchman
der Nahe Osten	the Middle East
Napalm	napalm ['neɪpaːm]
Nationalgarde	national guard
Nationalgardist	national guardsman
Nationalismus	nationalism
der Nationalkonvent	the National Convention
Nationalsozialismus	National Socialism
Nationalsozialist, nationalsozialistisch	National Socialist
Nationalstaat	nation state
Nationalversammlung	National Assembly
Naturalwirtschaft	barter economy
Naturrecht	natural law
Neandertaler	Neanderthal [ni'ændətaːl] man
Neolithikum	New Stone Age / Neolithic Age [ˌniːə'lɪθɪk]
neolithisch	neolithic [ˌniːə'lɪθɪk]
Neues Testament	New Testament
Neustrien	Neustria ['njuːstriə]
Neutralität	neutrality [njuː'trælәti]
Neutralitätspolitik	non-alignment policy
Nil	Nile (River), River Nile
Nildelta	Nile Delta
Nilometer	nilometer [naɪ'lɒmɪtə]
Nilpegel	level of the Nile
Nobiles	nobiles *pl lat* ['nəʊbileɪz]
Nobilität	nobility
Nomade	nomad ['nəʊmæd]
nomadenhaft	nomadic [nəʊ'mædɪk]
Nomadenstamm	nomadic tribe
Nomadenvolk	nomadic people
nomadisch	nomadic [nəʊ'mædɪk]
Nomarch	nomarch ['nɒmaːk]
Nomenklatur	nomenklatura [ˌnəʊmənklətuːrə]
None	none [nəʊn]
Nonne	nun
Nonnenkloster	nunnery; convent ['kɒnvənt]
der Norddeutsche Bund	the North German Confederation
Normanne, normannisch	Norman
Notabeln	Notables
Notabelnversammlung	Assembly of Notables
Notopfer	emergency relief tax
Notverordnung	emergency clause, emergency decree
Novize	novice ['nɒvɪs]
Nürnberger Prozesse	Nuremberg Trials
Nürnberger Rassengesetze	Nuremberg Laws

Nuklearmacht	nuclear power
Numider	Numidian
Nutzungsrecht	right of exploitation
Oberägypten	Upper Egypt
Oberbefehlshaber	commander-in-chief
Oberfläche	surface
Oberlehensherr	suzerain ['suːzəreɪn], overlord
Oberlehnsherrschaft	overlordship
Oberst	colonel ['kɜːnəl]
Obrigkeitsstaat	authoritarian state
Ochsengespann	team of oxen
Odyssee	Odyssey ['ɒdɪsi]
Odysseus	Ulysses ['juːlɪsiːz]
Ölkrise	oil crisis
Offenbarung	revelation
Offizier	officer
Oligarchie	oligarchy ['ɒlɪgɑːki]
Olympia	Olympia
Olympiade	Olympiad
die Olympischen Spiele	the Olympic Games
Omaijade, omaijadisch	Omayyad [əʊ'maɪæd]
Operation	surgery
Opfer	sacrifice ['sækrɪfaɪs], offering
Opfer unter der Zivilbevölkerung	civilian casualties
Oppidum	oppidum, *pl* oppida *lat*
Opposition	opposition
Oppositionspartei	opposition party
Optimaten	optimates *pl lat* [ˌɒpti'mɑːteɪz]
Orakel	oracle
Ordal	trial by battle, ordeal
Orden	order
Ordensgelübde	monastic vow [vaʊ]
Ordensschwester	nun
orthodox	orthodox ['ɔːθədɒks]
Osmane, osmanisch	Ottoman ['ɒtəmən]
Ostblock	Eastern Bloc
Ostblockstaat	Eastern Bloc state / Eastern Bloc country
Ostermarsch	Easter (Peace) March
Österreich	Austria
Ostfeldzug	eastern campaign, eastern offensive
Ostgote	East Goth, Ostrogoth ['ɒstrəʊgɒθ]
Ostgotenreich	East Gothic Empire, Ostrogothic Empire
ostgotisch	East Gothic, Ostrogothic
Ostrakon	ostrakon
Ostrazismus	ostracism, judgement by shards
Ostrom	the Eastern Roman Empire, the Byzantine Empire [bɪ'zæntaɪn]
Ost-West-Beziehungen	East-West relations *pl*
Ost-West-Konflikt	East-West conflict
Ostzone	Eastern Zone
Ottone, ottonisch	Ottonian
Pächter	tenant ['tenənt]
päpstlich	papal ['peɪpl]
päpstliche Bulle	papal bull
päpstlicher Hof	papal court
päpstliches Amt	papacy ['peɪpəsi]
Page	page
Paläobotaniker	palaeobotanist [ˌpæliəʊ'bɒtənɪst]
Paläolithikum	Pal(a)eolithic Age [ˌpæliəʊ'lɪθɪk]
paläolithisch	pal(a)eolithic
Paläontologe	palaeontologist [ˌpæliɒn'tɒlədʒɪst]
Palästina	Palestine ['pæləstaɪn]
Palästinenser, palästinensisch	Palestinian [ˌpæləs'tɪniən]
palimpsestisch	palimpsest ['pælɪmpsest]
Pallium	pallium, pall, royal robe
Palmenzweig	palm branch

[illegible]	pandemic disease
[illegible]ion	pankration [pæn'kreɪʃiən]
Panzer	tank
Panzerhandschuh	gauntlet ['gɔːntlət]
Panzerritter	armoured knight
Panzersperre	tank trap, Dragon's teeth
Papierherstellung	paper making
Papst-	papal
Papst	Pope
Papstkrone	papal crown
Papyrus(staude)	papyrus, *pl* papyri *lat* [pə'paɪrəs / pə'paɪraɪ]
Papyrusrolle	papyrus scroll
Parlament	parliament
parlamentarische Regierungsform	representative government
parlamentarische Republik	parliamentary republic
Parlamentarischer Rat	Parliamentary Council
Parlamentsregierung	parliamentary government
Partei	party
Parther, parthisch	Parthian ['pɑːθiən]
Partikularismus	particularism
Partisanenkrieg	guerrilla warfare, partisan warfare
Passionszeit	Passiontide
Pastor	minister, pastor
Patriarch	patriarch ['peɪtriɑːk]
patriarchalisch	patriarchal [ˌpeɪtrɪ'ɑːkəl]
Patriarchat	patriarchy ['peɪtrɪɑːki], patriarchate
Patriotismus	patriotism ['peɪtriətɪzm]
Patrizier, patrizisch	patrician [pə'trɪʃn]
Patron	patron ['peɪtrən], patronus *lat*
Patronat	patronage ['peɪtrənɪdʒ]
Patrone	cartridge
Patt-Situation	stalemate
Pauperismus	pauperism ['pɔːpərɪzm]
Pechnase	machicolation [məˌtʃɪkə'leɪʃn]
Peloponneser, peloponnesisch	Peloponnesian [ˌpeləpə'niːʃn]
Pensionskasse	pension fund
Pentameter	pentameter [pen'tæmɪtə]
Pentapolis	pentapolis [pen'tæpəlɪs]
Pentarchie	pentarchy ['pentɑːki]
Pentere	pentere [pen'tiə]
Perestroika	perestroika
Pergament	parchment
Periöke	perioikos, *pl* perioikoi [pe'riːɔɪkɒs, pe'riːɔɪkɔɪ]
Perser, persisch	Persian ['pɜːʒən]
Persien	Persia ['pɜːʒə]
Personalunion	personal union
Perücke	wig
Pest	plague [pleɪg], Black Death
Peterspfennig	Peter's pence, Peter's penny
Petition	petition
Pfahlbau	lake dwelling, pile dwelling
Pfählung	impalement
Pfalz	Palatinate [pə'lætɪnət]
Pfalzgraf	count palatine, palsgrave ['pɔːlzgreɪv]
Pfalzgräfin	countess palatine, palsgravine ['pɔːlzgrəviːn]
Pfalzgrafschaft	palsgraviate ['pɔːlzgreɪviət]
Pfarrei	parish ['pærɪʃ]
Pfarrer	minister
Pfeil und Bogen	bow and arrow [bəʊ]
Pfeilgeschütz	scorpio
Pfeilspitze	arrowhead
Pferdeopfer	horse sacrifice
Pferderennen	horse races *pl*

pflügen	to plough (BE), to plow (AE) [plaʊ]
Pflug	plough (BE), plow (AE) [plaʊ]
Pfründe	benefice ['benɪfɪs]
Pfründenbesetzungsrecht	advowson [əd'vaʊsn]
Phalanx	phalanx, *pl* phalanxes ['fælæŋks(iz)]
Pharao	pharaoh ['feərəʊ]
pharaonisch	pharaonic [ˌfeə'rɒnɪk]
Philister	Philistine ['fɪlɪstaɪn]
Philosoph	philosopher [fɪ'lɒsəfə]
Philosophie	philosophy [fɪ'lɒsəfi]
Phlegma	phlegm [flem]
Phönizier, phönizisch	Phoenician [fɪ'nɪʃn]
Phratrie	phratry, *pl* phratries ['frætri]
Phyle	phyle, *pl* phylae [faɪl, 'faɪliː]
Pike	pike
Pikte	Pict
Piktogramm	pictogram
Pilger	pilgrim
Pilgerfahrt	pilgrimage
Pilgerväter	Pilgrim Fathers *pl*
Pistole	pistol
Plansoll	output target
Plantage	plantation
Plantagenet	Plantagenet [plæn'tædʒənɪt]
Planwirtschaft	planned economy
Plattenpanzer	plate armour
Plebejer, plebejisch	plebeian [plə'biːən]
Plebiszit	plebiscite ['plebɪsɪt]
plebiszitäre Diktatur	plebiscitarian dictatorship [ˌplebɪsɪ'teəriən] –
Plebs	plebs *lat* [plebz]
Plinius	Pliny ['plɪni]
Pocken	smallpox
Pogrom	pogrom ['pɒgrəm]
Polemarch	polemarch ['pɒləmɑːk]
Polis	polis, *pl* poleis
Politbüro	Politburo ['pɒlɪtˌbjʊərəʊ]
Politik	politics
Politik *(politisches Programm)*	policy
Politiker	politician
politisch	political
Polytheismus	polytheism ['pɒlɪθiːɪzm]
Pontifikat	papacy
Pope	Russian-orthodox priest, Greek-orthodox priest
Popularen	populares *pl lat* [ˌpɒpjʊ'lɑːreɪz]
Porzellan	porcelain, china ['pɔːslɪn]
Postkutsche	stagecoach
Potsdamer Abkommen	the Potsdam Accord, the Potsdam Agreement
Prädestination	predestination [ˌpriːdestɪ'neɪʃn]
Prädestinationslehre	the doctrine of predestination
Prager Fenstersturz	the Defenestration of Prague
Pranger	pillory
am Pranger	in the pillory
präsidiale Republik	presidential republic
Präsidialkabinett	presidential cabinet
Präsidialregierung	presidential cabinet
Präsidialsystem	presidential system
Prätor	praetor *lat* ['priːtə]
Prätorianer, prätorianisch	Praetorian [priː'tɔːriən]
Prätorianergarde	Praetorian Guard
Präventivkrieg	preventive war
Predigt	sermon ['sɜːmən]
Premierminister	prime minister
Presbyterianer, presbyterianisch	Presbyterian [ˌprezbɪ'tɪəriən]
Pressezensur	censorship of the press

Preuße, preußisch	Prussian ['prʌʃən]
Preußen	Prussia ['prʌʃə]
Priester	priest [priːst]
Priesteramt	priesthood
Priesterehe	marriage of priests / marriage of the clergy
Prim	prime
Primogenitur	primogeniture [ˌpraɪməʊ'dʒenɪtʃə]
Prinz	prince
Prinzeps	princeps ['prɪnseps]
Prinzessin	princess
Prinzgemahl	prince consort
Prinzipat	principate ['prɪnsɪpət]
Prinzregent	prince regent
Prior	prior [praɪə]
Priorei	priory ['praɪəri]
Priorin	prioress ['praɪərəs]
Privateigentum	private property
Privatkapelle	private chapel
Privileg	privilege
Produktions-mittel	means of production
Prohibitionist	prohibitionist
Prokonsul	proconsul *lat*
Proletariat	proletariat(e) [ˌprəʊlɪ'tæriət]
Proletarier, proletarisch	proletarian
Propaganda	propaganda
Prophet	prophet ['prɒfɪt]
Proprätor	propraetor *lat*
Protestant, protestantisch	Protestant
Protestantische Union	Protestant Union
Protestantismus	Protestantism
Provinz	province ['prɒvɪns]
Prytanie	prytany, *pl* prytanies
Ptolemäer	Ptolemies *pl* ['tɒləmiz]
ptolemäisch	Ptolemaic [ˌtɒlə'meɪɪk]
punisch	Punic
Puritaner, puritanisch	Puritan
Purpur	purple
Purpurfarbe	purple dye
Pyramide	pyramid ['pɪrəmɪd]
Pyrrhussieg	Pyrrhic victory [ˌpɪrɪk 'vɪktəri]
Pythagoräer	Pythagorean [paɪˌθægə'riːən]
Quadrant	quadrant ['kwɒdrənt]
Quästor, *pl* Quästoren	quaestor ['kwiːstə], quaestores *lat*
unter Quarantäne stellen	to quarantine ['kwɒrəntiːn]
Rabbi, Rabbiner	rabbi ['ræbaɪ]
Radiokarbondatierung	radiocarbon dating technique, radiocarbon dating method
Rakete	missile, rocket ['mɪsaɪl; AE: 'mɪsɪl]
Ramadan	Ramadan [ˌræmə'dæn]
Rammbock	(battering) ram
Rammsporn	rostrum *lat*
Ramses	Rameses ['ræmɪsiːz]
Rassendiskriminierung	racial discrimination
Rassenhass	race hatred, racial hatred
Rassenhygiene	racial hygiene ['haɪdʒiːn]
Rassenkonflikt	race conflict, racial conflict
Rassentrennung	racial segregation
Rassenunruhen	racial unrest
Rassismus	racism, racialism
Rassist	racist, racialist
Rat *(Politik)*	council
Rat der Alten	gerousia [gerʊ'siːə]
Räteregierung	soviet government
Räterepublik	soviet republic ['səʊviət]
Rätesystem	soviet system
Räteversammlung	soviet congress
Rathaus	town hall, city hall
Ratio	reason
Rationalismus	rationalism
Ration	ration ['ræʃn]
rationieren	to ration ['ræʃn]
Ratsmitglied	councillor

Raubkrieg	predatory war ['predətri]
Raubritter	robber knight
Reaktion *(fortschrittfeindliches politisches Verhalten)*	reaction
Realpolitik	realpolitik, political realism
Rechtfertigungslehre	doctrine of justification
rechtgläubig	orthodox ['ɔːθədɒks]
Rechtsanwalt	lawyer
Rechtsextremer	right-wing extremist
Rechtsextremismus	right-wing extremism
rechtsextremistisch	right-wing extremist
Rechtsprechung	jurisdiction [ˌdʒuərɪs'dɪkʃən]
Rechtsstaat	constitutional state
Redekunst	rhetoric ['retərɪk]
Redner	rhetor, orator ['riːtɔː / 'ɒrətə]
Referendum	referendum
Reformation	reformation
Reformator	reformer
Reformbewegung	reform movement
reformiert	reformed
Reformpapst	reform pope
Reformpapsttum	reformed papacy
Regal	regal, *pl* regalia ['riːgl, rɪ'geɪliə]
Regenbogenschüsselchen	rainbow cups *pl*
Regent	regent ['riːdʒənt]
Regentschaft	regency
regieren	to govern
Regierung	government, administration
eine Regierung bilden	to form a government
Regierungsantritt	accession to power
Regierungsform	system of government, polity
Regierungsjahre	regnal years *pl* ['regnəl]
Regierungssystem	system of government
Reich	empire
Reichsacht	ban of the Empire
Reichsadler	imperial eagle
Reichsapfel	(imperial) orb
Reichsbanner	imperial banner
Reichskammergericht	Imperial Chamber
Reichskirche	imperial church
Reichskirchengut	demesne of the imperial church [dɪ'meɪn]
Reichskirchensystem	imperial church system
Reichskreuz	imperial cross
Reichskrone	imperial crown
Reichslehen	imperial fief
Reichsregiment	Council of Regency
Reichsritter	imperial knight
(freie) Reichsstadt	(free) imperial city, (free) city of the Holy Roman Empire
Reichsstände	Estates of the Empire, estates of the realm
Reichstag	Imperial Diet
Reichstagsabschied *(abschließende Rede)*	recess [rɪ'ses]
Reichsteilung	division of the empire
reichsunmittelbar	immediate
Reichsverweser	regent ['riːdʒənt], imperial vicar ['vɪkə]
Reisekönigtum	itinerant court [aɪ'tɪnərənt], ambulatory court [ˌæmbjə'leɪtəri]
Reiterschar	horde of horsemen
Rekonstruktion *(Neuordnung der politischen Verhältnisse in den Südstaaten)*	Reconstruction
Rekonstruktionsgesetze	Reconstruction Acts

Rekordernte	bumper crop
Rekrut	recruit [rɪ'kruːt]
Relief	relief [rɪ'liːf]
Religionsfreiheit	freedom of religion
religiös	religious
Reliquie	relic ['relɪk]
Renaissance	Renaissance [rɪ'neɪsns]
Reparationen	reparations, reparation payments, war indemnities *pl*
Reparationsmoratorium	reparations moratorium
Reparationszahlung	reparation payment
Republik	republic [rɪ'pʌblɪk]
Reservatrechte	reserved rights
Restauration *(Wiederherstellung der alten politischen Ordnung)*	restoration
Rettungsgrabung	salvage excavation ['sælvɪdʒ]
Revisionismus	revisionism
Revisionspolitik	policy of revision
revolutionär; Revolutionär	revolutionary
Revolutionstribunal	revolutionary tribunal [traɪ'bjuːnl]
Rezession	recession
Rheinbund	the Confederation of the Rhine
Rheingrenze	Rhine River frontier
Rheinischer Städtebund	Rhenish League (of towns) ['renɪʃ]
Rhetor	rhetor, orator ['riːtɔː / 'ɒrətə]
Rhetorik	rhetoric ['retərɪk]
Rhodos	Rhodes [rəʊdz]
Richtstätte	place of execution
Ringgraben	moat [məʊt]
Ringmauer	ring wall, circular wall
Ringwall	rampart ['ræmpɑːt]
Risikoflotte	risk fleet
Ritter	knight ['naɪt]
zum Ritter geschlagen werden	to be dubbed / to be knighted
Ritterburg	knight's castle [naɪts]
Ritterdienst	knight service
Ritterethos	the code of chivalry
ritterliche Liebe	chivalric love ['ʃɪvəlrɪk]
Ritterlichkeit	chivalry ['ʃɪvəlri]
Rittersaal	great hall
Ritterschlag	accolade ['ækəleɪd], knighting, dubbing
Ritterstand	knighthood
Rittertum	chivalry ['ʃɪvəlri], knighthood
Ritterzeit	the Age of Chivalry ['ʃɪvəlri]
Rittmeister	cavalry captain
Ritual	ritual
Ritus	rite
roden	to clear the land
Rohstoff	raw material
Romanik, romanisch	Romanesque
Römer, römisch	Roman
Rote Armee	Red Army
Rote Garde	Red Guard(s)
Rotfrontkämpfer	Red Front Fighter
royalistisch	royalist
Rückgang	decline
Rücktritt	resignation [ˌrezɪg'neɪʃn]
Ruhrkampf	Ruhr Uprising
Ruinenhügel	tell
Rumpf	hull
Rumpfparlament	rump parliament
russisch-orthodox	Russian Orthodox ['ɔːθədɒks]
Rüstung	armour
Rüstungsbeschränkung	arms limitation
Rutenbündel mit Beil	fasces *lat* ['fæsiːz]
Sabiner	Sabine ['sæbaɪn / 'seɪbaɪn]
Sachse, sächsisch	Saxon
Sachsen	Saxony ['sæksəni]
Säftelehre	humoral pathology

Sakrament	sacrament ['sækrəmənt]
Sakristei	sacristy
Säkularisation	secularization [ˌsekjələraɪ'zeɪʃn]
säkularisieren	to secularize ['sekjələraɪz]
Salbe	unguent ['ʌŋgwənt]
jdn salben	to anoint sb
Salbraum	unctorium *lat*
Salbung	anointing, unction
Salier, salisch	Salian ['seɪliən]
Samnite, samnitisch	Samnite ['sæmnaɪt]
Sanktionen verhängen	to impose sanctions
Sansculotte	sans-culotte *frz* [ˌsænzkjʊ'lɒt]
Sarazene, sarazenisch	Saracen ['særəsən]
Sarkophag	sarcophagus [sɑː'kɒfəgəs]
Satellitenstaat	satellite state
Satrap	satrap ['sætræp]
Satrapie	satrapy
saturiert sein	to be satiated ['seɪʃieɪtɪd]
Satyr	satyr ['sætə]
Säuberungen	purges *pl* ['pɜːdʒəz]
Säule *(z.B. an Tempeln)*	pillar, column ['kɒləm]
Schaber	scraper
Schacht	shaft
Schachtgrab	shaft tomb, shaft grave, mastaba
Scharfrichter	executioner, headsman
Scharia	sharia [ʃə'riːə]
Schattenkönig	shadow king
Schatzhaus	treasury ['treʒəri]
Schatzsucher	treasure hunter
Schauprozess	show trial
Scheiterhaufen	funeral pyre
Schenkung	donation
Scherbe	shard (BE), sherd (AE)
Scherbengericht	ostracism, judgement by shards
Schierling	hemlock
der Schierlingsbecher	the cup of hemlock
Schießbefehl	shoot-to-kill order, order to fire
Schießpulver	gunpowder
Schießscharte	embrasure [ɪm'breɪʒə], loophole, arrow slit
Schiffsbau	shipbuilding
Schiffskörper	hull
Schiit, schiitisch	Shi'ite, Shiite ['ʃiːaɪt]
Schild	scutum ['skjuːtəm], shield
Schildknappe	armour-bearer
Schildkrötenformation	testudo formation [tes'tjuːdəʊ]
Schildpfennig	scutage, escutage [(e)'skjuːtɪdʒ]
Schisma	schism [skɪzm]
Schlacht	battle
Schlachtfeld	battlefield, battleground
Schlachtkreuzer	battle cruiser ['kruːzə]
Schlachtlinie	battle line
Schlachtordnung	battle order, battle array
Schlachtross	armoured horse
Schlachtschiff	battleship
Schlafbursche	night lodger
Schlafgänger	night lodger
Schlafsaal	dormitory
Schlafzimmer	bedchamber ['bedˌtʃeɪmbə]
Schlesien	Silesia
Schlick	silt
Schlüsselindustrie	key industry
Schlussstein	capstone
Schmelztiegel	melting pot
Schmuggel	smuggle
etw schmuggeln	to smuggle sth
Schmuggler	smuggler
Schnitter	harvester, reaper
Schnurkeramik	corded ware *pl*

schnurkeramische Kultur	Corded Ware culture
Scholastik	scholasticism [skɒ'læstɪsɪzm]
scholastisch	scholastic ['skɒlæstɪk]
Schoner	schooner ['skuːnə]
Schreckensherrschaft	reign of terror
Schreiber	scribe
Schreibgerät aus Schilfrohr	reed stylus ['staɪləs]
Schreibpergament	(animal-skin) vellum
Schreibstube	scriptorium, *pl* scriptoria
Schrift	script, writing
Schröpfen	cupping
schuldig	guilty
jdn für schuldig befinden	to find sb guilty
Schuldknechtschaft	debt servitude / peonage ['piːənɪdʒ]
Schuldsklave	debt slave
Schulgesetz	education act
Schultheiß	mayor
Schulze	mayor
Schuppenpanzer	scale armour ['ɑːmə]
Schusswaffe	gun
Schützengraben	trench
Schützengrabenneurose	shell shock
Schutzgott	tutelary god
Schutzhaft	preventive arrest, protective custody
Schutzherr	patron, patronus *lat*
Schutztruppe	colonial troops *pl*, protective troops *pl*
Schutzzoll	protective duty, protective tariff
Schutzzollpolitik	policy of protective duties
Schwaben	Swabia ['sweɪbiə]
Schwäbischer Städtebund	Swabian Town League
Schwarzhändler	black-market dealer, black marketeer [ˌblækmɑːkə'tiə]
Schwarzmarkt	black market
Schwarzmarktpreise	black-market prices
Schwerindustrie	heavy industry
Schwert	spatha *lat*, sword ['spɑːtɑː / sɔːd]
Schwertleite	accolade ['ækəleɪd], knighting, dubbing
Schwindsucht	consumption, tuberculosis
Seeblockade	naval blockade, sea blockade
Seefahrer	seafarer
Seefahrt	seafaring
Seemacht	naval power, maritime power ['mærɪtaɪm], sea power
Seemann	sailor
Seeschlacht	naval battle
Seestreitkräfte	navy
Seevölker	Sea Peoples *pl*
Seeweg	sea route
Seher	seer
Sehne	sinew ['sɪnjuː]
Seide	silk
Seitenschiff	aisle [aɪl]
Sektor	sector
Sektorengrenze	sector boundary
Sektorenübergang	checkpoint
Selbstbestimmungsrecht	right to self-determination
Selbstmordanschlag	suicide attack, suicide bombing
Seldschuke, Seldschuken-	Seljuk ['seldʒuːk]; Seljuk Turk
Seleukiden	Seleucids *pl* [sɪl'juːsɪdz]
Seleukide, seleukidisch	Seleucid [sɪl'juːsɪd]
Seligsprechung	beatification [biˌætɪfɪ'keɪʃn]
Semite	Semite ['semaɪt]
semitisch	Semitic [sɪ'mɪtɪk]
Senat	senate
Senator	senator *lat*
Seneschall	seneschal ['senɪʃl]

Senfgas	mustard gas
Sense	scythe [saɪð]
Separatist	separatist ['sepərətɪst]
sesshaft werden	to settle down
Setzkasten	type tray
Seuche	epidemic [ˌepɪ'demɪk]
Sext	sext
Sextant	sextant ['sekstənt]
Shoah	shoah [ʃəʊə]
Sichel	sickle
siebenarmiger Leuchter	menorah
Siechenhaus	infirmary, hospital for incurables
Siedler	settler
Siegel	seal
Siegfrieden	victorious peace, peace of annexation
Simonie	simony ['saɪməni]
Sippe	clan, tribe
Sippenverband	kin, gens [dʒenz]
Sitzkrieg	Phoney War
Sixtinische Kapelle	Sistine Chapel [ˌsɪstiːn 'tʃæpl]
Sklave	slave
Sklavenauktion	slave auction
Sklavenhandel	slave trade
Sklaverei	enslavement
Skote	Scot
Skyte, skytisch	Scythian ['sɪðiən]
Slave, Slawe	Slav [slɑːv]
Slawenapostel	apostle of the Slavs
Slawenstamm	slav tribe
slavisch, slawisch	Slavic [slɑːvɪk]
Soldat	soldier
einfacher Soldat	private ['praɪvɪt]
Soldatenkaiser	soldier emperor
Söldner	mercenary ['mɜːsənri]
Solidarität	solidarity
Sommergetreide	summer grain, summer corn
Sonderbotschafter	ambassador-at-large, special ambassador
Sonnensystem	solar system
Sophist	sophist ['sɒfɪst]
Sowchose	sovkhoz [ˌsɒv'kɒz]
Sowjet-, sowjetisch	soviet, Soviet ['səʊviət]
Sowjetisierung	sovietization
Sowjetzone	Soviet Zone ['səʊviət]
sozial	social
Sozialdemokrat	Social Democrat
sozialdemokratisch	social democratic
soziale Marktwirtschaft	social market economy
Sozialgesetzgebung	social legislation
Sozialismus	socialism
Sozialist, sozialistisch	socialist
Sozialsystem	social system
Sozialversicherung	social insurance
Sozialversicherung *(USA)*	Social Security
Sozialversicherungsgesetz	Social Insurance Act
Spartakusbund	Spartacus League, Spartacus Association
Spange	buckle
Spanier	Spaniard ['spænjəd]
Spanndienst	corvée ['kɔːveɪ], soccage, statute labour
Sparpolitik	cost-cutting policy, austerity policy [ɒs'terɪti]
Spartaner	Spartan
spartanisch	Lacedaemonian [ˌlæsədɪ'məʊniən], Spartan
Spartiat	Spartan
Spaten	spade
Speer	spear ['spɪə], javelin ['dʒævəlɪn]
Speerschaft	shaft of a spear
Speerspitze	spearhead
Speerwerfen	javelin throwing
Speisesaal	refectory
Sphinx	sphinx
Spießrutenlaufen	gauntlet ['gɔːntlət]

Spindel	spindle
Spinnen	spinning
Spinnerei	spinning mill
Spinnmaschine	spinning machine
Spinnrad	spinning wheel
Spital	hospital
Splitterpartei	splinter party
Spolien	estate, spoils
Spolienrecht	right of spoliation
Sportanlage	gymnasium [dʒɪm'neɪziəm]
Sprengkopf	warhead
Staatsduma	State Duma
Staatsform	type of state
Staatsräson	reason of state
Staatsrat	State Council
Staatsreligion	official religion / state religion
Staatsschulden	national debt [det]
Staatsstreich	coup (d'etat) *frz*
Staatsverschuldung	indebtedness of the state
Stadion	stadion
Stadtbevölkerung	town population, townspeople
Stadtbewohner	town dweller; city people, towns- people *pl*
Stadtduma	City Duma
Städtebund	town league [liːg]
Stadtmauer	town wall, city wall
Stadtrat *(Einrichtung)*	city council
Stadtrat *(Mitglied)*	city councillor
Stadtrecht	charter of a city, town charter, town privilege
Stadtstaat	city state, polis
Stahlindustrie	steel industry
Stalinismus	Stalinism
Stalinist, stalinistisch	Stalinist
Stammbaum	genealogical tree, family tree
Stammesherzog	stem duke
Stammesherzogtum	stem duchy
Stammesmitglied	clansman
Stammesrecht	tribal law
Stand	estate
Standartenträger	signifer ['sɪgnɪfə], standard-bearer
Stapelrecht	staple right
Statthalter	governor
stehendes Heer	standing army
Steigerung	increase
Steinabschläge	flakes of stone
Steinbohrer	stone drill
Steinkreis	stone circle
Steinmetz	stone-cutter, mason
Steinplastik	stone sculpture
Steintafel	stone tablet
Steinwerkzeug	flake tool
Steinzeitkultur	neolithic culture
Stellungskrieg	static warfare ['stætɪk], trench warfare
Sterberate	death rate
Sternhöhenmesser	astrolabe ['æstrəʊleɪb]
Steuer	tax
Steuerbefreiung	exemption from taxation [ɪg'zempʃn]
Steuerruder	rudder
Stichwahl	run-off election, final ballot
Stiftshaus	chapter house
Stiftungsurkunde	charter
für jdn stimmen	to vote for sb, to cast votes
Stirnjoch	front-truss
Stoßtruppen	assault troops
Strafe	punishment
Strafkolonie	penal colony ['piːnəl]
Straflosigkeit	indemnity [ɪn'demnəti]
Straßenkampf	street fighting
Stratege	strategos, *pl* strategoi [ˌstrætei'gɒs]
Stratigraphie	stratigraphy [ˌstræ'tɪgrəfi]

Streckfolter	rack
Streitaxt	battleaxe
Streitkolben	mace
Streitwagen	chariot ['tʃærɪət]
Strigilis	strigil ['strɪdʒɪl]
Studentenbewegung	student protest movement
Studentenunruhen	student unrest
stürzen *(die Regierung)*	to overthrow (the government)
Stufenpyramide	step pyramid
Sturmleiter	scaling ladder
Styx	Styx (River)
Subsistenzwirtschaft	subsistence economy
Sueben	Suevi, Suebi *pl* ['sweɪviː / 'sweɪbiː]
Suezkanal	Suez Canal [ˌsuːɪzkə'næl]
Suffragette	suffragette [ˌsʌfrə'dʒet]
Sultan	sultan
Sultanat	sultanate
Sumerer, sumerisch	Sumerian
Sumpfland	fen
Sünde	sin
Sündennachlass	absolution
sunnitisch, Sunnit	Sunnite ['sʊnaɪt]
Sweben	Suevi, Suebi *pl* ['sweɪviː / 'sweɪbiː]
Synagoge	synagogue ['sɪnəgɒg]
Syphilis	syphilis ['sɪfɪlɪs]
Tabakskollegium	Tobacco Club
Tagelöhner	day labourer
Talmud	Talmud ['tælmʊd]
Tarentiner	Tarentian
Tatar, tatarisch	Tatar ['tɑːtə]
Taufe	baptism ['bæptɪzm]
taufen	to baptize
Taufschein	certificate of baptism
Taufstein	baptismal font [bæp'tɪzməl]
tauschen	to barter
Tauschhandel	barter
Teilung	partition, division
Tempel	temple
Tenne	threshing floor
territorial	territorial [ˌterɪ'tɔːriəl]
Territorialfürst	territorial ruler, territorial sovereign
Territorialstaaten	territorial states
Territorium	territory ['terɪtrɪ]
Terz	tierce, terce [tɪəs / tɜːs]
Tetrarch	tetrarch ['tetrɑːk]
Tetrarchie	tetrarchy
Teufel	devil, antichrist
Teutone, teutonisch	Teuton ['tjuːtən]
Textilindustrie	textile industry ['tekstaɪl]
Thebaner	Theban ['θiːbən]
Theben	Thebes [θiːbz]
Theokratie, Gottesherrschaft	theocracy [θi'ɒkrəsi]
Therme	thermal bath
Thora	Torah ['tɔːrə]
Thronanwärter	claimant to the throne
Thronbesteigung	accession to the throne
Thronentsagung	abdication of the throne
Thronfolge	succession to the throne [sək'seʃn]
Thronfolger	heir to the throne
Thronsaal	throne room
Thüringen	Thuringia [θjʊə'rɪndʒiə]
Thüringer	Thuringian [θjʊə'rɪndʒiən]
Tiara	papal crown
Tierhaut	animal skin, animal hide
Tigris	Tigris (River) ['taɪgrɪs]
Tischmanieren	table manners *pl*
Tjost	joust [dʒaʊst]
Tochterstadt	daughter-city
Todesmarsch	death march

Todesstrafe	death penalty, capital punishment
Toga	toga, *pl* togas / togae *lat*
Toleranzedikt	Toleration Act, Edict of Toleration ['iːdɪkt]
Ton	clay
Tonscherbe	shard (BE), sherd (AE)
Tontafel	clay tablet ['tæblət]
Töpferei	pottery
Töpferscheibe	potter's wheel
Tor	gate
Torpedo	torpedo
Tortur	ordeal [ɔː'diːl]
totalitär	totalitarian
totalitäre Diktatur	totalitarian dictatorship [təˌtælɪ'tæriən dɪk'teɪtəʃip]
Totalitarismus	totalitarianism
Totenbuch	Book of the Dead
Totengericht	judgement of the dead
Totenkult	burial cult, funeral cult
Trank	potion
Trankopfer	libation [laɪ'beɪʃn]
Treueid	oath of loyalty
Triasidee	Trias idea, German Trias ['traɪæs]
Tribun	tribune
Tribus	tribe
Tribut	tribute (money)
Tributkomitien	Assembly of the Tribes, Tribal Assembly
Tributpflichtiger	tributary ['trɪbjətəri]
Triere	trireme ['traɪriːm]
Trikolore	tricolour ['trɪkələ, 'traɪˌkʌlə]
Trinität	trinity
Trinitatis	Trinity Sunday
Trireme	trireme ['traɪriːm]
Trittye	trittys, *pl* trittyes
Triumph(zug)	triumph
Triumvir, *pl* Triumvirn	triumvir, *pl* triumvirs / triumviri [traɪ'ʌmvə]
Triumvirat	triumvirate [traɪ'ʌmvɪrət]
Trizone	Trizone, Trizonia ['traɪzəʊn]
Troja	Troy
Trojaner, trojanisch	Trojan ['trəʊdʒən]
Trommelfeuer	barrage, drumfire ['bærɑːʒ]
Troubadur	troubadour
Truchsess	seneschal ['senɪʃl]
Truppen	troops *pl*
Tuberkulose	tuberculosis [tjuːˌbɜːkjə'ləʊsɪs]
Tunika	tunic ['tjuːnɪk]
Turkvölker	Turkic peoples *pl*
Turm	tower, turret ['tʌrət] / spire
Turnier	joust [dʒaʊst]
Turnier(spiel)	tournament, tourney
Tutanchamun	Tutankhamun [ˌtuːtən'kɑːmən]
Typhus	typhus ['taɪfəs]
Tyrann	tyrant ['taɪrənt]
Tyrannei	tyranny ['tɪrəni]
U-Boot	submarine [ˌsʌbmə'riːn]
jdn *(eines Verbrechens)* **überführen**	to convict sb *(of a crime)*
Übergangslager	temporary camp
Übergangszeit	transition(al) period
Überlegenheit	superiority
Überreste	remains
Überschwemmung	flood, inundation
Ultimatum	ultimatum [ˌʌltɪ'meɪtəm]
ein Ultimatum stellen	to issue / to deliver an ultimatum
ultramontan	ultramontane [ˌʌltrə'mɒnteɪn]
Umerziehung	re-education
Unabhängigkeit	independence
Unabhängigkeitsbewegung	independence movement

Unfallversicherung	industrial injuries insurance, workmen's compensation insurance (AE)
Unfehlbarkeit	infallibility [ɪnˌfæləˈbɪləti]
Ungar, ungarisch	Hungarian [hʌŋˈgeəriən]
Ungläubiger	infidel [ˈɪnfɪdəl]
Uniform	uniform
Unterägypten	Lower Egypt
Unterkiefer	lower jaw
Unterlegenheit	inferiority
Unternehmen	enterprise
Unteroffizier	sergeant [ˈsɑːdʒənt]
Unterseeboot	submarine [ˌsʌbməˈriːn]
Untervasall	va(l)vasor, rear vassal
Unterwasserarchäologie	underwater archaeology
Unterwelt	underworld
unterwerfen	to conquer, to subdue, to subjugate
Unterwerfung	subjugation
urbar machen *(Land)*	to cultivate land
Urmensch	prehistoric man, primeval man [praɪˈmiːvl]
Urteilsspruch	verdict [ˈvɜːdɪkt]
Uschebti	shabti [ˈʃɑːbti]
Vandale, vandalisch	Vandal [ˈvændəl]
Vasall	vassal [ˈvæsəl]
Venezianer, venezianisch	Venetian [vəˈniːʃn]
verabschieden *(Gesetz)*	to pass a law
Verarmung	pauperization, impoverishment [ˌpɔːpəraɪˈzeɪʃn, ɪmˈpɒvərɪʃmənt]
verbannt, Verbannter	expatriate [ɪkˈspætriət]
Verbannung	ban, exile
Verfassung	constitution
verbrannte Erde	scorched earth
Verbrechen gegen die Menschlichkeit / Menschheit	crimes against humanity
verbrennen *(jdn auf dem Scheiterhaufen)*	to burn sb at the stake
Vereinte Nationen	United Nations
Verfolgung	persecution
jdn vergasen	to gas sb
vergast	gassed
Verhältniswahlrecht	proportional representation
verhungern	to starve to death
verleihen *(Bürgerrecht)*	to grant (citizenship)
Verlies	dungeon [ˈdʌndʒən]
Verluste	casualties [ˈkæʒjuəltiz], war losses *pl*
vermisst	missing in action
Vernichtungskrieg	war of destruction
Vernichtungslager	extermination camp
Vernunft	reason
Vernunftehe	marriage of convenience
Veroneserbund	the League of Verona, Veronese League
Versammlung	assembly
Verschwörer	conspirator [kənˈspɪrətə]
Verschwörung	conspiracy [kənˈspɪrəsi]
versenken *(Schiff)*	to sink
versklaven	to enslave
Verständigungsfrieden	negotiated peace
Verständigungspolitik	policy of understanding
Versteinerung	fossil
Verteidigung	defence
Verteidigungsanlage	barbican [ˈbɑːbɪkən]
Vertrag	treaty

Vertragsknecht	indentured servant [ɪn'dentʃəd]
vertreiben	to expel
Vertreibung	expulsion [ɪks'pʌlʃn]
verurteilen	to convict, to sentence
Verwaltung	administration
Verwandter	kinsman, relative
Verweltlichung	secularization
Vesper	vespers *pl*
Vestalin	vestal virgin
Viehhaltung	animal husbandry
Vielgötterei	polytheism ['pɒlɪθiːɪzm]
Vielvölkerstaat	multinational state
Viermächteabkommen	Four-Power Agreement, Quadripartite Agreement
Vigil (*pl* Vigilien)	vigil ['vɪdʒɪl]
Visier	visor ['vaɪzə]
Vogelschau	auspice, *pl* auspices ['ɔːspɪs(ɪz)]
Vogelschauer	augur ['ɔːgə]
Vogt	reeve
Völkerbund	League of Nations
Völkermord	genocide ['dʒenəsaɪd]
Völkerrecht	international law
Völkerschlacht	Battle of (the) Nations, Battle of Leipzig
Völkerwanderung	Great Migration
völkisch	ethnic
Volksabstimmung	referendum
Volksbegehren	petition for a referendum
Volksentscheid	referendum
Volksfrömmigkeit	traditional piety ['paɪəti]
Volksgenosse	fellow German, national comrade
Volksgruppe	ethnic group
Volksheld	national hero
Volksherrschaft	democracy [dɪ'mɒkrəsi]
Volkskommune	people's commune
Volkskreuzzug	the People's Crusade, the Popular Crusade
Volkssouveränität	sovereignty of the people ['sɒvrənti]
Volksstaat	people's state
Volkssturm	Volkssturm, Nazi militia [mɪ'lɪʃə]
Volkstribun	tribune of the plebs
Volksversammlung	(people's) assembly
Volksvertreter	representative (of the people)
Vollbürger	full citizen
Vollzugsausschuss	executive committee
Vorderlader	muzzle-loader ['mʌzl]
vordringen	to advance
Vordringen	advance
Vorfahr	ancestor ['ænsestə], forebear, forefather
Vorherrschaft	hegemony [hɪ'geməni]
Vorhut	advance-guard, vanguard ['væŋgɑːd]
Vorkriegs- *(bezogen auf den amerikanischen Bürgerkrieg)*	antebellum *lat*
Vorparlament	preparliament, preparliamentary assembly
Vorrat	stock
Vorratskammer	storeroom
Vorratswirtschaft	stockpiling
Vorrecht des Klerus *(die Gerichtsbarkeit betreffend)*	benefit of clergy
Vulkan	volcano [vɒl'keɪnəʊ]
Wachstube	guardroom
Wachtturm	watchtower
Waffe	weapon
Waffenruhe	truce
Waffenstillstand	armistice, ceasefire ['ɑːmɪstɪs / 'siːsfaɪə]
Waffenstillstandsabkommen	ceasefire agreement, armistice agreement

Waffenstillstandsverhandlungen	armistice negotiations
Waffenträger	armour-bearer
Wagenlenker	charioteer [ˌtʃæriəˈtɪə]
Wagenrennen	chariot race
Wahl	election
Wahl-, Wähler-	electoral [ɪˈlektərəl]
Wahlberechtigter	registered voter
Wahlbezirk	borough [ˈbʌrə]
gefälschte Wahlen	rigged elections [ˈrɪgd]
Wähler	voter
Wähler(schaft)	electorate [ɪˈlektərət]
Wahlkapitulation *(Wahlversprechen)*	electoral capitulation
Wahlkönigtum	elective kingship
Wahlkreis	constituency [kənˈstɪtjuənsi], Congressional District *(USA)*
Wahlmann, Kurfürst	elector
Wahlmonarchie	elective monarchy
Wahlrecht	suffrage [ˈsʌfrɪdʒ], right to vote
Wahltag	election day, polling day
Wahlurne	ballot box [ˈbælət]
Währungsreform	currency reform, monetary reform [ˈmʌnɪtri]
Währungsunion	monetary union [ˌmʌnɪtriˈjuːniən]
Waldenser	Waldensian; Waldenses *pl* [ˌwɔːlˈdensiːz]
waldensisch	Waldensian
Waldland	woodland
Wallanlage	embankment, rampart
Wallfahrer	pilgrim
Wallfahrt	pilgrimage
Wallfahrtskirche	pilgrimage church [ˈpɪlgrɪmɪdʒ]
Wams	aketon, acton [ˈæktən], gambeson [ˈgæmbəsən], jupon [ˈdʒuːpɒn]
Wanderarbeiter; Gastarbeiter	migrant worker [ˌmaɪgrəntˈwɜːkə]
Wanderprediger	itinerant preacher [aɪˈtɪnərənt]
Wandgemälde	mural (painting), wall painting
Wappen	coat of arms
Wappenrock	surcoat, tabard [ˈtæbɑːd]
Wasserburg	moated castle [ˈməʊtɪd]
Wasserprobe	ordeal by water
Wasserspeier	gargoyle [ˈgɑːgɔɪl]
Wasserstoffbombe	hydrogen bomb
weben	to weave
Weberschiffchen	(flying) shuttle
(mechanischer) **Webstuhl**	(power) loom
Wehrdienst	military service
Wehrgang	wall walk / sentry walk
Wehrkirche	fortified church
Wehrmacht	Wehrmacht
Wehrpflicht	compulsory military service, conscription
Wehrpflichtigenheer	conscript army [ˈkɒnskrɪpt]
weibliches Stammesmitglied	clanswoman
Weide(land)	pasture [ˈpɑːstʃə]
Weihrauch	incense [ˈɪnsens]
Weißrussland	Belarus [ˌbeləˈruːs]
Weltanschauung	Weltanschauung / ideology
Weltbild	conception of the world, world view
weltlich *(Macht)*	worldly
weltlich *(Fürst)*	secular
Weltmachtpolitik	imperialism [ɪmˈpɪəriəlɪzm]
Weltpolitik	global politics *pl*

Weltwirtschaftskrise	worldwide economic crisis / the Great Depression
Wende (die ~)	transition
Wendenkreuzzug	Wendic Crusade, Wendish Crusade
Werkstatt	artisan's workshop [ˌɑːtɪ'zæn]
Werkzeug	tool
Wertpapiere	stocks *pl*
Wesir *(Minister)*	vizier [vɪ'zɪə]
Westfälischer Friede	Peace of Westphalia, Treaty of Westphalia
Westgote	West Goth, Visigoth ['vɪzɪgɒθ]
Westgotenreich	Visigothic kingdom
westgotisch	Visigothic
Westrom	the Western Roman Empire, the Empire of the West
Wettbewerb im Bogenschießen	archery contest ['kɒntest]
Wettrüsten	arms race
widerlegen	to refute
widerrufen	to revoke
Widerruf	revocation
Widerstand	resistance
Widerstandsbewegung	resistance movement
Widerstandskämpfer	resistance fighter
Widerstandsrecht	right to resist
Wiederaufbau	rebuilding
Wiedergutmachung	financial compensation
Wiedertäufer	Anabaptist
Wiedervereinigung	reunification [ˌriːjuːnɪfɪ'keɪʃn]
Wiener Kongress	Congress of Vienna
Wikinger, wikingisch	Viking ['vaɪkɪŋ]
Wintergetreide	winter grain / winter corn
wirtschaftlicher Liberalismus	laissez-faire, economic liberalism
Wirtschaftshilfe	economic aid
Wirtschaftskrieg	economic war(fare)
Wirtschaftskrise	economic crisis / slump / depression
Wirtschaftsliberalismus	economic liberalism
Wirtschaftspolitik	economic policy
Wirtschaftssanktionen	economic sanctions
Wirtschaftssystem	economic system
Wirtschaftswunder	economic miracle
Wohlfahrtsausschuss	Committee of Public Safety
Wohnungsnot	housing shortage
Wohnverhältnisse	housing conditions *pl*
Wölfin	she-wolf
Wucher	usury ['juːʒəri]
Wurfgeschütz	ballista *lat*
Wurflanze	pilum *lat* ['piːləm]
Zar	czar, tzar [zɑː / tsɑː]
Zarenreich, Zarenwürde	czardom ['zɑːdəm]
Zarewitsch *(Sohn eines Zaren)*	czarevitch ['zɑːrəvɪtʃ]
Zarewna (*Tochter eines Zaren)*	czarevna [zɑː'revnə]
Zarin	czarina [zɑː'riːnə]
Zarismus	czarism ['zɑːrɪzm]
zaristisch	czarist
Zauberer	magician [mə'dʒɪʃn]
Zehnt	tithe [taɪð]
Zehnteintreiber	tithe gatherer
Zehntferkel	tithe pig
Zehntherr	tithe-owner
Zeit	time
Zeitrechnung *(Kalendersystem)*	calendar
Zeitungsverbote	ban on newspapers
Zensor	censor *lat*
Zensur	censorship
Zensuswahlrecht	property qualification (in elections)
zentralistisch	centralistic
Zentralkomitee	central committee

Zentralregierung	centralized government
Zenturiatkomitien	Assembly of the Centuries, Centuriate Assembly
Zenturie	century
Zenturio	centurion [sen'tjʊəriən]
Zepter	sceptre ['septə]
Zermürbungskrieg	war of attrition [ə'trɪʃn]
Zeughaus	arsenal ['ɑːsnl], armoury
Ziehbrunnen	well
Ziel	target, aim
Ziergiebel	pediment ['pedɪmənt]
Zigeuner	gypsy, gipsy
Zikkurat	ziggurat ['zɪgəræt]
Zinn	tin
Zinne	battlement, crenel(l)ation
Zinsverbot	prohibition of money lending
Zionismus	Zionism ['zaɪənɪzm]
Zionist	Zionist ['zaɪənɪst]
Zisterne	cistern ['sɪstən]
Zitadelle	citadel ['sɪtədel]
Zivilehe	civil marriage
Zivilgesetzbuch	code of civil law
Zivilist	civilian
Zivilrecht	civil law
Zölibat	celibacy ['seləbəsi]
Zölle verhängen auf	to impose tariffs on
Zoll	tariff ['tærɪf], duty, excise
Zollregal	customs monopoly
Zollschranke	customs barrier, tariff barrier
züchten *(Tiere)*	to breed
Zuflucht *(in einer Kirche)*	sanctuary
Zugbrücke	drawbridge
Zunft	guild [gɪld]
Zunftbrief	guild charter
Zunftgenosse	member of a guild, guildsman, guild brother
Zunfthaus	guild hall [gɪld]
Zunftmeister	chief warden of a guild, guild master
Zunftordnung	regulations of a guild *pl*
Zunftregel	guild rule
Zunftwappen	arms of a guild
Zunftwesen	system of guilds
Zunftzwang	compulsory guild membership
zurückverfolgen	to trace sth (back)
Zusatzartikel zur Verfassung *(USA)*	amendment to the constitution
Zwangsarbeit	compulsory labour, forced labour
Zwangsarbeiter	forced labourer
Zwangsarbeitslager	forced labour camp
Zwangsumsiedlung	deportation
eine Zweidrittelmehrheit	a two-thirds majority
Zweifeldersystem	two-field system
Zweifelderwirtschaft	two-field system
Zweifrontenkrieg	two-front war, war on two fronts
Zweistromland	Mesopotamia [ˌmesəpə'teɪmiə]
Zwinger	keep
Zwinglianer	Zwinglian
Zwischeneiszeit	interglacial (period)
Zwölftafelgesetz	Code of the Twelve Tables, Law of the Twelve Tables

Abb. 1 Working with pictures S. 26–27

What does the picture tell us / the viewer?
The picture expresses / presents …
What does / did the painter / artist want to show?
What was / is his / her intention?
What can you see in the picture?
What information can you get from the picture?
What does the picture tell you about … ?

Abb. 2 Working with graphs, charts, diagrams S. 28–29

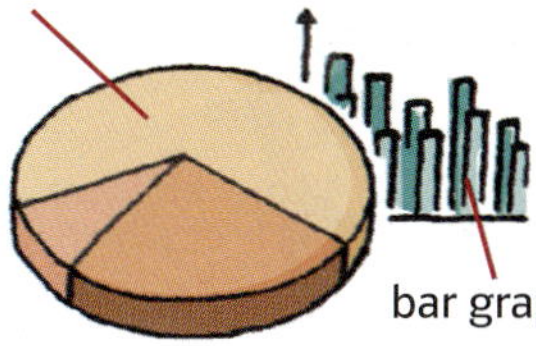

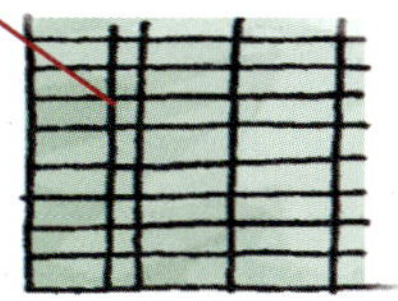

Colour the pie chart …
(red / green / etc.).

Fill in the table …
Put your findings / the results in a table …

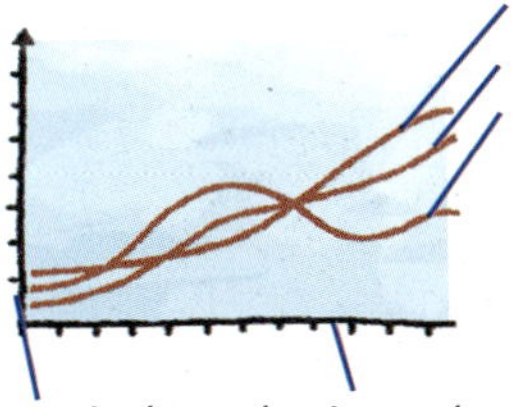

In / On the chart / graph you can see / find that / how …

The chart / graph / table	shows	the number of …
	explains	the rate of …
	describes	the amount of …
		the increase …

Abb. 3 Working with Maps S. 29–30

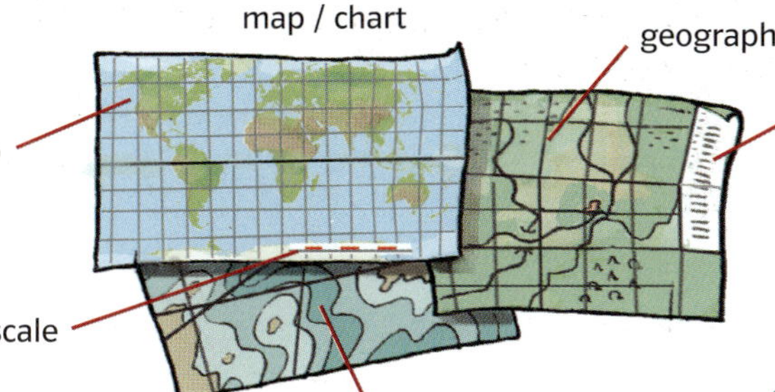

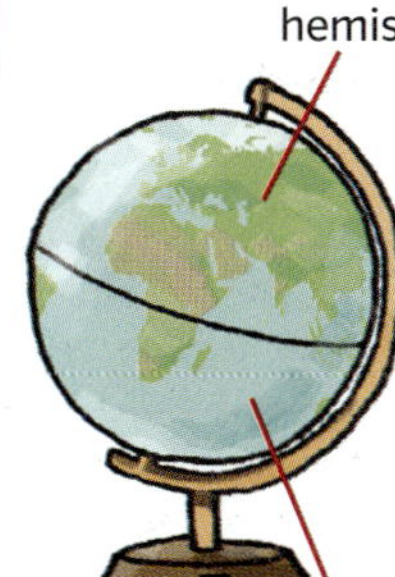

Look for …	on the map.
Find …	in the atlas.
Study …	

The map shows …cities, villages, borders, distances …
tells us sth about …
informs us about …
X is in …/ X is situated in … / is located in … / lies in …

Abb. 4 Agriculture – Equipment S. 34

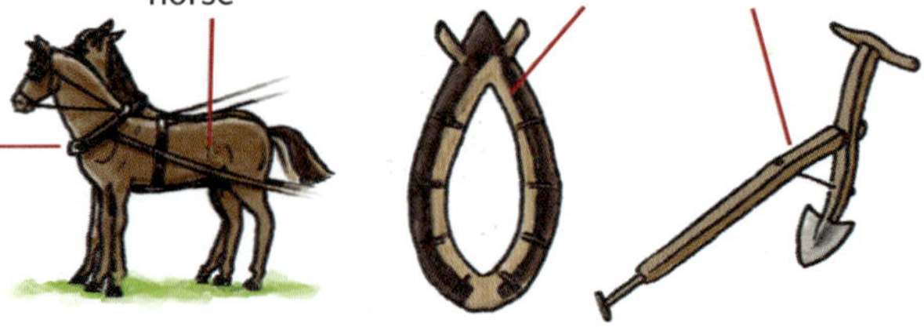

Abb. 5 Agriculture – Agricultural Products S. 34

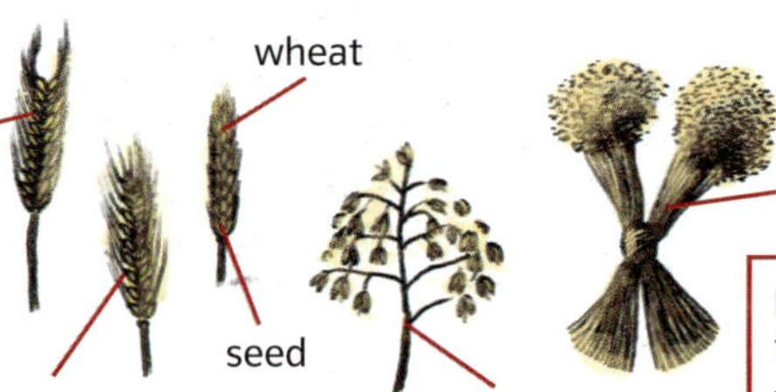

produce / agricultural product
to alternate crops
to cultivate (vegetables / plants)

Abb. 6 Agriculture – Harvest S. 35

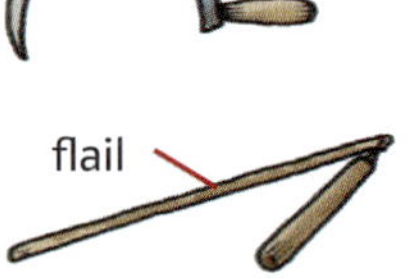

harvest time
yield
to bring in the harvest / to harvest the crops
to store grain in granaries

Abb. 7 Castle S. 39–40

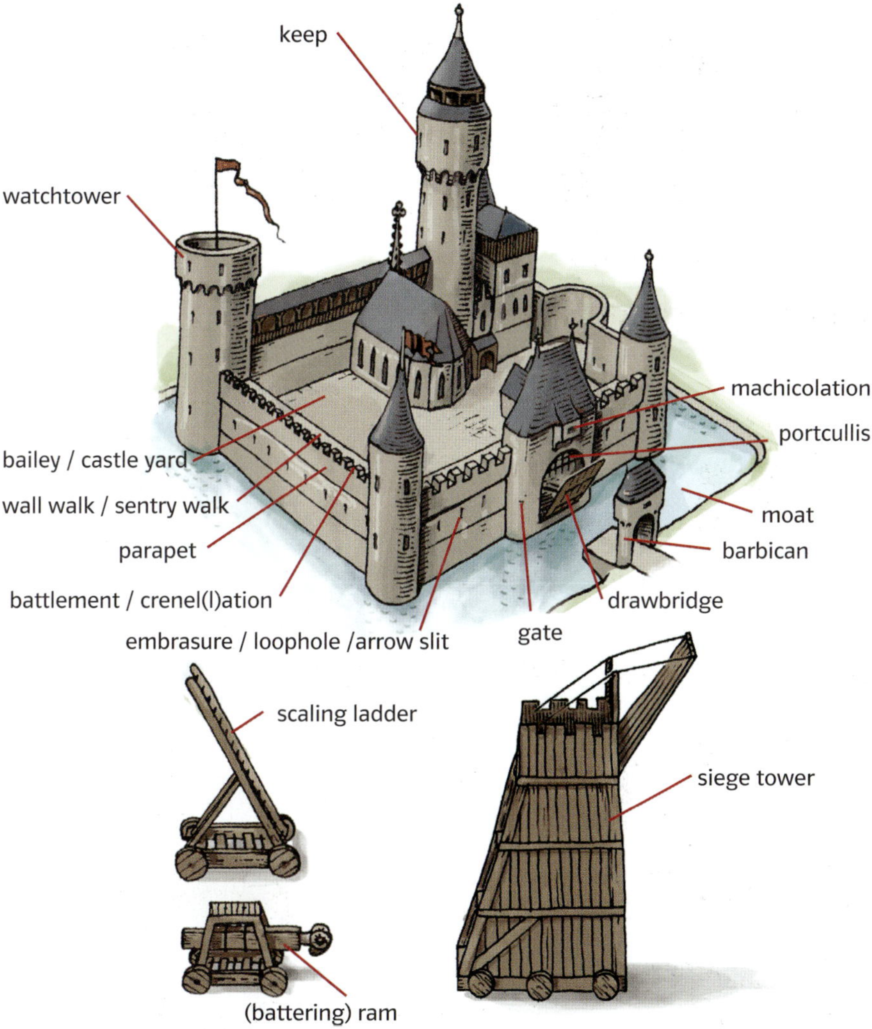

to besiege a castle / to lay siege to a castle
to pour down pitch and hot tar / boiling oil
to use battering rams to break down walls

Abb. 8 The Church – Inside a Church Building / Medieval Church Architecture S. 45–46

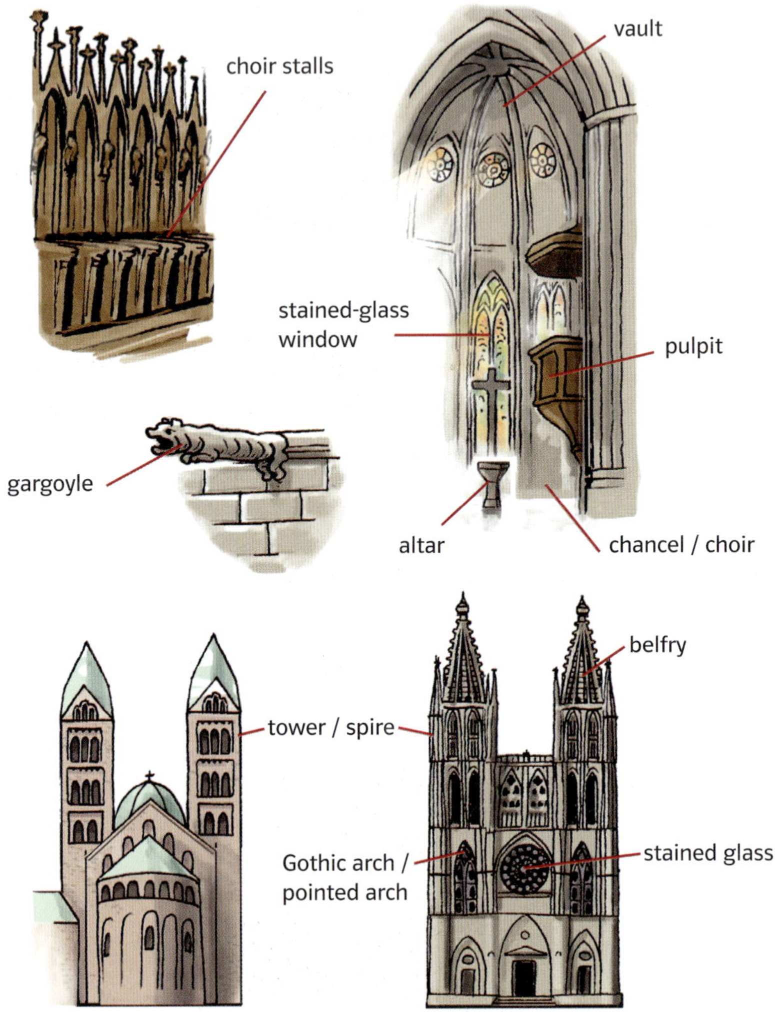

Romanesque
Romanesque architecture /
Romanesque style

Gothic
Gothic architecture /
Gothic style

Abb. 9 The Holy Roman Empire – Insignia S. 57–58

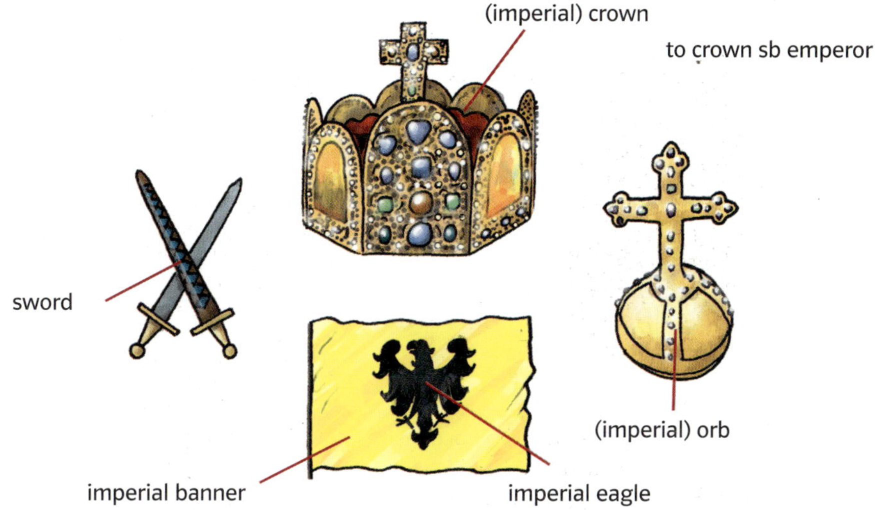

Abb. 10 Feudal System S. 135–137

Abb. 11 Knights – A Suit of Armour S. 64

(suit of) armour / harness / coat of mail
armoured knight

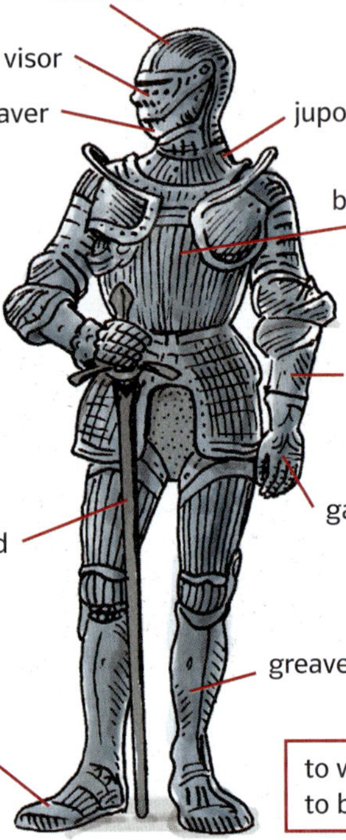

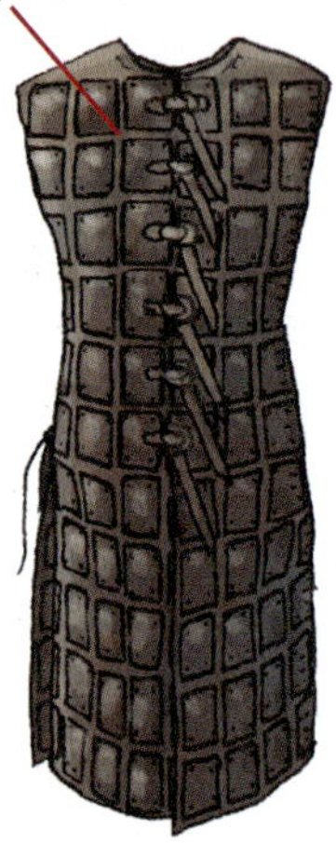

to wear a helmet / a suit of armour / a coat of mail
to be protected by one's armour

Abb. 12 Medieval City Life S. 68–70

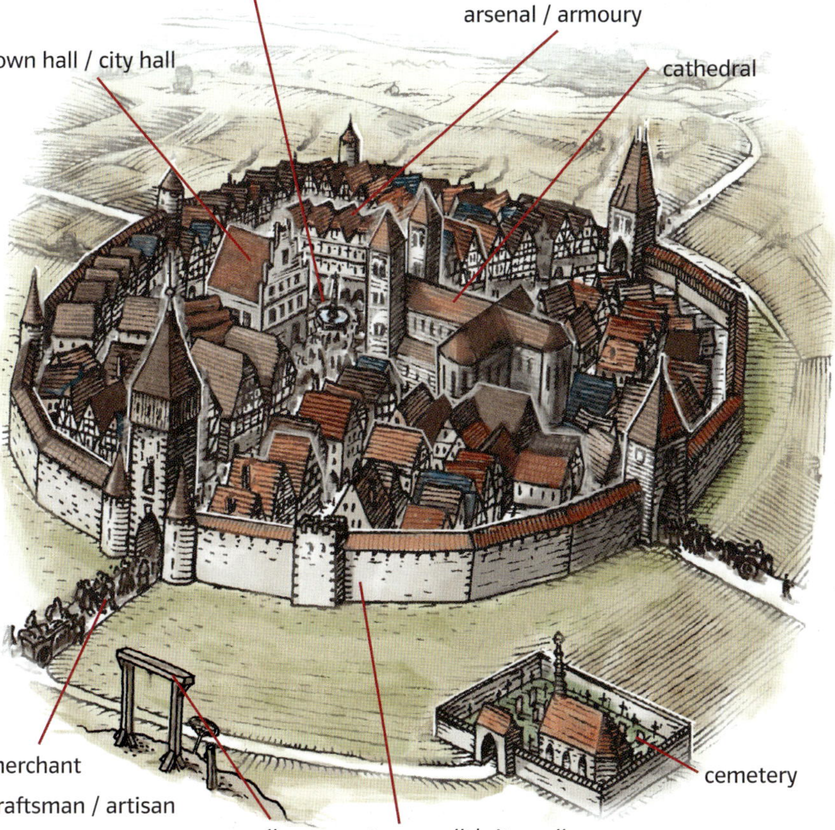

craftsman / artisan

peasant

city people / townspeople

town dweller

town population

patrician

townsman / freeman / burgher / burgess

market day market stand right to hold a market

Abb. 13 Monastic Life – Inside a Monastery S. 78–79

brewery
bakery
granary

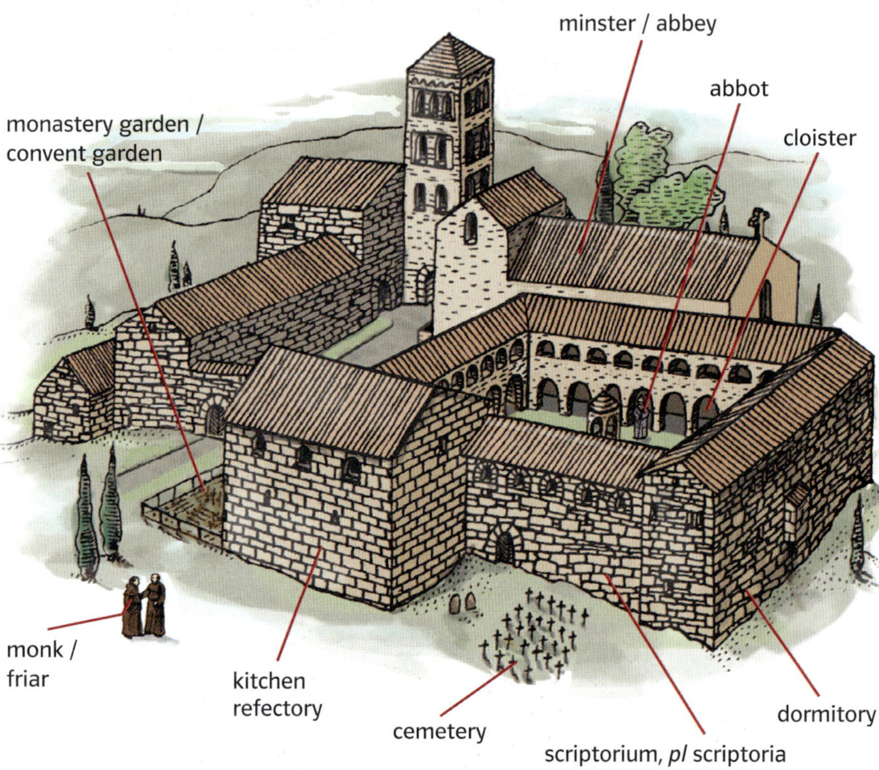

to fast / to pray regularly
to devote one's life to God

Abb. 14 The Printing Press S. 79

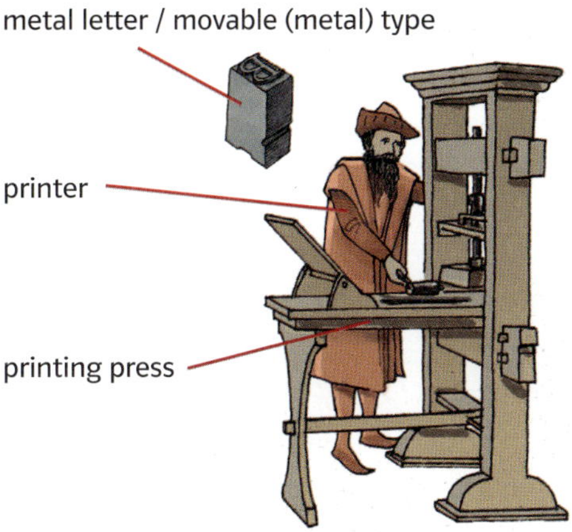

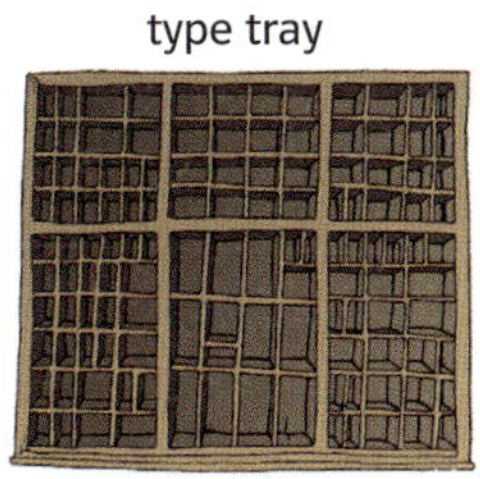

printing
to print books with movable type
to ink the type with pads

Abb. 15 Seafaring S. 82–83

ship
to steer a ship
to sink a ship

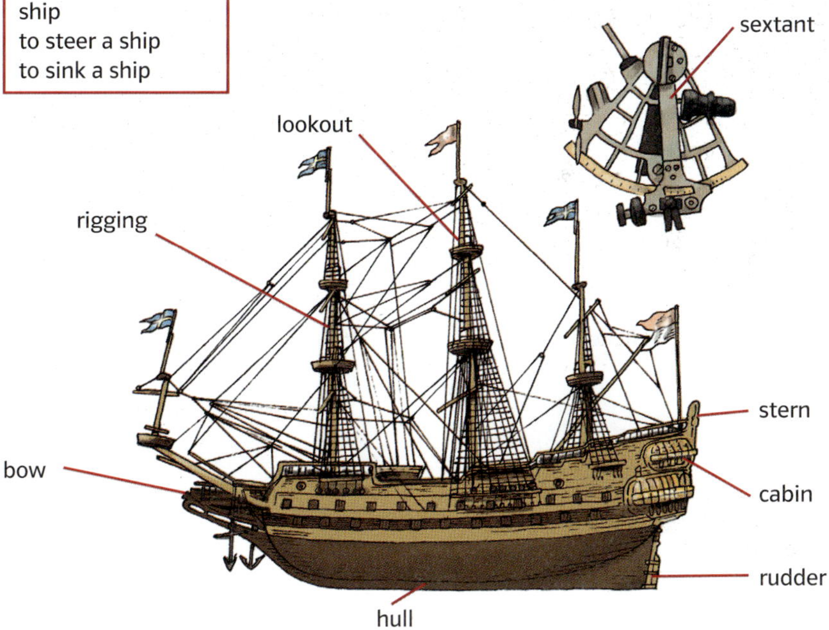

Abb. 16 Archaeology S. 36–37

to dig sth up / to excavate sth
to recover sth / to salvage sth

Abb. 17 Old Stone Age S. 89–91

Old Stone Age / Pal(a)eolithic Age

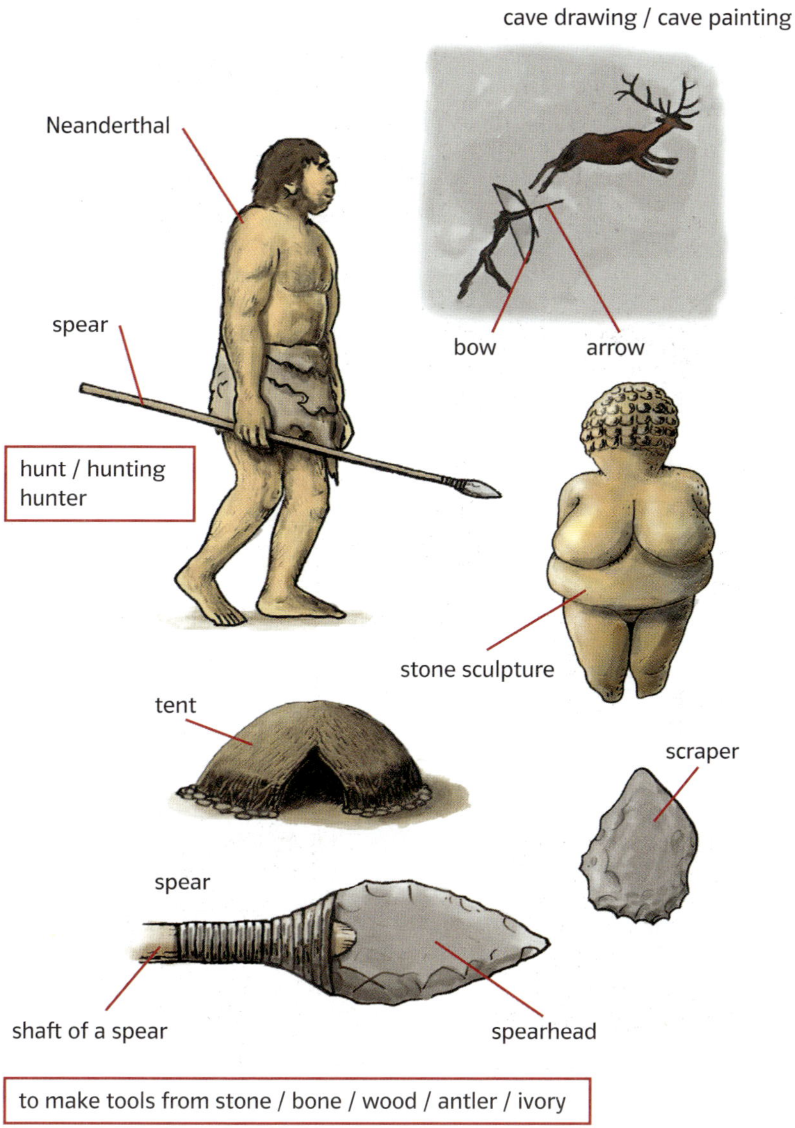

Abb. 18 New Stone Age S. 92–93

New Stone Age / Neolithic Age

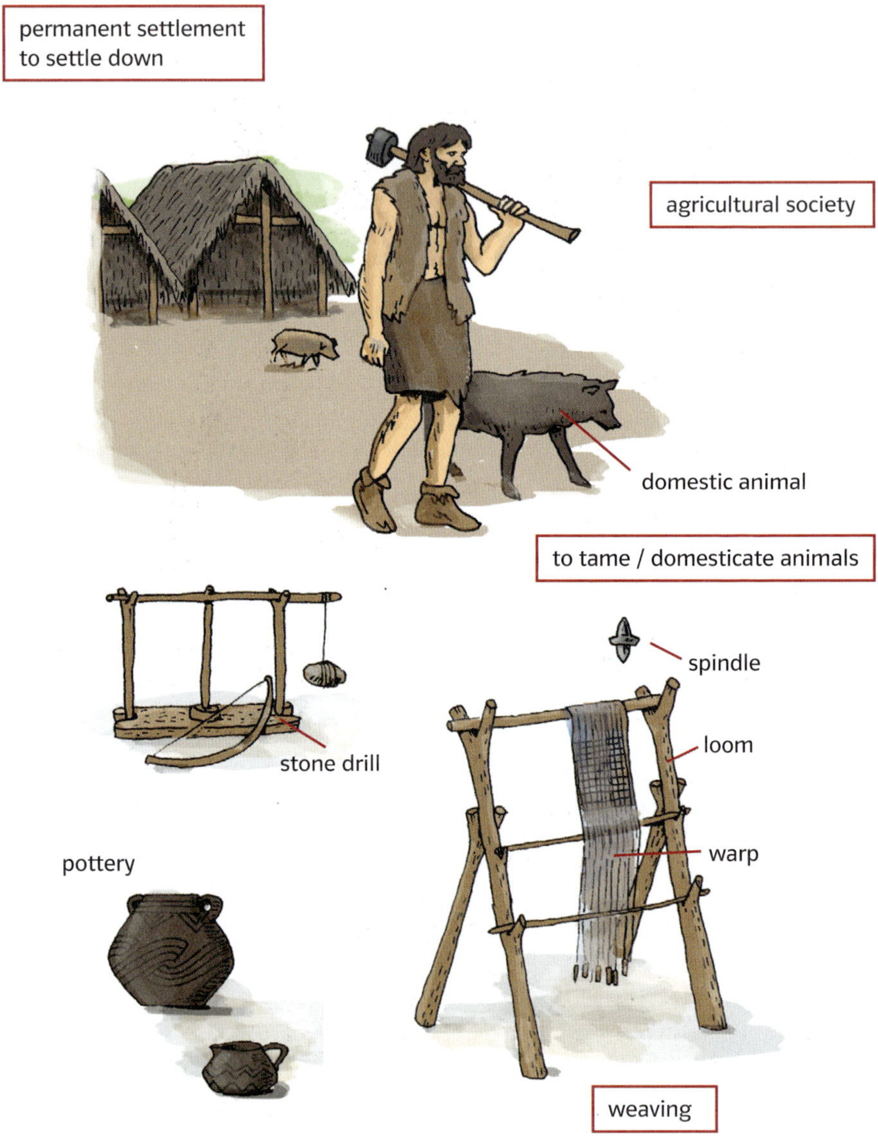

Abb. 19 Egypt S. 99–101

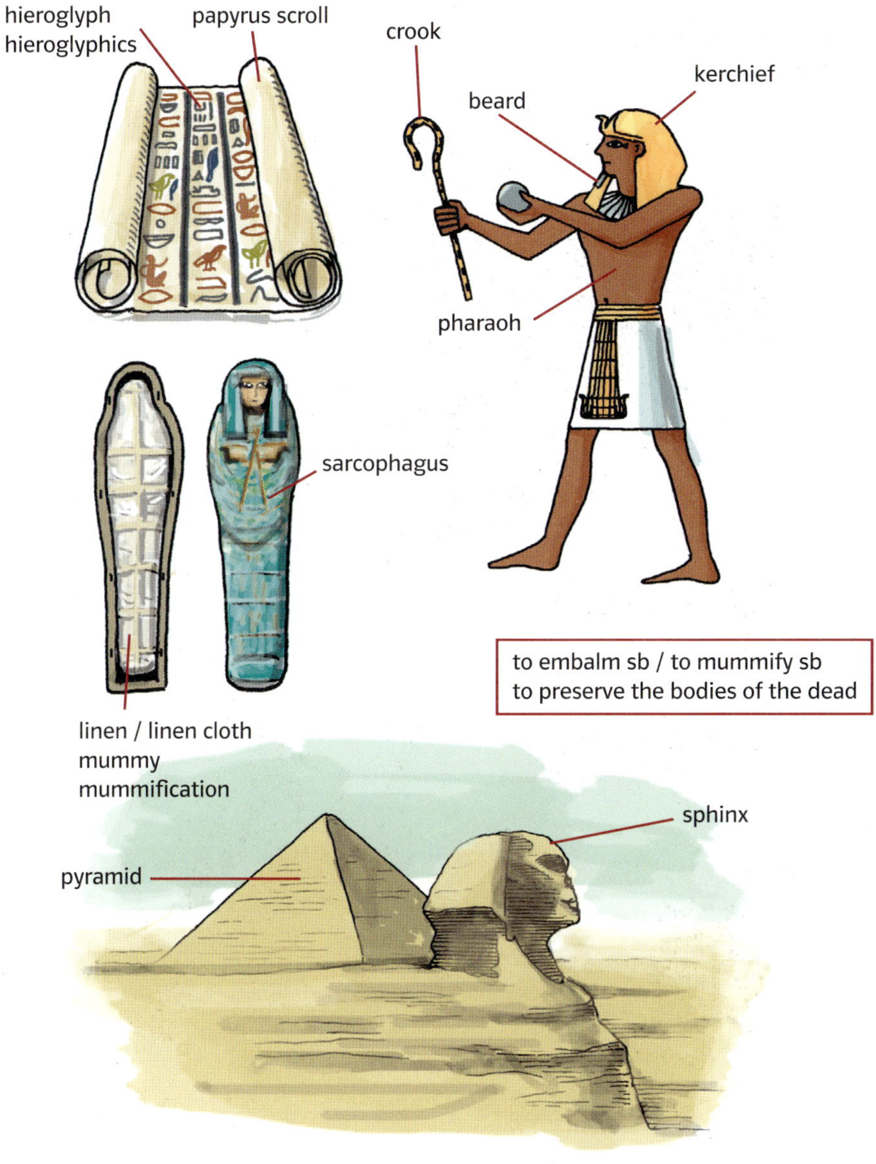